JN104053

大学入試

# “知らなきゃ解けない”
# 古文常識・和歌

仲光雄 編著

教学社

introduction

# はじめに

古文を読むのに必要なのは、まずは単語力と文法力です。しかし、それだけでは古文は読めません。

昔と今とでは、生活・習慣・物の考え方が異なるので、当時の人たちには当然のことだと思える「古文常識」を知っていないと古文を理解できないのです。「結婚への第一歩は、顔も見たことのない女性に手紙を出す」「占いの専門家が悪い日・悪い方角と言ったら、何をおいても身を慎む」、こういった登場人物の行動や心情の前提となる「常識」を身につけてほしいと思い、この本を書きました。「練習問題」を解き、「テーマ講義」を読み進めながら、古文の根幹となる力を身につけてください。

二つ目に扱うのは、「和歌」の分野です。こちらも単語と文法をもとに直訳をすることが前提ですが、和歌特有の発想を理解しないと正しく読めません。「尋ぬべき人も渚の住の江に…」という歌には「渚」の部分に「なき」という掛詞が使われています。ただ、覚えればよいのではなく、その和歌が「尋ねて来るはずの人もいない」という場面で詠まれていることをおさえないといけません。和歌は入試問題などでも頻出の分野なので、分量をたっぷりとって「練習問題」を配しました。後半には難しいものもありますが、チャレンジしてほしいと思います。

最後に私の思いを述べます。他の仕事が一息ついたときに、この本の執筆のお話をいただき、気軽にお引き受けしたのですが、「古文常識」も「和歌」も奥が深くて大変でした。本書の執筆をきっかけに、あらためて勉強したり、こんな考え方もあるのかと感心したりで、長年古文を教えてきた私にとっても、知識を深められるお仕事でした。教学社さんに感謝いたします。

仲光雄

# 本書の特長

本書は、次のような構成をとっています。

■第1章～第5章 古文常識編

■第6章～第7章 和歌編

各章は、次のような特長を備えています。

## 特長1 問題を解きながら知識が学べる

練習問題では、実際の入試で出されそうな内容を厳選して取り上げました。問題を解きながら、同時に古文常識や和歌の知識を学べるという、本書ならではの醍醐味を味わってください。

## 特長2 見開きで読みやすいレイアウト

〈練習問題〉〈テーマ講義〉〈解答・解説・現代語訳〉のいずれも見開きを基本としています。

〈テーマ講義〉は読みやすい会話形式です。

## 特長3 基本から難問まで演習が可能

練習問題には、難易度を四段階で表示しました（基本／標準／やや難／難）。難関大学をめざす人は、「やや難」以上の問題にも取り組んでおきましょう。

## 特長4 多彩な古文常識を学ぶ

古文常識編は、第1章から順番に取り組んでもいいですし、気になるタイトルの問題から解いても大丈夫です。さくいんで苦手な項目をチェックして集中的に解くというのもおすすめです。

## 特長5 和歌修辞の基本から応用まで

和歌の基本編では、和歌の修辞を、問題を解きながら丁寧に学習します。応用編では文章＋和歌の応用問題に集中的に取り組める構成としています。

# 目次

本書の講義は、古文マスターの先生と、
高校生のカオルさんの会話で進みます。

入試古文、得点源に変えるには？
古文常識と和歌が決め手だ
五・七・五・七・七…

先生　カオルさん

# 本書の使い方

## 使い方1 まずは練習問題に挑戦

**難易度**
練習問題には、難易度を（基本／標準／やや難／難）の四段階で表示しました。

**問題**は、記述式と選択式の設問をバランスよく配しています。

左端のマークで、書籍の中のどのあたりをやっているのかがひと目でわかります。

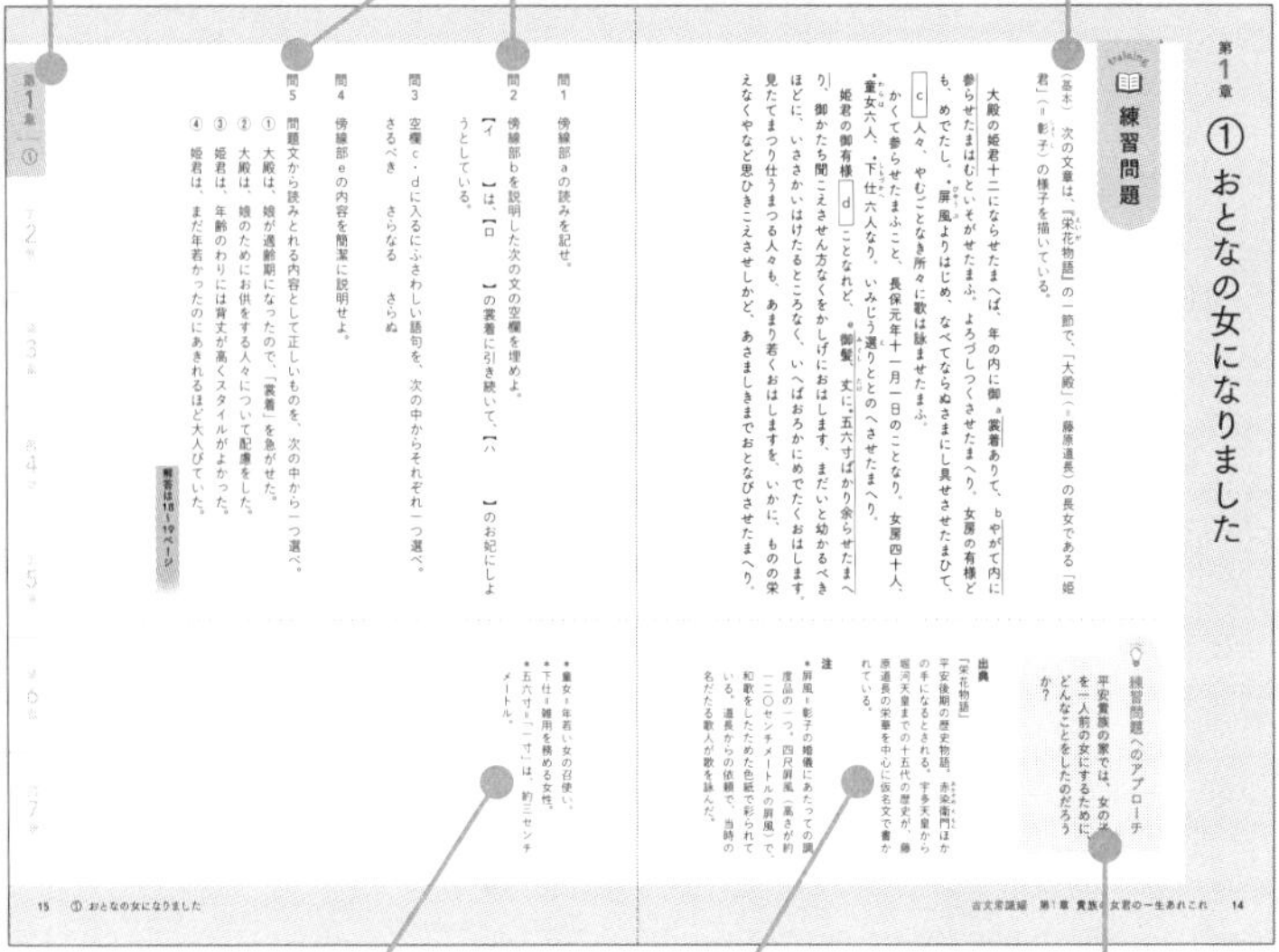

第1章

① おとなの女になりました

練習問題

（基本）次の文章は、『栄花物語』の一節で、「大殿」（＝藤原道長）の長女である「姫君」（＝彰子）の様子を描いている。

大殿の姫君十二にならせたまへば、年の内に御ａ裳着ありて、ｂやがて内に参らせたまはむといそがせたまふ。よろづしつくさせたまへり。女房の有様ども、めでたし。＊屏風よりはじめ、なべてならぬさまにし具せさせたまひて、［ｃ］人々、やむごとなき所々に歌は詠ませたまふ。

かくて参らせたまふこと、長保元年十一月一日のことなり。女房四十人、＊童女六人、＊下仕六人なり。いみじう選りととのへさせたまへり。

姫君の御有様［ｄ］ことなれど、ｅ御髪、丈に＊五六寸ばかり余らせたまへり。御かたち聞こえさせん方なくをかしげにおはします。まだいと幼かるべきほどに、いささかいはけたるところなく、いへばおろかにめでたくおはします。見たてまつり仕うまつる人々も、あまり若くおはしますを、いかに、ものの栄えなくやなど思ひきこえさせしかど、あさましきまでおとなびさせたまへり。

練習問題へのアプローチ
平安貴族の家では、女の子を一人前の女にするために、どんなことをしたのだろうか？

出典
『栄花物語』
平安後期の歴史物語。赤染衛門ほかの手になるとされる。宇多天皇から堀河天皇までの十五代の歴史が、藤原道長の栄華を中心に仮名文で書かれている。

注
＊屏風＝彰子の婚儀にあたっての調度品の一つ。四尺屏風（高さが約一二〇センチメートルの屏風）で、和歌をしたためた色紙で彩られている。道長からの依頼で、当時の名だたる歌人が歌を詠んだ。
＊童女＝年若い女の召使い。
＊下仕＝雑用を務める女性。
＊五六寸＝「一寸」は、約三センチメートル。

問1　傍線部ａの読みを記せ。

問2　傍線部ｂを説明した次の文の空欄を埋めよ。
【イ　　】は、【ロ　　】の裳着に引き続いて、【ハ　　】のお妃にしようとしている。

問3　空欄ｃ・ｄに入るにふさわしい語句を、次の中からそれぞれ一つ選べ。
さるべき　さらなる　さらぬ

問4　傍線部ｅの内容を簡潔に説明せよ。

問5　問題文から読みとれる内容として正しいものを、次の中から一つ選べ。
① 大殿は、娘が適齢期になったので、「裳着」を急がせた。
② 大殿は、娘のためにお供をする人々について配慮をした。
③ 姫君は、年齢のわりには背丈が高くスタイルがよかった。
④ 姫君は、まだ年若かったのにあきれるほど大人びていた。

解答は18〜19ページ

古文常識編　第1章　貴族の女君の一生あれこれ　14

15　① おとなの女になりました

**練習問題へのアプローチ**
問題文で着目すべき点や、解法のヒントを示しています。ここを読んでから解くのがおすすめです。

**出典**
問題文の情報をコンパクトに解説。文学史の復習にもなります。

**詳しい語注**を多めにつけています。問題文の読みとりが難しいときは注を見ながら読みましょう。二回目以降は注を見ずに解くことにチャレンジしましょう。

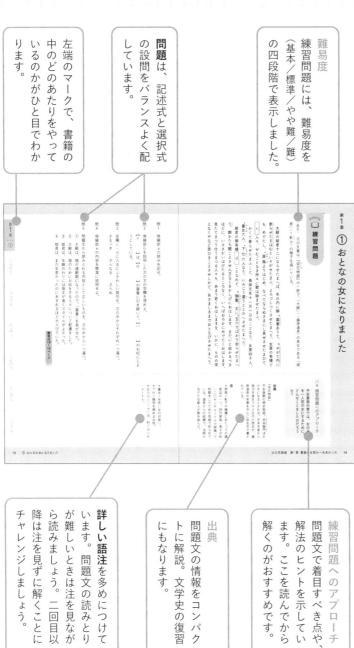

使い方
2

# 会話形式でテーマを理解

練習問題で取り上げたテーマについて、**先生と生徒の会話**で学びます。問題がさっぱり解けないという場合は、まず**テーマ講義**をひととおり読み、それから問題に取り組むとよいでしょう。

**特に覚えるべきポイント**は、色つきの枠内で示しています。要チェック！

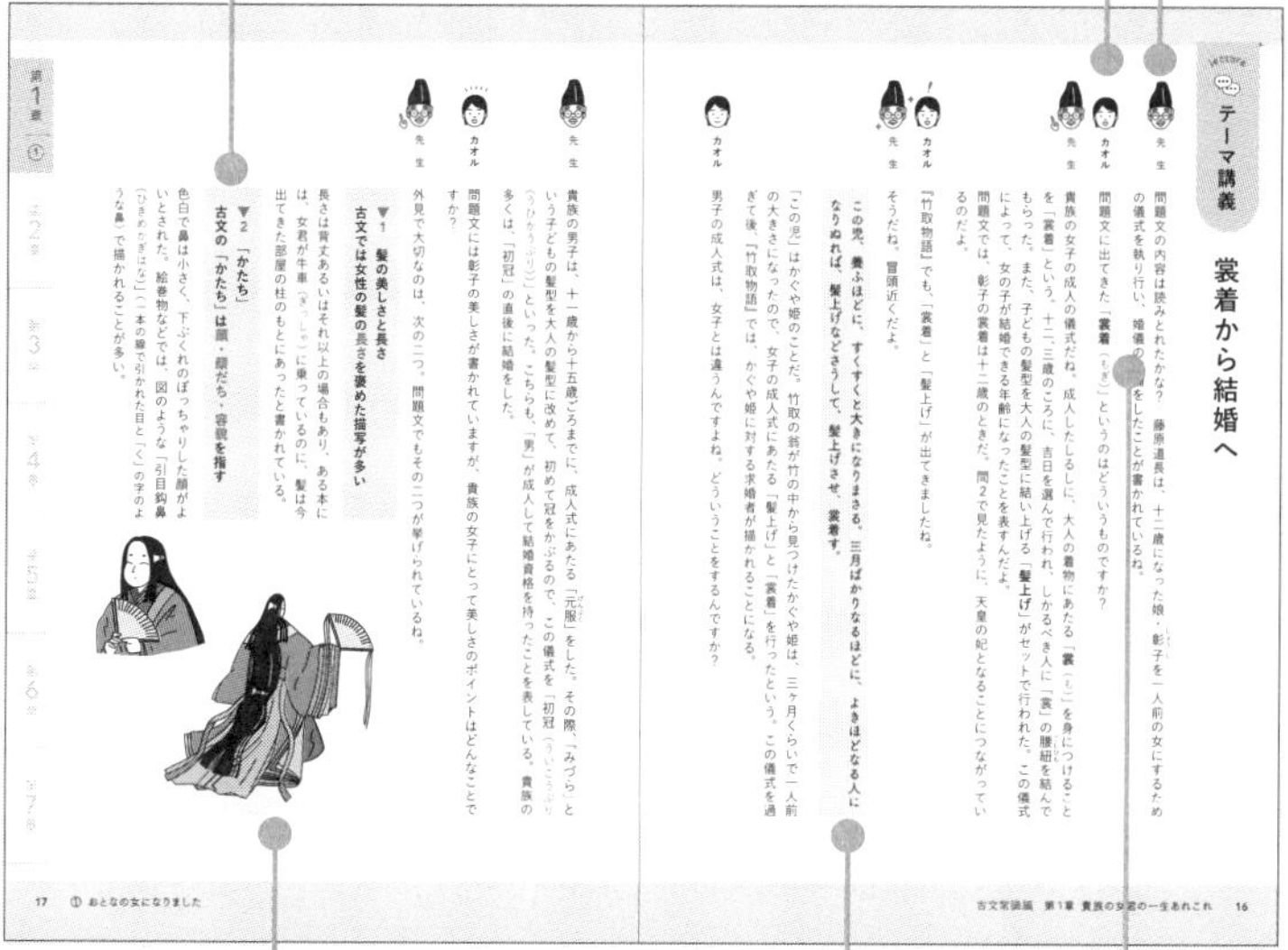
テーマ講義

## 裳着から結婚へ

先生　問題文の内容は読みとれたかな？　藤原道長は、十二歳になった娘・彰子《しょうし》を一人前の女にするための儀式を執り行い、婚儀の準備をしたことが書かれているね。

カオル　問題文に出てきた「**裳着**（もぎ）」というのはどういうものですか？

先生　貴族の女子の成人の儀式だね。成人したしるしに、大人の着物にあたる「**裳**（も）」を身につけることを「裳着」という。十二、三歳のころに、吉日を選んで行われ、しかるべき人に「裳」の腰紐《こしひも》を結んでもらった。また、子どもの髪型を大人の髪型に結い上げる「**髪上げ**」がセットで行われた。この儀式によって、女の子が結婚できる年齢になったことを表すんだよ。問題文では、彰子の裳着は十二歳のときだ。問2で見たように、天皇の妃となることにつながっているのだよ。

カオル　『竹取物語』でも、「裳着」と「髪上げ」が出てきましたね。

先生　そうだね。冒頭近くだよ。

**この児、養ふほどに、すくすくと大きになりまさる。三月ばかりなるほどに、よきほどなる人になりぬれば、髪上げなどさうして、髪上げさせ、裳着す。**

「この児」はかぐや姫のことだ。竹取の翁が竹の中から見つけたかぐや姫は、三ヶ月くらいで一人前の大きさになったので、女子の成人式にあたる「髪上げ」と「裳着」を行ったという。この儀式を過ぎて後、『竹取物語』では、かぐや姫に対する求婚者が描かれることになる。

カオル　男子の成人式は、女子とは違うんですよね。どういうことをするんですか？

先生　貴族の男子は、十一歳から十五歳ごろまでに、成人式にあたる「元服《げんぷく》」をした。その際、「みづら」という子どもの髪型を大人の髪型に改めて、初めて冠をかぶるので、この儀式を「初冠（ういこうぶり）（うひかうぶり）」といった。こちらも、「男」が成人して結婚資格を持ったことを表している。貴族の多くは、「初冠」の直後に結婚をした。

カオル　問題文には彰子の美しさが書かれていますが、貴族の女子にとって美しさのポイントはどんなことですか？

先生　外見で大切なのは、次の二つ。問題文でもその二つが挙げられているね。

▼1　髪の美しさと長さ
**古文では女性の髪の長さを褒めた描写が多い**

長さは背丈あるいはそれ以上の場合もあり、ある本には、女君が牛車（ぎっしゃ）に乗っているのに、髪は今出てきた部屋の柱のもとにあったと書かれている。

▼2　「かたち」
**古文の「かたち」は顔・顔だち・容貌を指す**

色白で鼻は小さく、下ぶくれのぽっちゃりした顔がよいとされた。絵巻物などでは、図のような「引目鉤鼻（ひきめかぎはな）」（一本の線で引かれた目と「く」の字のような鼻）で描かれることが多い。

古文常識編　第1章　貴族の女君の一生あれこれ　16
17　① おとなの女になりました

**読み方を覚えるべき用語**には、大きな色文字で読み方を示しています。語によっては旧仮名遣いの読み方も併記しています。

同じテーマが、他の出典でどう取り上げられているかも示しています。

理解の助けとなるよう、**イラスト**も多数掲載。本文とあわせて見ることで知識が定着します。

# 出題のポイントを理解

解いたら必ず答え合わせをしましょう！

用語の説明があるページは（p118参照）などと示しています。確認し、理解を深めましょう。

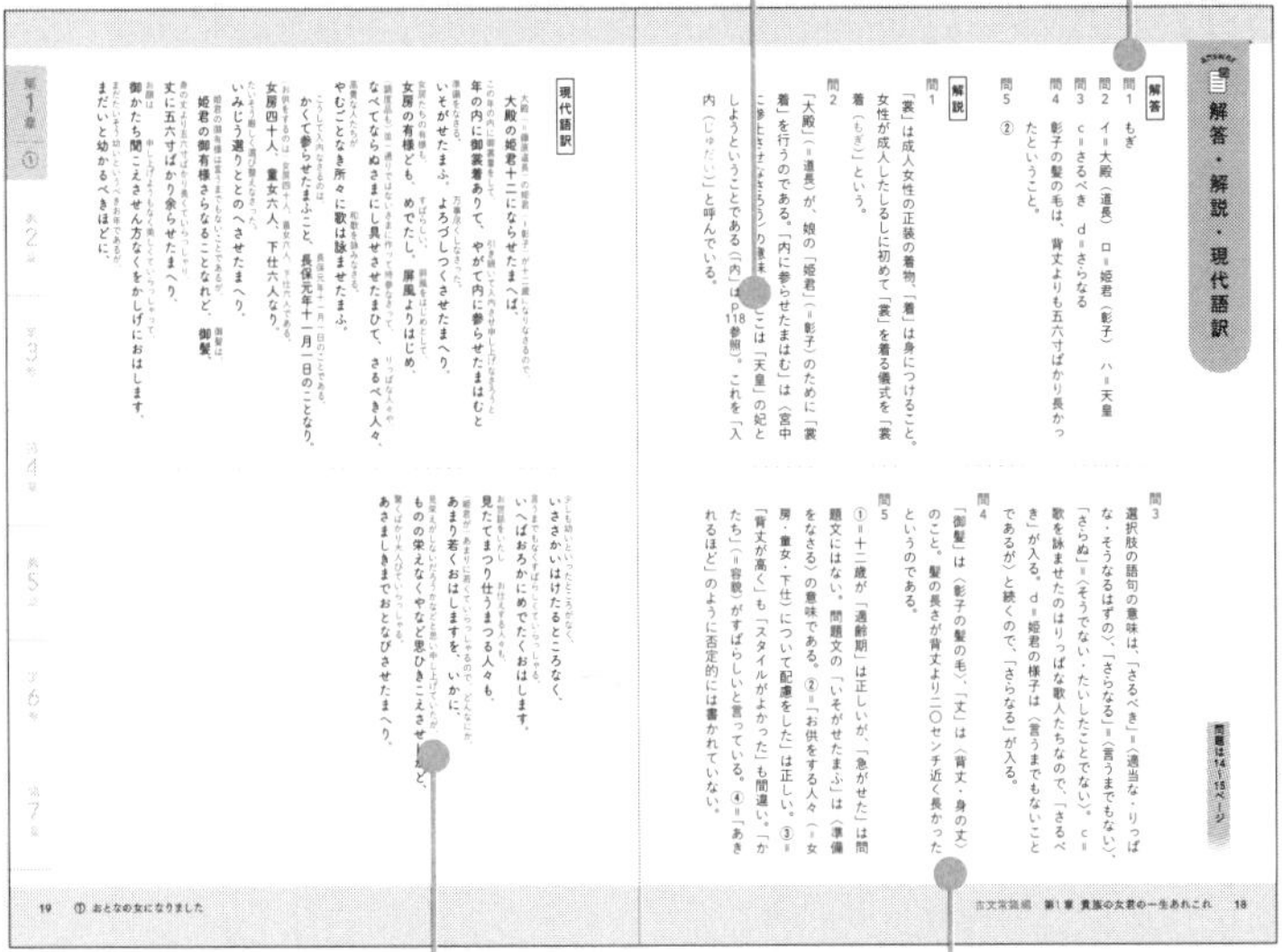

解答・解説・現代語訳

解答

問1　もぎ
問2　イ＝大殿（道長）　ロ＝姫君（彰子）　ハ＝天皇
問3　c＝さるべき　d＝さらなる
問4　彰子の髪の毛は、背丈よりも五六寸ばかり長かったということ。
問5　②

解説

問1
「裳」は成人女性の正装の着物、「着」は身につけること。女性が成人したしるしに初めて「裳」を着る儀式を「裳着（もぎ）」という。

問2
「大殿」（＝道長）が、娘の「姫君」（＝彰子）のために「裳着」を行うのである。「内に参らせたまはむ」は〈宮中に参上させなさろう〉の意味。ここは「天皇」の妃としようということである（「内」はp118参照）。これを「入内（じゅだい）」と呼んでいる。

問3
選択肢の語句の意味は、「さるべき」＝〈適当な・りっぱな・そうなるはずの〉、「さらなる」＝〈言うまでもない〉、「さらぬ」＝〈そうでない・たいしたことでない〉。c＝歌を詠ませたのはりっぱな歌人たちなので、「さるべき」が入る。d＝姫君の様子は〈言うまでもないことであるが〉と続くので、「さらなる」が入る。

問4
「御髪」は〈彰子の髪の毛〉、「丈」は〈背丈・身の丈〉のこと。髪の長さが背丈より二〇センチ近く長かったというのである。

問5
①＝十二歳が「適齢期」は正しいが、「急がせた」は問題文にはない。問題文の「いそがせたまふ」は〈準備をなさる〉の意味である。②＝「お供をする人々（＝女房・童女・下仕）について配慮をした」は正しい。③＝「背丈が高く」も「スタイルがよかった」も間違い。「かたち」（＝容貌）がすばらしいと言っている。④＝「あきれるほど」のように否定的には書かれていない。

問題は14～15ページ

古文常識編　第1章　貴族の女君の一生あれこれ　18

現代語訳

大殿の姫君十二にならせたまへば、年の内に御裳着ありて、やがて内に参らせたまはむといそがせたまふ。よろづしつくさせたまへり。女房の有様ども、めでたし。屏風よりはじめ、なべてならぬさまにし具せさせたまひて、さるべき人々、やむごとなき所々に歌は詠ませたまふ。かくて参らせたまふこと、長保元年十一月一日のことなり。女房四十人、童女六人、下仕六人なり。いみじう選りととのへさせたまへり。姫君の御有様さらなることなれど、御髪、丈に五六寸ばかり余らせたまへり。御かたち聞こえさせん方なくをかしげにおはします。まだいと幼かるべきほどに、いささかいはけたるところなく、いへばおろかにめでたくおはします。見たてまつり仕うまつる人々も、あまり若くおはしますを、いかにものの栄えなくやなど思ひきこえさせしかど、あさましきまでおとなびさせたまへり。

第1章　①　第2章　第3章　第4章　第5章　第6章　第7章

19　①おとなの女になりました

解説は、以下の点を中心に、要点を絞ってわかりやすく示しています。
・古文常識や和歌に関すること
・問題文の読みとりに必要なこと
・設問の解き方

現代語訳は、古文と対照できるよう、古文のすぐ横に載せています（和歌編の第6章は除く）。本文の中で意味がわからなかったところは、どの単語がどのように訳されているのか、詳しくチェックしましょう。

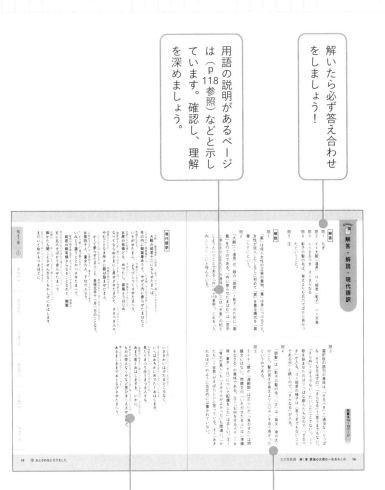

# 出典・難易度一覧

※練習問題の問題文は、出題の都合上、一部を省略しているものがあります。また、本書で取り上げた箇所について、大学入試での出題が確認できたものは、その大学名等を挙げています。

※難易度は、本書の練習問題の難易度を示しています。設問は基本的に本書オリジナルの内容ですが、＊印については、ここに示した大学等の設問を使用しています（＊＊印は改変あり）。

## 古文常識編

### 第1章　貴族の女君の一生あれこれ

| | | | |
|---|---|---|---|
| ① | 栄花物語 | （基本） | |
| ② | 枕草子 | （基本） | 東京女子大学 |
| ③ | 落窪物語 | （標準） | 大分大学、上智大学、立命館大学 |
| ④ | 源氏物語 | （標準） | |
| ⑤ | 源氏物語 | （標準） | 國學院大學 |

### 第2章　恋の始まりから結婚生活まで

| | | | |
|---|---|---|---|
| ① | 俵藤太物語 | （標準） | センター試験、昭和女子大学 |
| ② | 蜻蛉日記 | （標準） | |
| ③ | 和泉式部日記 | （標準） | |

| | | | |
|---|---|---|---|
| ④ | 落窪物語 | （標準） | 名古屋大学、山口大学、青山学院大学 |
| ⑤ | 蜻蛉日記 | （標準） | 千葉大学、大阪大学、日本大学、立命館大学 |
| ⑥ | 落窪物語 | （標準） | センター試験 |

## 第3章　昔の時刻や方位、月と調度品

| | | | |
|---|---|---|---|
| ① | 東斎随筆 | （標準） | 同志社大学 |
| | 方丈記 | （標準） | |
| ② | 平家物語 | （基本） | 京都産業大学 |
| | 十六夜日記 | （基本） | |
| ③ | 源氏物語 | （標準） | |
| | 堤中納言物語 | （標準） | |
| ④ | 今鏡 | （基本） | **センター試験 |
| | 源氏物語 | （基本） | |
| ⑤ | 枕草子 | （基本） | |
| | 源氏物語 | （基本） | **明治大学 |

## 第4章　天皇・宮中と役人たちの世界

| | | | |
|---|---|---|---|
| ① | 増鏡 | （標準） | 立教大学 |
| ② | 大鏡 | （やや難） | 東京都立大学 |
| ③ | 源氏物語 | （やや難） | 首都大学東京（現・東京都立大学）、早稲田大学 |
| ④ | 源氏物語 | （標準） | |
| ⑤ | 十訓抄 | （標準） | 立教大学 |
| ⑥ | 枕草子 | （標準） | 東京都立大学 |

## 第5章　宿世と信仰・仏教、そして死

| | | | |
|---|---|---|---|
| ① | 宇治拾遺物語 | （標準） | 明星大学 |
| ② | 閑居友 | （標準） | 京都大学、甲南大学 |
| ③ | 更級日記 | （やや難） | 佛教大学 |
| ④ | 栄花物語 | （標準） | 岡山大学 |
| ⑤ | 蜻蛉日記 | （やや難） | |
| | 古今和歌集 | （やや難） | |

和歌編

## 第6章 和歌は修辞の理解から　基本編

| | | | |
|---|---|---|---|
| ① | 古今和歌集・伊勢物語ほか | （基本／やや難） | |
| ② | 古今和歌集・竹取物語ほか | （基本／標準／やや難） | |
| ③ | 古今和歌集・後撰和歌集ほか | （基本／標準／やや難） | |
| ④ | 住吉物語・新古今和歌集ほか | （基本／標準） | |
| ⑤ | 古今和歌集ほか | | |

## 第7章 和歌は文章との関連を　応用編

| | | | |
|---|---|---|---|
| ① | 常山紀談 | （標準） | 甲南女子大学 |
| ② | 大和物語 | （標準） | 宮城教育大学、弘前大学、明治大学 |
| ③ | 沙石集 | （標準） | 青山学院大学、甲南大学 |
| ④ | 今物語 | （やや難） | *共通一次試験 |
| ⑤ | 大和物語 | （やや難） | 専修大学 |
| ⑥ | 大和物語 | （やや難） | 千葉大学、大阪大学、和歌山大学、関西学院大学 |
| ⑦ | 古今著聞集 | （難） | 山梨大学、京都府立大学、東京女子大学 |
| ⑧ | 平中物語 | （難） | 奈良女子大学、立教大学、関西学院大学 |
| ⑨ | 有明の別れ | （難） | |

古文常識編

# 第1章

# 貴族の女君の一生あれこれ

まずは、平安時代の女君たちの生涯をたどりながら、当時の常識を見ていこう。どの女君も、今では考えられないような決まりやしきたりの中で、幸せをつかもうとしているよ。

第1章

# ① おとなの女になりました

training

## 練習問題

（基本） 次の文章は、『栄花物語《えいが》』の一節で、「大殿」（＝藤原道長）の長女である「姫君」（＝彰子《しょうし》）の様子を描いている。

大殿の姫君十二にならせたまへば、年の内に御ａ裳着ありて、ｂやがて内に参らせたまはむといそがせたまふ。よろづしつくさせたまへり。女房の有様ども、めでたし。＊屏風《びやうぶ》よりはじめ、なべてならぬさまにし具せさせたまひて、ｃ人々、やむごとなき所々に歌は詠ませたまふ。

かくて参らせたまふこと、長保元年十一月一日のことなり。女房四十人、＊童女《わらは》六人、＊下仕《しもづかへ》六人なり。いみじう選《え》りととのへさせたまへり。

姫君の御有様ｄことなれど、ｅ御髪《みぐし》、丈《たけ》に＊五六寸ばかり余らせたまへり、御かたち聞こえさせん方なくをかしげにおはします、まだいと幼かるべきほどに、いささかいはけたるところなく、いへばおろかにめでたくおはします。見たてまつり仕うまつる人々も、あまり若くおはしますを、いかに、ものの栄えなくやなど思ひきこえさせしかど、あさましきまでおとなびさせたまへり。

---

**練習問題へのアプローチ**

平安貴族の家では、女の子を一人前の女にするために、どんなことをしたのだろうか？

**出典**

『栄花物語』
平安後期の歴史物語。赤染衛門《あかぞめえもん》ほかの手になるとされる。宇多天皇から堀河天皇までの十五代の歴史が、藤原道長の栄華を中心に仮名文で書かれている。

**注**

＊屏風＝彰子の婚儀にあたっての調度品の一つ。四尺屏風（高さが約一二〇センチメートルの屏風）で、和歌をしたためた色紙で彩られている。道長からの依頼で、当時の名だたる歌人が歌を詠んだ。

問1　傍線部aの読みを記せ。

問2　傍線部bを説明した次の文の空欄を埋めよ。

【イ　　】は、【ロ　　】の裳着に引き続いて、【ハ　　】のお妃にしようとしている。

問3　空欄c・dに入るにふさわしい語句を、次の中からそれぞれ一つ選べ。

さるべき　　さらなる　　さらぬ

問4　傍線部eの内容を簡潔に説明せよ。

問5　問題文から読みとれる内容として正しいものを、次の中から一つ選べ。

① 大殿は、娘が適齢期になったので、「裳着」を急がせた。
② 大殿は、娘のためにお供をする人々について配慮をした。
③ 姫君は、年齢のわりには背丈が高くスタイルがよかった。
④ 姫君は、まだ年若かったのにあきれるほど大人びていた。

解答は18〜19ページ

---

＊童女＝年若い女の召使い。
＊下仕＝雑用を務める女性。
＊五六寸＝「一寸」は、約三センチメートル。

テーマ講義

# 裳着から結婚へ

**先生** 問題文の内容は読みとれたかな？　藤原道長は、十二歳になった娘・彰子《しょうし》を一人前の女にするための儀式を執り行い、婚儀の準備をしたことが書かれているね。

**カオル** 問題文に出てきた「**裳着**（もぎ）」というのはどういうものですか？

**先生** 貴族の女子の成人の儀式だね。成人したしるしに、大人の着物にあたる「**裳**（も）」を身につけることを「裳着」という。十二、三歳のころに、吉日を選んで行われ、しかるべき人に「裳」の腰紐《こしひも》を結んでもらった。また、子どもの髪型を大人の髪型に結い上げる「**髪上げ**」がセットで行われた。この儀式によって、女の子が結婚できる年齢になったことを表すんだよ。問題文では、彰子の裳着は十二歳のときだ。**問2**で見たように、天皇の妃となることにつながっているのだよ。

**カオル** 『竹取物語』でも、「裳着」と「髪上げ」が出てきましたね。

**先生** そうだね。冒頭近くだよ。

**この児、養ふほどに、すくすくと大きになりまさる。三月ばかりなるほどに、よきほどなる人になりぬれば、髪上げなどさうして、髪上げさせ、裳着す。**

「この児」はかぐや姫のことだ。竹取の翁が竹の中から見つけたかぐや姫は、三ヶ月くらいで一人前の大きさになったので、女子の成人式にあたる「髪上げ」と「裳着」を行ったという。この儀式を過ぎて後、『竹取物語』では、かぐや姫に対する求婚者が描かれることになる。

**カオル** 男子の成人式は、女子とは違うんですよね。どういうことをするんですか？

先生　貴族の男子は、十一歳から十五歳ごろまでに、成人式にあたる「元服《げんぷく》」をした。その際、「みづら」という子どもの髪型を大人の髪型に改めて、初めて冠をかぶるので、この儀式を「初冠（ういこうぶり〈うひかうぶり〉）」といった。こちらも、「男」が成人して結婚資格を持ったことを表している。貴族の多くは、「初冠」の直後に結婚をした。

カオル　問題文には彰子の美しさが書かれていますが、貴族の女子にとって美しさのポイントはどんなことですか？

先生　外見で大切なのは、次の二つ。問題文でもその二つが挙げられているね。

### ▼1　髪の美しさと長さ

**古文では女性の髪の長さを褒めた描写が多い**

長さは背丈あるいはそれ以上の場合もあり、ある本には、女君が牛車（ぎっしゃ）に乗っているのに、髪は今出てきた部屋の柱のもとにあったと書かれている。

### ▼2　「かたち」

**古文の「かたち」は顔・顔だち・容貌を指す**

色白で鼻は小さく、下ぶくれのぽっちゃりした顔がよいとされた。絵巻物などでは、図のような「引目鈎鼻（ひきめかぎはな）」（一本の線で引かれた目と「く」の字のような鼻）で描かれることが多い。

answer

# 解答・解説・現代語訳

問題は14～15ページ

**解答**

問1 もぎ

問2 イ＝大殿（道長）　ロ＝姫君（彰子）　ハ＝天皇

問3 c＝さるべき　d＝さらなる

問4 彰子の髪の毛は、背丈よりも五六寸ばかり長かったということ。

問5 ②

**解説**

問1 「裳」は成人女性の正装の着物、「着」は身につけること。女性が成人したしるしに初めて「裳」を着る儀式を「裳着（もぎ）」という。

問2 「大殿」（＝道長）が、娘の「姫君」（＝彰子）のために「裳着」を行うのである。「内に参らせたまはむ」は〈宮中に参上させなさろう〉の意味で、ここは「天皇」の妃としようということである（「内」はp.118参照）。これを「入内（じゅだい）」と呼んでいる。

問3 選択肢の語句の意味は、「さるべき」＝〈適当な・りっぱな・そうなるはずの〉、「さらなる」＝〈言うまでもない〉、「さらぬ」＝〈そうでない・たいしたことでない〉。c＝歌を詠ませたのはりっぱな歌人たちなので、「さるべき」が入る。d＝姫君の様子は〈言うまでもないことであるが〉と続くので、「さらなる」が入る。

問4 「御髪」は〈彰子の髪の毛〉、「丈」は〈背丈・身の丈〉のこと。髪の長さが背丈より二〇センチ近く長かったというのである。

問5 ①＝十二歳が「適齢期」は正しいが、「急がせた」は問題文にはない。問題文の「いそがせたまふ」は〈準備をなさる〉の意味である。②＝「お供をする人々（＝女房・童女・下仕）について配慮をした」は正しい。③＝「背丈が高く」も「スタイルがよかった」も間違い。「かたち」（＝容貌）がすばらしいと言っている。④＝「あきれるほど」のように否定的には書かれていない。

## 現代語訳

大殿（＝藤原道長）の姫君（＝彰子）が十二歳になりなさるので、
大殿の姫君十二にならせたまへば、
この年の内に御裳着をして、 引き続いて入内させ申し上げなさろうと
年の内に御裳着ありて、やがて内に参らせたまはむと
準備をなさる。 万事尽くしなさった。
いそがせたまふ。よろづしつくさせたまへり。
女房たちの有様も、 すばらしい。 屏風をはじめとして、
女房の有様ども、めでたし。屏風よりはじめ、
（調度品も）並一通りではないさまに作って持参なさって、 りっぱな人々や、
なべてならぬさまにし具せさせたまひて、さるべき人々、
高貴な人たちが 和歌を詠みなさる。
やむごとなき所々に歌は詠ませたまふ。
こうして入内なさるのは、 長保元年十一月一日のことである。
かくて参らせたまふこと、長保元年十一月一日のことなり。
（お供をするのは）女房四十人、童女六人、下仕六人である。
女房四十人、童女六人、下仕六人なり。
たいそう厳しく選び整えなさった。
いみじう選りととのへさせたまへり。
姫君の御有様は言うまでもないことであるが、 御髪は、
姫君の御有様さらなることなれど、御髪、
身の丈より五六寸ばかり長くていらっしゃり、
丈に五六寸ばかり余らせたまへり、
お顔は 申し上げようもなく美しくていらっしゃって、
御かたち聞こえさせん方なくをかしげにおはします、
まだたいそう幼いというべきお年であるが、
まだいと幼かるべきほどに、
少しも幼いといったところがなく、
いささかいはけたるところなく、
言うまでもなくすばらしくていらっしゃる。
いへばおろかにめでたくおはします。
お世話をいたし お仕えする人々も、
見たてまつり仕うまつる人々も、
（姫君が）あまりに若くていらっしゃるので、どんなにか、
あまり若くおはしますを、いかに、
見栄えがしないだろうかなどと思い申し上げていたが、
ものの栄えなくやなど思ひきこえさせしかど、
驚くばかり大人びていらっしゃる。
あさましきまでおとなびさせたまへり。

第1章

# ② 女の教養を身につけよう

## training 練習問題

（基本） 次の文章は、『枕草子』の一節で、中宮定子《ちゅうぐうていし》が、宣耀殿《せんようでん》の女御《にょうご》について話をしている部分である。

*村上の御時、*宣耀殿の女御と聞こえけるは、*小一条の左大臣殿の御［ a ］におはしましければ、誰かは知りきこえざらむ。まだ*姫君におはしける時、父大臣《おとど》の教へきこえさせたまひけるは、「一には御 b手を習ひたまへ。次には*琴《きん》の御琴《こと》を、c いかで人に弾きまさらむとおぼせ。さて古今二十巻をみな浮かべさせたまはむを、御学問にはせさせたまへ」となむ聞こえさせたまひけると、*聞こし召しおかせたまひて、*御物忌《ものいみ》なりける日、古今を隠してわたらせたまひて、例ならず御几帳《きちゃう》を引き立てさせたまひければ、女御、あやしとおぼしけるに、*御草子をひろげさせたまひて、「その年その月、何のをり、その人の詠みたる歌はいかに」と、問ひきこえさせたまふに、d かうなりけりと心得させたまふも、をかしきものの、e ひが覚えもし、忘れたるなどもあらば、いみじかるべきことと、わりなくおぼし乱れぬべし。

**練習問題へのアプローチ**

登場人物とその言動をおさえる。後半はやや難しいが、どのような場面かを正しく読みとろう。

**出典**

『枕草子』

平安中期に書かれた随筆。作者は清少納言。ここは、中宮定子の思い出話を記述した部分である。

**注**

＊村上の御時＝村上天皇の御代。村上天皇は、中宮定子の夫である一条天皇の祖父にあたる。

＊宣耀殿の女御＝村上天皇のお妃で、芳子のこと。「女御」はp136参照。

＊小一条の左大臣殿＝藤原師尹。

＊姫君＝ここでは女御となる以前を指す。

問1　空欄 a に、「娘」の意味となる漢字一字を書き入れよ。

問2　傍線部bの意味を記せ。

問3　傍線部cを口語訳せよ。

問4　傍線部dは、i誰が、ii誰に、iii何をしようというのかを記せ。

問5　傍線部eの説明として最も適当なものを、次の中から一つ選べ。

ア　自分が思い違いをしたり忘れていたりしたら、皆がおもしろがるに違いないと、女御はたいそう心配していた。

イ　自分が間違っていたり忘れていたりしたら、困ったことになるだろうと、女御はとても心乱れる思いであった。

ウ　間違ったり忘れたりする女房がいたら、大変な事態になるに違いないと、女御はこの上なくはらはらしていた。

エ　間違ったり忘れたりすることになれば、趣向がぶち壊しになるだろうと、女房たちはまったく気が気ではなかった。

解答は24～25ページ

＊琴の御琴＝琴の一種で「七弦の琴」をいうが、ここでは広く「琴」を指すと考えられる。
＊聞こし召しおかせたまひて＝天皇はかねてお聞きになっていて。
＊御物忌＝災いを避けるために家にこもる習慣（p156～157参照）。ここは、天皇の「物忌」で、宮中に籠もって他の活動ができず、こうしたお遊びに興じたのである。
＊御草子＝紙を糸でとじあわせた本をいう。

lecture テーマ講義

# 女の教養三カ条

カオル　貴族の家に生まれた女の子は、どんな教養を身につけないといけないのですか？

先生　問題文では、村上天皇のお妃であった宣耀殿の女御が、結婚前に父から教えられた「女の教養三カ条」が書かれているね。

### ▼1　文字を上手に

「手」は〈筆跡〉〈文字〉の意味だが、要は**文字が上手に書けるようになること**が教養の一つ目。**文字には、書いた人の教養・人柄のすばらしさが表れている**と考えられたんだ。古文では、字の上手な人の書いた手紙や和歌を手本としたという記述が見られるね。

### ▼2　琴を上手に

**上手に琴を弾けるようになること**が二つ目。古文では、女性がしめやかな様子で琴をつま弾いていて、それに誘われて貴公子がやって来るといった場面が多いね。

### ▼3　和歌の教養を

**和歌を上手に詠むこと**はもちろんだが、**昔の有名な和歌に精通していること**も必要だった。問題文から、『古今和歌集』は絶対に暗記すべきものだったことがわかるね。

カオル　貴族の男性の教養の中心は何だったのですか？

先生　文字が上手で、楽器が演奏できる、和歌の素養があるというのはもちろん必要だが、男性貴族にとって最も重要視されたのは、次のものだよ。

## ✓ 男の教養……漢学

「漢学」とは**漢詩文の知識・教養**だね。男たちにとっては、役人として出世していくためにも必要なものだったんだよ。

**カオル** 問題文で、父親が娘の楽器を「琴の御琴」と限定していますね。他にも楽器があったと思うのですが。

**先生** 楽器としては次の三種があった。

✓「琴」……琴《きん》の琴《こと》（七弦）・箏《そう》の琴・和琴《わごん》・琵琶《びわ》の琴（単に琵琶ともいう）

✓「笛」……笙《しょう》・横笛《よこぶえ》・篳篥《ひちりき》

✓打楽器……太鼓・鼓《つづみ》など（雅楽などを演奏するプロ専用だった）

それぞれが、どのようなものだったかを詳しく覚える必要はないが、古文では、**男性が笛**を吹き、**女性が琴**を弾く場面が多いことは知っておこう。

answer

# 解答・解説・現代語訳

問題は20〜21ページ

**解答**

問1　女

問2　習字

問3　何とかして人より上手に弾こうとお思いなさい。

問4　i＝村上天皇　ii＝宣耀殿の女御

iii＝古今和歌集の歌を暗記しているかどうかのテスト

問5　イ

**解説**

問1

古文では「〇〇の女」は、〈〇〇の娘〉の意味であることが多い。ここは〈左大臣の娘〉の意味で、「女」が入る。

問2

「手」には〈文字・筆跡〉の意味がある。ここは、「習ひたまへ」（＝習いなさい）と呼応しているので、「習字」とするのがよいだろう。

問3

「いかで」は〈何とかして・どうかして〉、「まさる（←まさら）」は〈すぐれている・上手にする〉、「む」は意志の助動詞で、〈何とかして上手に弾こう〉となる。「おぼす（←おぼせ）」は〈お思いになる〉の意だが、命令形なので〈お思いなさい〉となる。

問4

傍線部直後の「心得させたまふ」の主語は宣耀殿の女御で、彼女が、「かうなりけり」（＝こういうことだったのだなあ）と理解したのである。女御が父の左大臣から『古今和歌集』の歌を暗記するように教えられていたと知った村上天皇が、『古今和歌集』を持ち出して「〇年〇月、〇〇の折、〇〇が詠んだ歌は？」と女御に暗記テストを課そうとした場面である。女御は天皇が几帳を引き立てて草子を広げている事情がわかったというのである。

問5

「ひが覚えもし、忘れたる」は、女御が間違って覚えていたり、忘れていたりしていた場合をいう。「いみじかる」は〈困った・大変な事態〉のような意味で、知識を披露する機会を与えてくれた天皇の面目をつぶすことをいう。最後の「おぼし乱る（↑おぼし乱れ）」（＝思い乱れなさる）は尊敬語で、主語は女御である。以上をあわせて、イが正解。アは「皆がおもしろがる」が間違い。ウは「…忘れたりする女房」が間違い。エは「気が気ではなかった」の主語は「女房たち」ではない。

**現代語訳**

村上天皇の御代に、宣耀殿の女御と申し上げた方は、
村上の御時、宣耀殿の女御と聞こえけるは、
小一条の左大臣殿の御娘でいらっしゃったので、
小一条の左大臣殿の御女におはしましければ、
誰が知り申し上げないであろうか、いやみんな知り申し上げている。
誰かは知りきこえざらむ。
まだ（女御が）姫君でいらっしゃったとき、
まだ姫君におはしける時、
父大臣が教え申し上げなさったことは、
父大臣の教へきこえさせたまひけるは、
「第一にはお習字を習いなさい。次には琴を、
「一には御手を習ひたまへ。次には琴の御琴を、
何とかして人より上手に弾こうとお思いなさい。
いかで人に弾きまさらむとおぼせ。

---

そして『古今和歌集』二十巻をみんな暗記なさることを、
さて古今二十巻をみな浮かべさせたまはむを、
御学問になさいませ」
御学問にはせさせたまへ」
と申し上げなさったと、
となむ聞こえさせたまひけると、
（天皇は）かねてお聞きになっていて、（宮中の）御物忌であった日、
聞こし召しおかせたまひて、御物忌なりける日、
『古今和歌集』を隠しておいでになって、
古今を隠してわたらせたまひて、
（女御との間に）いつもと違って御几帳を引き立てなさったので、
例ならず御几帳を引き立てさせたまひければ、
女御は、不思議だとお思いになっていたところ、
女御、あやしとおぼしけるに、
（天皇は）御草子を広げなさって、
御草子をひろげさせたまひて、
「何の年何の月、何の折に、
「その年その月、何のをり、
だれそれが詠んだ歌はどのようか」と、尋ね申し上げなさるので、
その人の詠みたる歌はいかに」と、問ひきこえさせたまふに、
（女御は）こういうことだったのだなあと理解なさるにつけ、
かうなりけりと心得させたまふも、
おもしろいとはいうものの、間違って覚えていたり、
をかしきものの、ひが覚えもし、
忘れたりしたことがあれば、困ったことになるだろうと、
忘れたるなどもあらば、いみじかるべきことと、
たいそう思い乱れなさったに違いない。
わりなくおぼし乱れぬべし。

第1章

# ③ 落窪の君、不幸な境遇です

training

## 練習問題

（標準） 次の文章は、『落窪《おちくぼ》物語』の冒頭の一節で、中納言一家について書かれている。

今は昔、中納言なる人の、*女《むすめ》あまた持《も》たまへるおはしき。大君《おほいぎみ》、中の君には*婿取りして、［ a ］、［ b ］に、はなばなとして住ませたてまつりたまふに、「三、四の君、*裳《も》着せたてまつりたまはむ」とて、かしづき*そしたまふ。また時々通ひたまふ*わかうどほり腹の君とて、母もなき御女《おんむすめ》おはす。北の方、心やいかがおはしけむ、つかまつる*御達《ごたち》の数にだにおぼさず、*寝殿の放出《はなちいで》の、*また一間《ひとま》なる*落窪なる所の、*二間なるになむ住ませたまひける。*君達《きんだち》とも言はず、*御方《おかた》とはまして言はせたまふべくもあらず。c名をつけむとすれば、さすがに、*おとどの思す心あるべしとつつみたまひて、「落窪の君といへ」とのたまへば、*人々もさいふ。おとども、児《ちご》よりらうたくや思しつかずなりにけむ、まして北の方の御ままにて、わりなきこと多かりけり。

**練習問題へのアプローチ**

中納言の娘さんたちは、どのあたりの部屋に住み、どんな扱いを受けていたのかな？

**出典**

『落窪物語』

平安中期の物語。早くに母を亡くした姫君は、落ち窪んだ部屋に住まわされ、継《まま》母からいじめを受けた。継《まま》子《こ》いじめの典型的な物語である。

**注**

＊女＝娘（p24参照）。

＊婿取りして＝結婚させて。

＊裳着せ＝大人の着物にあたる裳を着せる成人の儀式をすること（p16参照）。

＊そし＝「そす」の連用形。動詞について、〈熱心にする〉という意味を

**問1** 下の図は、問題文に登場する人物を系図にしたものである。空欄イ～ハにふさわしい人物名を入れよ。

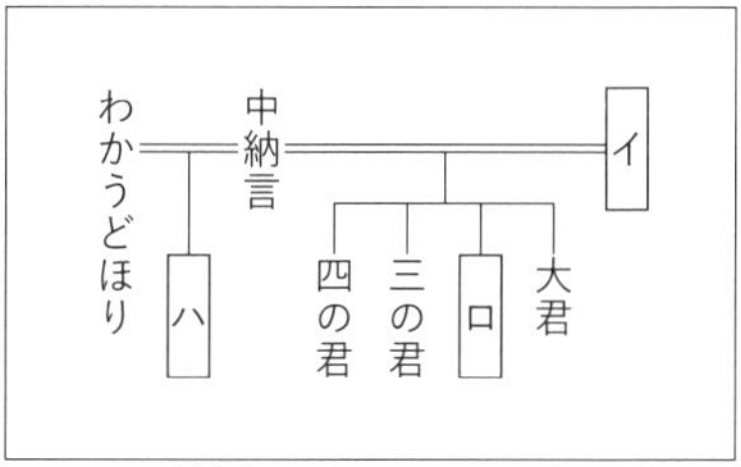


**問2** 空欄ａ・ｂに入れるのにふさわしいものを、次の中から選べ。順序は問わない。

寝殿　渡殿　北の対　西の対　東の対

**問3** 傍線部ｃ「名」について、

ⅰ どのような名前をつけようとしたのか、

ⅱ 実際はどのような感じの名前をつけたのか、

それぞれ具体的に説明せよ。

**問4** 問題文の内容としてふさわしいものを、次の中から一つ選べ。

① 中納言家の三番目・四番目の娘たちは、早くも結婚していた。
② 中納言には正妻以外に通う女性がいたが、今は亡くなっていた。
③ 落窪の君は、北の方の指図通り父親と一緒に寝殿に住んだ。
④ 落窪の君は、幼いころは父親にかわいがられていたようである。

解答は30～31ページ

添える。「かしづきそし」で、〈大切に養育する〉となる。

＊わかうどほり腹の君＝「わかうどほり」は〈皇族系統の人〉、「腹」は〈その人が産んだ〉の意。「君」は「女君」である。

＊御達＝上級の侍女。

＊寝殿の放出＝寝殿から張り出して建てた部屋。

＊また一間なる＝さらに柱を一つ隔てて。

＊落窪なる所＝一段低く落ち窪んだ所。

＊二間なる＝間口が二間（約三・六メートル）の部屋。

＊君達＝上級貴族の子の呼び方。

＊御方＝人を敬った呼び方。

＊おとど＝中納言を指す。

＊人々＝女房たち。

lecture テーマ講義

# 娘の呼び方、寝殿造り

**カオル** 「大君」「中の君」とは誰のことを言うのですか？

**先生** 同じ父親から生まれた女の子を年齢順に次のように呼ぶんだよ。

- ✓ **大君**（おおいぎみ）←長女
- ✓ **中の君** ←次女
- ✓ **三の君** ←三女
- ✓ **四の君** ←四女

**カオル** 『源氏物語』に「女三の宮」が出てきますが、あの「三」も三番目ということですか？

**先生** 天皇の娘さんは「女宮」と呼ぶので、「女三の宮」は〈天皇の三番目の娘さん〉ということになるね。こちらは「中」を使わずに、次のように呼ぶ。

- ✓ **女一の宮** ←一番年上の女宮
- ✓ **女二の宮** ←二番目の女宮
- ✓ **女三の宮** ←三番目の女宮

**カオル** 問2で出てきた、「西の対」「東の対」というのはどういうものですか？

**先生** 貴族は、次ページの図のような「**寝殿造り**（しんでんづくり）」という様式の建物に住んだ。「**寝殿**」は主人の、「**北の対**《たい》」は正妻（北の方）の居住スペースなんだ。そして、寝殿の両側に張り出した「**東の対**」「**西の対**」には娘たちが住む。将来結婚したら男が通ってきて、生活をするための建物なのだ。「落窪の君」にはそうした建物が与えられずに、「寝殿」に付属した小屋のような「**放出**（はなちいで）」

と呼ばれた部屋に住まわせられたのだから、この家のまともな子どもとして認められていないと言ってもいいね。

カオル　どうしてそんな扱いを受けていたんですか?

先生　この問題文の「中納言一家」でいえば、「大君・中の君・三の君・四の君」は正妻の娘だが、「落窪の君」は別の女性の娘なので、社会的な立場が弱いのだね。それに加えて〈性格の悪い正妻〉というキャラクターを設定することで、〈**継子いじめ**〉が成り立っていると言えるね。

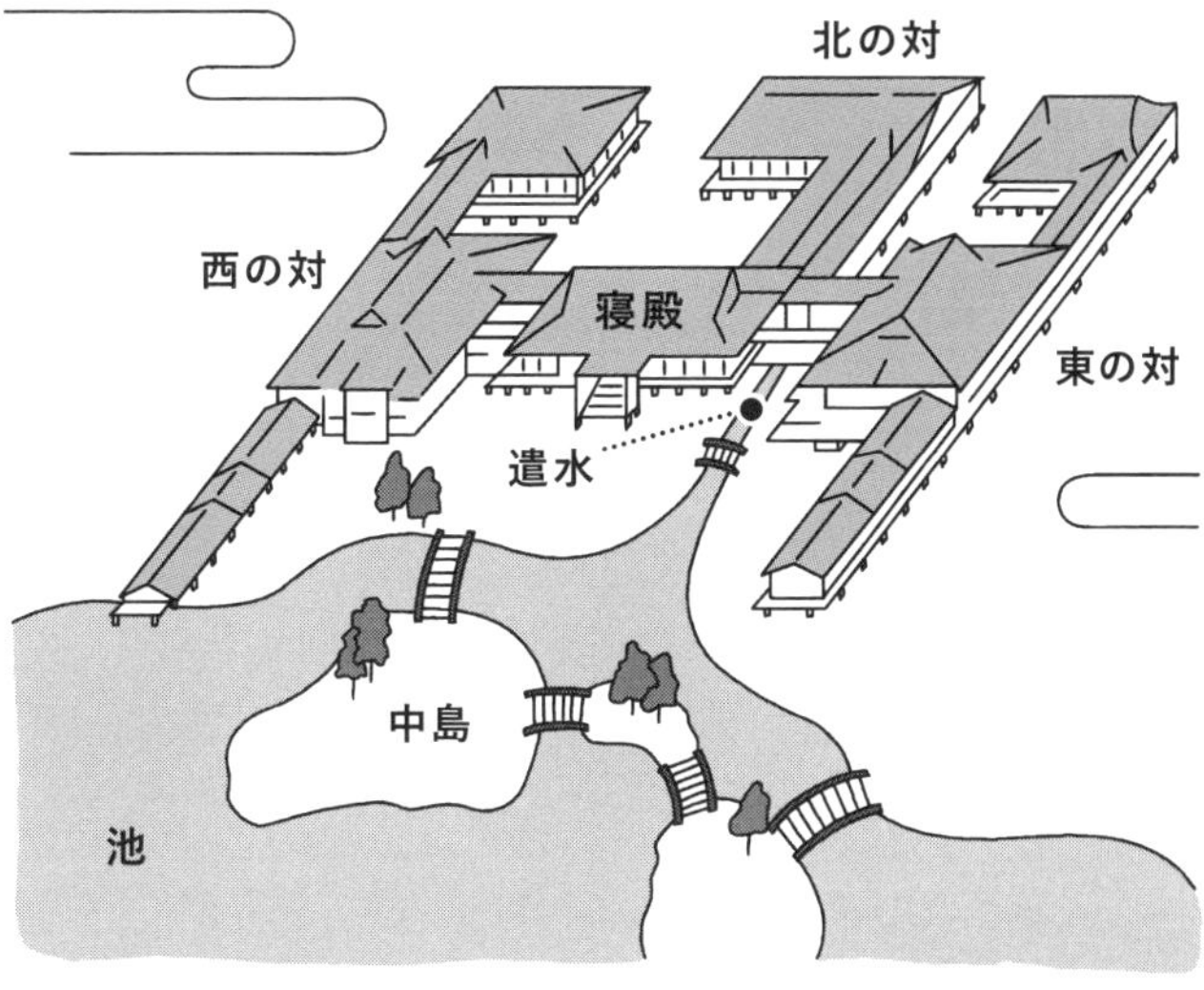


**ここもポイント!**─寝殿造り

**渡殿**（わたどの）建物と建物をつなぐ屋根のある廊下。

**前栽**（せんざい）庭先の植え込み。

**遣水**（やりみず）寝殿造りなどで、庭に外から水を導き入れた流れ。

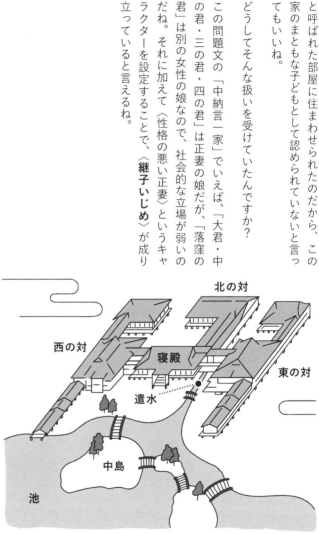

# 解答・解説・現代語訳

問題は26～27ページ

**解答**

問1　イ＝北の方　ロ＝中の君　ハ＝落窪の君
問2　西の対、東の対
問3　i＝下級の侍女につけるような露骨に相手をおとしめる感じの名前。
ii＝住む部屋の様子にかこつけて女君の境遇を当てこするような名前。
問4　②

**解説**

問1　問題文の最初に、「中納言」には「大君（＝長女）」「中の君（＝次女）」そして「三の君」「四の君」がいることが書かれている。彼女らの母親は、「中納言」の妻である「北の方」と考えられる。寝殿造りの「北の対」に住んでいた正妻を呼ぶ言い方である。したがって、イ「北の方」、ロ「中の君」となる。
そして、中納言には、時々通いなさる皇族の女性を母として生まれた女君がいる。「北の方」にとっては、〈継母―継子〉の関係となる。彼女は、ハ「落窪の君」と呼ばれていた。

問2　「大君」「中の君」はこの家の娘たちだが、「寝殿造り」のうちの「西の対」や「東の対」に住んでいた。普通、娘たちの住まいはここであった。

問3　中納言が時々通いなさる皇族の女性を母として生まれた女君のことを、「北の方」は「御達（＝上級の侍女）」とさえも考えず、「君達（＝上級貴族の子）」とも「御方（＝敬った呼び名）」とも呼ばせなかったとある。
したがって、つけようとした名前は、露骨に相手をおとしめる感じの、たとえば「下級の侍女につけるような名前」であったと考えられる。
しかし、そんな名前をつけたのでは、ひどいと中納言が思うだろうと考えて、住む部屋の様子にかこつけて女君の境遇を当てこするような嫌みたっぷりの「落窪の君」という名前としたのである。

**問4**

①＝これから裳着（もぎ　p16参照）をさせようと考えているとあるから、まだ結婚をしていなかったはず。②＝問題文に「母もなき」とあり、正しい。③＝「父親と一緒に寝殿に住んだ」は間違い。「落窪の君」が住んだのは、寝殿に付属した部屋で、「一緒に」は正しくない。④＝「児よりらうたくや思しつかず」は〈幼児のときからかわいいと思いを寄せなさることがない〉の意で、「かわいがられていた」は間違いである。

## 現代語訳

今では昔のことだが、中納言である人で、
**今は昔、中納言なる人の、**
娘をたくさんお持ちになっている方がいらっしゃった。
**女あまた持たまへるおはしき。**
大君、中の君は結婚させて、西の対、東の対に、
**大君、中の君には婿取りして、西の対、東の対に、**
豪華に仕立てて住まわせ申し上げなさって、
**はなばなとして住ませたてまつりたまふに、**
「三、四の君には、裳着の祝いをし申し上げなさろう」と思って、
**「三、四の君、裳着せたてまつりたまはむ」とて、**
大切に養育なさる。その他に（中納言が）時々通いなさる
**かしづきそしたまふ。また時々通ひたまふ**
皇族の女性を母として生まれた女君で、
**わかうどほり腹の君とて、**
（今は）その母も亡くなった娘様がいらっしゃる。
**母もなき御女おはす。**
北の方は、性格がどのようでいらっしゃったのだろうか、
**北の方、心やいかがおはしけむ、**
お仕えする上級の侍女たちと同列とさえもお思いにならず、
**つかまつる御達の数にだにおぼさず、**
寝殿から張り出して建てた部屋の、さらに柱を一つ隔てて一段低く落ち窪んだ所で、
**寝殿の放出の、また一間なる落窪なる所の、**
間口が二間（約三・六メートル）の部屋に住まわせなさった。
**二間なるになむ住ませたまひける。**
（女君を）「君達」とも言わず、
**君達とも言はず、**
「御方」とはまして言わせなさるはずもない。
**御方とはまして言はせたまふべくもあらず。**
（ひどい）名前をつけようとするが、そうは言ってもやはり、
**名をつけむとすれば、さすがに、**
中納言がどうお思いになるだろうかと遠慮なさって、
**おとどの思す心あるべしとつつみたまひて、**
「落窪の君と呼べ」とおっしゃるので、女房たちもそう呼ぶ。
**「落窪の君といへ」とのたまへば、人々もさいふ。**
中納言も、幼児のときからかわいいと愛情を寄せなさることがなかったのであろうか、
**おとども、児よりらうたくや思しつかずなりにけむ、**
それにもまして北の方のお思いになるままであって、
**まして北の方の御ままにて、**
（落窪の君にとっては）つらいことが多かった。
**わりなきこと多かりけり。**

第1章

# ④ 若紫、周りに翻弄される

training

## 練習問題

（標準） 次の文章は、『源氏物語』の一節である。光源氏は、病気静養のために北山に来ていたが、ある夕暮れ時、僧都《そうづ》の住まいを垣根越しにのぞくと、尼と女の子（＝若紫）がいた。後に、光源氏は僧都にその女の子の素性を尋ねる。

（光源氏が）「かの大納言の御むすめものし給ふと聞き給へしは」と*推しあてにのたまへば、（僧都は）「むすめただ一人侍りし。亡せてこの十余年にやなり侍りぬらむ。故大納言、内に奉らむなどかしこう*いつき侍りしを、①その本意《ほい》のごとくもものし侍らで②*過ぎ侍りにしかば、ただこの尼君ひとり*もてあつかひ侍りしほどに、いかなる人の*しわざにか、兵部卿宮なむ忍びて*語らひつき給へりけるを、もとの北の方*やむごとなくなどして、安からぬこと多くて、明け暮れものを思ひてなむ③亡くなり侍りにし」など申し給ふ。

④さらば、その子なりけり、と思しあはせつ。*親王の御筋にて*かの人にも通ひ聞こえたるにやと、*いとどあはれに見まほし。*人のほどもあてにをかしう、なかなかのさかしら心なく、うち語らひて心のままに教へ生ほし立てて見ばやと思す。

---

**練習問題へのアプローチ**

問4の系図を参考に、人物関係をおさえよう。女の子（若紫）の母は誰かな？ また育てているのは誰かな？

**出典**

『源氏物語』

五十四帖から成る長編物語。作者は紫式部。平安時代中期の成立である。問題文は、光源氏と若紫の出会いが描かれる「若紫」巻の一節。

**注**

＊推しあてに＝当て推量に。
＊いつき＝大切に育て。
＊過ぎ＝ここは死去を指す。
＊もてあつかひ＝大切に世話をし。
＊しわざ＝二人の仲を取り持つこと。
＊語らひつき＝親密になり。通うようになり。

問1　傍線部①について、
i　「本意」の意味を記せ。
ii　ここでは何がどうなったことをいうのかを、具体的に説明せよ。

問2　傍線部②・③の主語を記せ。

問3　傍線部④について、
i　「けり」の文法的意味を記せ。
ii　光源氏は、最初どのように考えたのかを記せ。
iii　結局どのようだと理解したのかを説明せよ。

問4　次の系図の空欄A～Cを埋めよ。

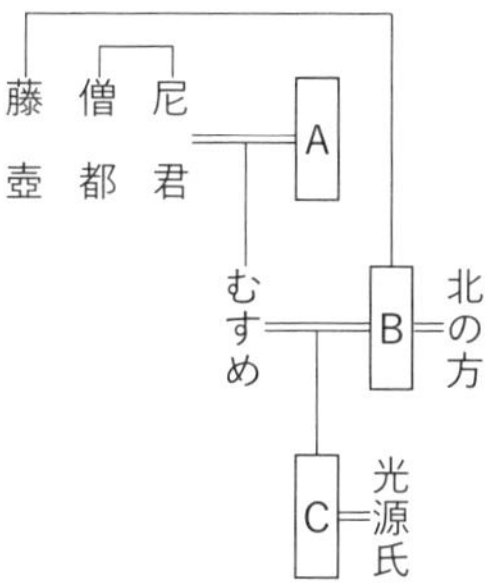


解答は36～37ページ

*やむごとなくなどして＝捨てておけない（高い）身分であるなどするから。

*親王＝兵部卿宮。

*かの人＝光源氏が恋い焦がれている藤壺を指す。「兵部卿宮」の妹にあたる。

*いとどあはれに見まほし＝いよいよしみじみと思いをそそられて（その人を）自分の妻にしたい（と思いなさる）。

*人のほどもあてにをかしう、なかなかのさかしら心なく、うち語らひて心のままに教へ生ほし立てて見ばや＝人柄のほども気品があって美しく、なまじのこざかしさもないので、親しく交わって思いのままに教え育てて妻にしたい。

lecture

テーマ講義

# 親を亡くした女君は

カオル　**問4**の、「若紫」をとりまく系図がわかりづらいのですが、古文に出てくる女君はみんなこのようなのですか？

先生　この系図は、古文での典型的なケースを含んでいるので、一つずつ取り出して示してみよう。

□＝男、■＝男（故人）、○＝女、●＝女（故人）で示している。

**▼まずは、「父親」が亡くなった場合。**

女君（○2）は、父（■1）が死ぬと、母（○1）か母方の親族に育てられることが多い。母方の身分・経済力によって人生が決まるわけだ。問題文では、○2が「御むすめ（＝若紫の母）」。彼女は、母に育てられたが、結局予定されていた「入内（じゅだい）」もなかったとある。父が亡くなった娘が入内しても幸せになれないと判断したのだろうね。『源氏物語』の「桐壺更衣」がその典型的な例だと思うよ。

**▼次は、「母親」が亡くなった場合。**

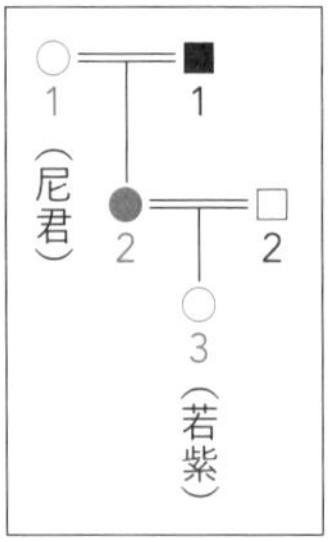


女君（○3）は、母（●2）が死ぬと、祖母（○1）に育てられるということもある。父（□2）は関与しないことが多い。図では、○3が「若紫」。祖母の尼君（○1）とともに北山の山荘で暮らしていた。山里の住まいでわびしく暮らしている女君が、都からやって来た貴公子に見そめられるというのが、物語ではよくあるパターンだね。入試でも頻出だよ。

カオル　**父（□2）が引き取る**ことはないのですか？

**先生**　可能性としては、あるよ。

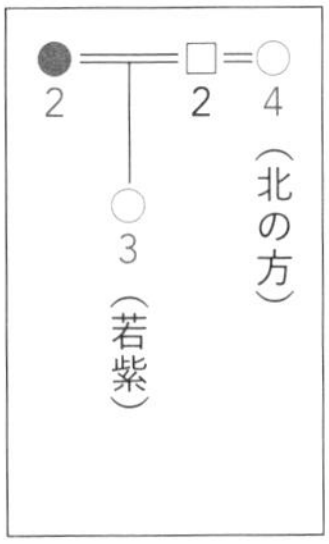


ただその場合、女君（○3）は父（□2）の別の妻（○4）に世話をされることになる。○4と○3は継母と継子という関係になるね。問題文では、○4が「北の方」。しかし「若紫」はこうはならなかった。p29で扱った〈**継子いじめ**〉のような事態を避けるために、尼君が引き取ったとも言えるね。「若紫」にとってはよい選択だったと思えるよ。

**カオル**　このあと、「若紫」はどうなるのですか？

**先生**　問題文の最後あたりに「見ばや（＝妻にしたい）」という思わせぶりな記述があるが（注参照）、祖母が亡くなった後、光源氏が強引に「若紫」を自邸に引き取るんだよ。後には、光源氏の実質的な正妻として暮らすことになる。

**カオル**　ところで、ちらっと顔を出している「かの人」（＝藤壺）とはどういう人なんですか？

**先生**　「兵部卿宮」の妹だ。「若紫」は藤壺の姪にあたるので藤壺に似ているとされる。藤壺は桐壺帝の妃なのだが、光源氏と男女の関係になり、光源氏との間に子をもうける。『源氏物語』では、興味深いお話だよ。

# 解答・解説・現代語訳

問題は32〜33ページ

**解答**

問1 i＝かねてからの願い
ii＝娘を入内させようという願いがかなわなかった。

問2 ②＝大納言／故大納言
③＝（大納言の）御むすめ／むすめ

問3 i＝詠嘆
ii＝大納言の娘と考えた。
iii＝大納言の娘の子ども（孫）だと理解した。

問4 A＝大納言　B＝兵部卿宮　C＝若紫

**解説**

問1
「本意」は〈かねてからの願い〉で、直前の「内に奉らむ（＝帝に差し上げよう）」のこと。「ごとくもものし侍らで」は、そのようにならなかったことをいう。

問2
②＝娘の入内のこともかなわず亡くなったのは誰かを考える。

③＝兵部卿宮が通うようになったが、物思いが重なり亡くなったのは誰かを考える。

問3
i＝助動詞「けり」には、〈過去〉〈詠嘆〉の意味があるが、ここは、初めてそうだと気づいたことを表す〈詠嘆〉がふさわしい。

ii＝光源氏の最初の言葉をもとに考える。

iii＝僧都の説明の内容を丁寧におさえる。実は大納言の孫であったのだ。

問4
A＝大納言は、むすめを残して亡くなった。

B＝むすめのもとに通うようになったのは、兵部卿宮である。

C＝亡くなったむすめの子である。問題文は「その子」、前文では「女の子」と表示されているが、一般によく用いられる「若紫」を答としておく。光源氏とのその後のつながりは、p35参照のこと。

**現代語訳**

（光源氏が）「あの大納言の娘さんがいらっしゃると聞きましたが」
「かの大納言の御むすめものし給ふと聞き給へしは」
と当て推量におっしゃると、　（僧都は）「娘がただ一人いました。
と推しあてにのたまへば、「むすめただ一人侍りし。
亡くなってここ十年余りになりましたでしょうか。
亡せてこの十余年にやなり侍りぬらむ。
故大納言が、帝に差し上げようなどとたいそう大切に育てていましたが、
故大納言、内に奉らむなどかしこういつき侍りしを、
そのかねてからの願い通りにはなりませんで亡くなってしまいましたので、
その本意のごとくもものし侍らで過ぎ侍りにしかば、
ただこの尼君一人が大切に世話をしていましたうちに、
ただこの尼君ひとりもてあつかひ侍りしほどに、
どのような人が二人の仲を取り持ったのだろうか、
いかなる人のしわざにか、
兵部卿宮が内々に通うようになりなさったが、
兵部卿宮なむ忍びて語らひつき給へりけるを、
（兵部卿宮の）もとからの北の方が捨てておけない高い身分であるなどするから、
もとの北の方やむごとなくなどして、
（娘は）気苦労が多くて、　明け暮れ物思いが重なり
安からぬこと多くて、明け暮れものを思ひてなむ
亡くなってしまいました」　などと申し上げなさる。
亡くなり侍りにし」など申し給ふ。
それならば、その娘の子であったのだなあ、と思い当たりなさった。
さらば、その子なりけり、と思しあはせつ。
親王（＝兵部卿宮）のお血筋なのであの方（＝藤壺）にも
親王の御筋にてかの人にも

---

似通い申し上げているのだろうかと、
通ひ聞こえたるにやと、
いよいよしみじみと思いをそそられて　（その人を）自分の妻にしたい　（と思いなさる）。
いとどあはれに見まほし。
人柄のほども気品があって美しく、　なまじのこざかしさもないので、
人のほどもあてにをかしう、なかなかのさかしら心なく、
親しく交わって思いのままに教え育てて妻にしたいとお思いになる。
うち語らひて心のままに教へ生ほし立て見ばやと思す。

第1章

# ⑤空蝉、尼として生きる

training

## 練習問題

（標準）次の文章は、『源氏物語』の一節で、「常陸守《ひたちのかみ》」と「空蝉《うつせみ》」（＝「この君」「女君」）の話である。

かかる程に、この常陸守、老いのつもりにや、悩ましくのみしてもの心細かりければ、*子どもに、ただ*この君の御事をのみ言ひけり。女君、「心憂き【　】ありて、①この人にさへおくれて、いかなるさまに*はふれ惑ふべきにかあらむ」と思ひ嘆き給ふを見るに、うしろめたう悲しきことに思へど、心にえとどめぬものにて、亡せぬ。

しばしこそ、「さ、のたまひしものを」など、*情《なさけ》づくれど、うはべこそあれ、つらき事多かり。とあるもかかるも*世のことわりなれば、身一つの憂き事にて嘆き明かし暮らす。ただこの*河内守《かはちのかみ》のみぞ、昔よりすき心ありてすこし情がりける。「あはれにのたまひおきし。*数ならずとも、*おぼし疎《うと》までのたまはせよ」など、追従《ついそう》し寄りて、いとあさましき心の見えければ、「憂き【　】ある身にて、かく生きとまりて、はてはてはめづらしき事どもを聞きそふるかな」と、人知れず思ひ知りて、人に「さなむ」とも知らせで、尼になりにけり。

練習問題へのアプローチ

この「空蝉」は、光源氏が若いころに関係をもった女性だよ。今はどのような暮らしをしているのかな。

**出典**

『源氏物語』

p32参照。

問題文は「関屋《せきや》」の一節。この巻では、「帚木《ははきぎ》」「空蝉」巻に登場した女君のその後が描かれる。

**注**

*子ども＝「常陸守」の先妻との間に生まれた子どもたち。既に成人していた。

*この君＝中納言家に生まれた姫君である。人生がうまくまわれば、妃といったこともあり得たのだろうが、父親に早く死なれたため、婚

問1　二つの空欄【　　】にあてはまる語句を選べ。（同じものが入る）
ア　宿世　　イ　本意　　ウ　後世　　エ　出家

問2　傍線部①はどういうことを言っているのかを説明せよ。人物関係がわかるように示すこと。

問3　次の各文は、「空蝉」の不運な生涯を箇条書きにしたものである。注も参考にしながら、空欄A〜Dにふさわしい語句を入れよ。
i　「空蝉」は、［A］が死去し、入内もかなわなかった。
ii　［B］地方官である「常陸守」の後妻となった。
iii　常陸守の死後、子どもたちは、空蝉に対して［C］が多かった。
iv　河内守が［D］ので、空蝉は尼になった。

問4　次のア〜ウについて、〈出家する〉の意味になるように、空欄に語を入れよ。
ア　［　］を捨つ　　イ　［　］変ふ　　ウ　［　］おろす

解答は42〜43ページ

儀の相手も思うにまかせなかった。後出の「女君」も同じ。

*はふれ惑ふべき＝落ちぶれさまよわなければならない。

*情づくれど＝親切らしくするけれども。

*世のことわり＝継子との関係がよくないことをいう。

*河内守＝先妻の子どもの一人。

*数ならずとも＝物の数ではない私であっても。

*おぼし疎までのたまはせよ＝疎ましくお思いにならないで（困ったことは）おっしゃってください。

lecture

## テーマ講義

# 女の宿世と出家

**カオル**　これは「空蝉」の**出家**のお話ですが、出家するとお寺に籠って修行生活をするのですか？

**先生**　いや、古文ではちょっと違うんだよ。女の人の場合は、屋敷の一部屋で修行ということが多いね。
出家とは、俗世を捨てて、仏道の世界に生きることだが、**精神的にこの世を捨てること**という方がわかりやすいだろう。恋愛にも、公式行事にも、政治にも関わらない生活を送るのだ。
男の人は剃髪するが、女の人は背丈よりも長かった髪の毛を肩の下あたりで切りそろえる。これを**尼そぎ**という。

**尼そぎ**

**カオル**　古文の主人公は、なぜ出家をするのですか？

**先生**　人によっていろいろな事情があるんだ。箇条書き風にまとめてみよう。

▼1　**真の生き方を追求する**……超まじめ型
▼2　**死後の幸せを希求する**……極楽往生（p162～163参照）を願う型
▼3　**出世ができなかったり、配流にあったりする**……現状不満型
▼4　**男または女に捨てられる**……失恋型

**カオル**　「空蝉」は人生に失望したのですね。

**先生**　そうなのだが、人生から逃避したというのとは少し違うと思うな。尼になって生きるというのは、女の人の意思を表す方法で、一つの生き方と言えるんだよ。

**カオル**　「**出家**」を**表す表現**は多くありますね。

**先生**　主なものを並べておくよ。

**○世を捨つ　○世を逃《のが》る　○世を背く　○世を厭《いと》ふ　○世を離る**
**○さま変ふ　○かたち変ふ　○御髪**（みぐし）**おろす　○頭**（かしら）**おろす　○もとどり切る**

**カオル**　ところで、この「空蝉」さんですが、河内守のことだけで出家したのではなく、もっと深い事情があると聞いたのですが……

**先生**　なかなか詳しいね。光源氏との不意の一夜の逢瀬のあとは、切ない恋心との葛藤で苦しみながらも、光源氏を拒み通すという一途な女として描かれている。それから十二年後の「関屋《せきや》」巻では、「逢坂《あふさか》の関《せき》」で光源氏と偶然に出会うのだが、まもなくの夫の死、継子の河内守の懸想《けそう》と、つらい事態が続くのを受けて、「出家」したというわけだ。その後、二条東院（＝光源氏の邸宅）に引き取られ、仏道に専心する。**〈前世からの運命〉**だと言えよう。

**カオル**　これが問題文の**問1**と関係するのですね。

**先生**　そのとおり。「**宿世**」は「すくせ」と読んで、〈前世からの運命・因縁〉の意味なので、ここの空欄にぴったりあてはまるのだよ。ちなみに、「**本意**（ほい）」は〈かねてからの望み〉、「**後世**（ごせ）」は〈死後に生まれ変わる世界・来世〉をいう。

answer

# 解答・解説・現代語訳

問題は38〜39ページ

**解答**

問1 ア

問2 空蝉が、父だけでなく、常陸守にまで先立たれること。

問3 A＝父の中納言
B＝年の離れた、身分違いの
C＝薄情なこと（冷たい仕打ち）
D＝思いを寄せ下心をみせる（言い寄る・懸想する）

問4 ア＝世　イ＝さま・かたち　ウ＝頭・御髪

**解説**

問1 〈前世からの運命・宿縁〉の意の「宿世（すくせ）」を入れる。

問2 「この人」は常陸守を指す。「おくる（↑おくれ）」は〈先立たれる〉、「さへ」は〈までも〉の意。父の中納言に続いて、常陸守にも先立たれそうになっていることをいう。

問3 A＝注の「この君」を参照のこと。
B＝「常陸守」は年老いており先妻との間に成人した子どもたちがいる。経済的な安定を考えての結婚であったのだろうが、年老いた夫との年齢差のある結婚はよき縁とは思えない。また、「地方官」は豊かとはいえ、中納言家の娘の「空蝉」にとっては身分違いなのであった。そこらあたりを踏まえて、「年の離れた」「身分違い」の要素を書き込んでほしい。
C＝空欄直後に「多かった」とあることから、問題文中の「つらき事」が対応する。「つらし（↑つらき）」は〈冷たい・薄情な〉の意である。
D＝河内守について書かれている「昔よりすき心ありてすこし情がりける」「『…数ならずとも、おぼし疎までのたまはせよ』など、追従し寄りて、いとあさましき心の見えければ」に注目する。意味は現代語訳を参照のこと。河内守は色事めいた気持ちがあり、下心を持って空蝉に近づいていく様子が見え見えなのである。

## 現代語訳

こうするうちに、　この常陸守は、　老いを重ねたためか、
かかる程に、この常陸守、老いのつもりにや、
病気がちで何となく心細かったので、
悩ましくのみしてもの心細かりければ、
子どもたちに、　ただこの女君のことばかり言っていた。
子どもに、ただこの君の御事をのみ言ひけり。
女君が、「つらい宿命があって、　この人にまで先立たれて、
女君、「心憂き宿世ありて、この人にさへおくれて、
(この先)どのように落ちぶれさまよわなければならないのだろうか」
いかなるさまにはふれ惑ふべきにかあらむ」
と思い嘆きなさるのを見るにつけても、
と思ひ嘆き給ふを見るに、
気がかりで悲しいことと思うけれども、
うしろめたう悲しきことに思へど、
(命は)とどめることのできないもので、(常陸守は)亡くなってしまった。
心にえとどめぬものにて、亡せぬ。
しばらくの間は、(子どもたちも)「あのように、おっしゃっていたのだから」
しばしこそ、「さ、のたまひしものを」
などと、親切らしくするけれども、
など、情づくれど、
表面はともかく、　薄情なことが多い。
うはべこそあれ、つらき事多かり。
それもこれも世間では当然のことだからと、
とあるもかかるも世のことわりなれば、
自分一人の不運として嘆き暮らす。
身一つの憂き事にて嘆き明かし暮らす。

---

ただこの河内守だけは、　昔から(空蝉に)色事めいた気持ちがあって
ただこの河内守のみぞ、昔よりすき心ありて
少し思いを寄せてきた。　「しみじみと遺言なさったのですよ。
すこし情がりける。「あはれにのたまひおきし。
物の数ではない私であっても、
数ならずとも、
疎ましくお思いにならないで(困ったことは)おっしゃってください」
おぼし疎までのたまはせよ」
などと、へつらって寄って来て、
など、追従し寄りて、
まことにあきれるほどの下心が見えたので、
いとあさましき心の見えければ、
「つらい宿命の身の上で、　このように生き残って、
「憂き宿世ある身にて、かく生きとまりて、
果てにはとんでもないことなどまでも聞かされることよ」と、
はてはてはめづらしき事どもを聞きそふるかな」と、
人知れず思い知って、　人にそうとも知らせずに、
人知れず思ひ知りて、人に「さなむ」とも知らせで、
尼になってしまった。
尼になりにけり。

column

# 姫君が鶯の鳴きまねをして…

第1章では、「女君」を扱った。幸せな人も運命に翻弄される人もいたが、みんなが懸命に生きていた。しかし、中にはこんなお姫様もいる。

ある姫君が、殿と結婚することになった。乳母が「あなたはおしゃべりが過ぎるのが欠点です。殿が物をおっしゃってほしいと思われたときに、鶯がちょっと声をあげるように優美に物をおっしゃいませ」と教えた。乳母は母親代わりで、しつけ役でもある。

結婚後、姫君は、乳母の教え通り全く物を言わずにいたが、それもあんまりだろうと乳母は心配していた。ある食事時、姫君は好物の漬け物の酢《す》茎《ぐき》をもう少し食べたいと思ったらしく、「膝を立て、肩をすぼめ、羽づくろいをするように、首を伸ばし、作り声をして」、酢茎を食べたいと鶯の鳴き声を真似て言った。「鶯のように」という乳母の忠告に従ったのだろう。

困った乳母は、止めようとしたが、時すでに遅し、姫君は「きときときと」と声をあげた。「きと」には〈すぐに（ほしい）〉と、鶯の鳴き声の〈（ホーホ）ケキョ〉の二つの意味が込められていたらしい。殿もあきれ果て、座はしらけたという。

これは説話集『沙石集』の一節である。

古文常識編

# 第2章

# 恋の始まりから結婚生活まで

恋の始まり、恋文のやりとり、結婚成立、そして夫婦の生活まで、結婚にまつわる古文の典型的な場面を取り上げて解説していく。「よき妻の条件」も付け加えておこう。

# ①ひと目見たその日から

## training 練習問題

（標準）次の文章は、『俵《たわら》藤《とう》太《だ》物語《ものがたり》』の一節である。「藤太」に仕える侍女「時雨《しぐれ》」は、藤太のただならぬ様子を見かね、事情を尋ねる。

藤太、このよし聞きて、ささやきけるは、「はづかしや、*思ひ内にあれば、色外《ほか》に現はるるとは、かやうのためしや申すらん。みづからが思ひの*たねをば、いかなる事とかおぼすらん。aいつぞや*御前へ参りし*御《み》局《つぼね》の簾中《れんちゆう》より、見出だされたる*上臈《じやうらふ》の御立ち姿を、一目見しより、恋の病となり、生死さだめぬ我が身のふぜい、誰かあはれと問ふべきや」と、さめざめと泣きければ、時雨、このよし聞きて、偽りならぬ思ひの色、あはれに思ひ、「bさればこそ、みづからがかしこくも見知りまゐらせたるものかな、*その御ことは、*わが主の御乳母子《めのとご》にておはします、小宰相《こざいしやう》の御方にてましますなり。*色には人の染むこともあり。おぼしめす言の葉あらば、c一筆あそばし給はれかし。参らせてみん」と言へば、藤太いとうれしくて、*取る手もくゆるばかりなり。*紫のうすやうに、なかなか言葉はなくて、

d恋ひ死なばやすかりぬべき露の身の逢ふを限りにながらへぞする

と書きて、*引き結びてわたしけり。

---

**練習問題へのアプローチ**

恋の始まりの切ない思いは今も昔も同じだが、古文では相手へのアプローチの仕方がだいぶ違うよ。

**出典**

『俵藤太物語』

室町時代成立の「御伽草子《おとぎぞうし》」である。俵藤太（藤原秀郷）の武勇伝を描く。問題文は、藤太の武勇とは異なる一面を示す一節である。

**注**

＊思ひ内にあれば、色外に現はるる＝恋心が心の内にあると、その気配が外に現れることをいう。

＊たね＝原因。

＊御前＝平将門を指す。このとき藤太は将門のもとに客として滞在していた。

問1　傍線部aのような場面を古文ではどういうか、漢字三文字で記せ。

問2　傍線部bについて、
i　現代語訳せよ。
ii　ここではどういうことを言っているのかを説明せよ。

問3　傍線部cの前半は〈一筆お書きになってくださいませ〉の意味であるが、後半の「参らせてみん」は、誰が・誰に・何を・どうするというのか、説明せよ。

問4　傍線部dの和歌の意味としてふさわしいものを、次の中から一つ選べ。
①　恋い慕ってその苦しみのあまり死ぬのなら気が楽だろうと思うと、いつでも死ねるという思いだよ。
②　露のようなはかないわが身はあなたと逢えないが、あるいは逢えるかもしれないと願っているよ。
③　あなたに逢うまでは生きていたいという思いで、つらくても恋しい思いにたえて生きているのだよ。
④　恋のために死んではつまらないから、はかない我が身でもあなたと逢うまでは生きていようと決心しているよ。

解答は50～51ページ

*御局の簾中＝お部屋の簾《すだれ》の中。

*上臈＝身分の高い女房。

*その御こと＝その御方。

*わが主の御乳母子＝私の主人である将門の御乳母の子ども（p78～79参照）。

*色には人の染む＝恋心には人がほだされる。

*取る手もくゆるばかりなり＝手紙を取る手も香がたきしめられていて匂いが立ち上るほどである。

*紫のうすやう＝紫色の薄い紙。

*引き結びて＝結び文にして。「結び文」は恋文《こいぶみ》である。

lecture

テーマ講義

# 垣間見

**先生**　第2章は、平安貴族の男と女のお話です。

**カオル**　結婚のお話ですね。

**先生**　結婚だけでなく、広い意味でのラブストーリーだね。最初におさえておきたいのは、

✓平安貴族の女性は、**恋人・夫以外の男性と顔をあわせることがなかった**

という点だね。だから、出会って、おしゃべりをし、おつきあいを始めるということもないわけだ。

**カオル**　それでは、どのようにして知り合うのですか？

**先生**　よくあるのは次の二つだ。

✓**うわさ**による…「あの中納言家のお嬢さんは、美人だそうだよ」といったもの。
✓偶然の機会に**ちらっと見る**…多いのは垣根越しにのぞき見るといったもの。

垣根越しにちらっと見るので「**垣間見**（かいまみ）」と呼ばれるが、**几帳**（きちょう）や**御簾**（みす）の間から見る場合も「垣間見」という。

**カオル**　「垣間見」というと、『源氏物語』にも有名な場面があったような。

**先生**　よく知っているね。『源氏物語』「若紫」の巻の「垣間見」は教科書にも採られている有名な場面である。

**こんな話も！**

光源氏が「わらはやみ」という病気にかかり、高僧に祈祷してもらうため京都の北山に来ていた。退屈紛れに垣根越しに家の中をのぞくと、十歳くらいの女の子が遊んでいたが、「スズメの子が逃げた」と無邪気に部屋の中から飛び出して来た。この、女の子を垣根越しに光源氏が見る、というのが「垣間見」である。この女の子は後に光源氏の妻となる「若紫」である（p32～37参照）。

**カオル**　「垣間見」のあとは、どう進行するのですか？

**先生**　「垣間見」にしろ、人の「うわさ」にしろ、お気に入りの女性が見つかったら、男性はその女性にコンタクトをとることになるが、古文では「**恋文**（こいぶみ）」を送るのが一般的である。女性に「恋文」を届けるのは、女性に仕えている女房や、知り合いだ。女性の家と縁がある人物を捜して、仲介してもらうことになる。
問題文では、男の侍女と相手の女が顔見知りで、侍女が二人を取り持つという、結構シンプルな成り行きである。

**ここもポイント！**

「文《ふみ》」（＝手紙）には、「**立て文**」と「**結び文**」がある。「立て文」は実用的な内容の正式な書状、「結び文」は私的な手紙で、恋文は「結び文」である。

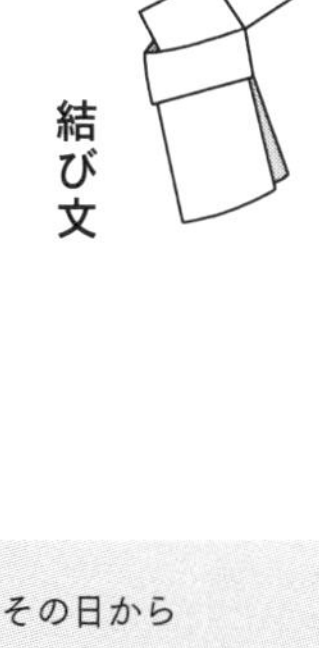

answer

# 解答・解説・現代語訳

## 解答

問1 垣間見

問2 i＝思った通りだ

ii＝藤太が恋心を抱いているのではないかという予想通りであったということ。

問3 時雨が、小宰相に、藤太が書いた恋文を、差し上げてみようということ。

問4 ③

## 解説

問1 ここは、藤太が〈お部屋の簾の中〉にいた女を見た場面だが、この場合も「垣間見」という。

問2 i＝「さればこそ」は、物事の様子・自分の判断が予想通りであったことを表し、〈思った通りだ・予想通りだ〉の訳となる。

ii＝前文の「藤太のただならぬ様子を見かねて」から、藤太が誰かに恋心を抱いているのではないかと予想したと考える。

問3 藤太の思いを知った時雨が、二人の間を取り持とうとしたというのである。直前の「一筆」は藤太の小宰相への恋文である。

後半部を単語に分けると、**【参らせ**（謙譲の動詞「参らす」の連用形で〈差し上げる〉の意味）**】＋【て**（接続助詞）**】＋【み**（動詞「みる」の未然形）**】＋【ん**（意志の助動詞）**】**となり、現代語訳は〈差し上げてみよう〉である。

問4 「恋ひ死なば」は〈恋い慕って死んでしまったならば〉、「やすかりぬべき」は〈気が楽であるにちがいない〉の意。「露の身の」は、はかない我が身のこと。「逢ふを限りにながらへぞする」は、〈逢うまでは生きていたいと、生きながらえている〉となる。歌全体では、相手に対する強い恋心を詠み込んでいることになる。以上から、③が正解。

①＝「いつでも死ねる」が間違い。②＝「逢えないが」・「逢えるかもしれない」はともに内容と合わない。④＝

問題は46～47ページ

「恋のために死んではつまらない」が間違い。

## 現代語訳

藤太は、このことを聞いて、小声で話したことには、
藤太、このよし聞きて、ささやきけるは、

「きまり悪いことよ、恋心が心の内にあると、
「はづかしや、思ひ内にあれば、

その気配が外に現れるというのは、このようなことを申すのであろうか。
色外に現はるるとは、かやうのためしや申すらん。

私の物思いの原因は、
みづからが思ひのたねをば、

どのようなことだとお思いになっているのだろうか。
いかなる事とかおぼすらん。

いつだったか将門様の前に参上したときにお部屋の簾の中から、
いつぞや御前へ参りし御局の簾中より、

外をご覧になっていた身分の高い女房の立っているお姿を、
見出だされたる上臈の御立ち姿を、

一目見たときから、恋の病となり、
一目見しより、恋の病となり、

生死もわからない我が身のありさまを、
生死さだめぬ我が身のふぜい、

誰か気の毒にと尋ねてくれるだろうか、尋ねてくれるのはおまえだけだ」
誰かあはれと問ふべきや」

と言って、さめざめと泣いたので、
と、さめざめと泣きければ、

---

時雨は、このことを聞いて、偽りでない思いの様子を、
時雨、このよし聞きて、偽りならぬ思ひの色、

気の毒に思い、「思った通りだ、
あはれに思ひ、「さればこそ、

私は恐れ多くも見知り申し上げたことだなあ、
みづからがかしこくも見知りまゐらせたるものかな、

その御方は、私の主人（である将門）の御乳母の子どもでいらっしゃる、
その御ことは、わが主の御乳母子にておはします、

小宰相の御方でいらっしゃるのである。
小宰相の御方にてましますなり。

恋心には人がほだされることもある。お思いになる言葉があるなら、
色には人の染むこともあり。おぼしめす言の葉あらば、

一筆お書きになってくださいませ。差し上げてみよう」と言うと、
一筆あそばし給はれかし。参らせてみん」と言へば、

藤太はたいそううれしくて、
藤太いとうれしくて、

（手紙を）取る手も（香がたきしめられていて）匂いが立ち上るほどである。
取る手もくゆるばかりなり。

紫色の薄い紙に、なまじっか（思いを書いた文章の）言葉はなくて、
紫のうすやうに、なかなか言葉はなくて、

恋い慕ってその苦しみのあまりに死んでしまったならば気が楽であるにちがいないが、露のようにはかない我が身は
恋ひ死なばやすかりぬべき露の身の

あなたに逢うまではと思って生きながらえていることだ。
逢ふを限りにながらへぞする

と書いて、結び文にして（時雨に）渡した。
と書きて、引き結びてわたしけり。

第2章

# ② 恋文が来て、返事をして

training

## 練習問題

（標準）　次の文章は、『蜻蛉《かげろふ》日記』の一節である。藤原摂関家に生まれ、将来有望な貴公子であった「兼家《かねいえ》」は、常識を無視した振る舞いで、作者の家に恋文《こいぶみ》を届けさせる。

*例の人は、*案内《あない》するたより、もしは、なま女などして、いはすることこそあれ、これは、*親とおぼしき人に、たはぶれにもまめやかにもａほのめかししに、「*便《び》なきこと」といひつるをも*知らず顔に、馬にはひ乗りたる*人してうちたたかす。「誰」など*いはするにはおぼつかなからずさわいだれば、もてわづらひ、取り入れて、もてさわぐ。見れば、*紙なども例のやうにもあらず、*いたらぬところなしと聞きふるしたるｂ手も、あらじとおぼゆるまであしければ、いとぞあやしき。ありけることは、

ｃ音にのみ聞けば悲しなほととぎすこと語らはむと思ふ心あり

とばかりぞある。「いかに。かへりごとはすべくやある」など*さだむるほどに、*古体《こたい》なる人ありて、「ｄなほ」と、かしこまりて書かすれば、

ｅ語らはむ人なき里にほととぎすかひなかるべき*声な古《ふる》しそ

**練習問題へのアプローチ**

兼家は、どんな恋文をどのように送ってきたのかな？　二つの歌は難しいが、じっくり考えてほしい。

**出典**

『蜻蛉日記』

平安時代中期の成立。女流日記文学の最初の作品である。作者は、藤原道綱母。

問題文は、冒頭近くの一節で、藤原兼家と作者の結婚に至る経緯が書かれている。

**注**

*例の人＝世間の普通の人。

*案内するたより、もしは、なま女などして＝取り次ぎをするなかだちの者や、あるいは、屋敷に仕える召使いの女などを使って。

問1　傍線部aは、誰が、誰に、何を「ほのめかし」たのか、説明せよ。

問2　傍線部bの意味を記せ。

問3　傍線部cの、i「音にのみ聞け」、ii「こと語らはむ」はどういうことを言うのか、それぞれ説明せよ。

問4　傍線部dの口語訳としてふさわしいのはどれか。

① そうはいっても返事はたやすくできないでしょう。
② やっぱり、りっぱな返事でないと失礼でしょう。
③ そうはいっても返事をしないのは不都合でしょう。
④ それでもやはり相手は返事を待っているでしょう。

問5　傍線部eの和歌の意味としてふさわしいものを、次の中から一つ選べ。

① 相手になるような者もいないのに、何度声を掛けても無駄ですよ。
② 話をする人もいなくなったのに、今さら手紙を送っても駄目ですよ。
③ あなたの話し相手はもういなくなり、年寄りしかいないのですよ。
④ 楽しくおしゃべりもできそうにない昔ながらのわが家なのです。

解答は56～57ページ

＊親＝作者の父親。藤原倫寧。国司階級で、兼家とは大きく身分が違っていた。
＊便なきこと＝とんでもないこと。
＊知らず顔に＝無視した様子で。
＊人して＝使いの者・従者に。
＊いはするにはおぼつかなからず＝言わせるまでもなく。
＊紙なども例のやうにもあらず＝紙なども普通の恋文を書くのにふさわしいようでもなく。
＊いたらぬところなしと聞きふるしたる＝非の打ち所がないと前から聞いていた。
＊さだむる＝相談する。
＊古体なる人＝古風な作者の母親。
＊声な古しそ＝直訳は〈声を古くするな〉だが、〈同じことを何度も言わないでくれ〉の意味あいとなる。

lecture

## テーマ講義

# 恋文の作法

カオル　男から「**恋文**（こいぶみ）」が送られてきたら、女はどうするのですか。

先生　多くの場合、男の手紙にすぐさま返事を書くことはない。がつがつしているようで、はしたないといったことではなく、**男から「恋文」が来ても最初は知らぬふりというのが当時の常識**なのだ。

何度目かの手紙を受け取ってやっと女の方から来る返事も、

「人違いです」

「何かの間違いでしょう、そんな方はいらっしゃいません」

といった取り付くしまもないものが多い。中には、もう少し穏やかに、

「お嬢様はご気分が悪くて…」

というお付きの侍女の代筆の返事というのもあった。ただ、これは脈ありだ。

カオル　要は「じらし」ですね！

先生　「じらし」というより、当時の常識・作法という一面が大きいと思うよ。

女の方では、男の家柄・地位を含めておつきあいにふさわしい男かどうかを吟味する検討会が始まる。

ご本人ではなく、**「親」「乳母」「女房たち」が相談に関わる。**

さらには、「恋文」のチェックが重要な要素となる。

- ✓ **手紙の文字の上手さ**
- ✓ **添えられている歌の優劣**

それに加えて、**季節感**や**心情**を感じられる**恋文にふさわしい紙**等も評価される。

**カオル** たいそう手間がかかるんですね。さっさとYESかNOかを決めればいいのにね。

**先生** そうあせらないで。女からの返事も何度かにわたり、お互いの気持ちが通じあい、次の段階に進むこともある。結婚へ、となるのである。もちろん、手紙のやり取りが何度かあって後、何となくおしまいになるというケースもあった。

**カオル** それにしても、兼家の行動はすごいというか、常識はずれなのでしょう。

**先生** イメージを漫画風にまとめておいたが、作者やその父親に対してずいぶん失礼な態度だったと思うよ。それでも、作者が一回目の「恋文」に返事をしたのは、藤原摂関家の子息である兼家と、国司階級である作者の父親との身分差を踏まえれば、さもありなんというお話であるよ。

## 解答・解説・現代語訳

answer

問題は52〜53ページ

**解答**

問1 誰が＝兼家
誰に＝作者の父親
何を＝作者への求婚の意

問2 文字（筆跡）

問3 i＝うわさにだけ聞く
ii＝親しく交際したい・結婚したい

問4 ③

問5 ①

**解説**

問1
最初の二行を、注を参考に丁寧に読み進めよう。二行目の「これ」は兼家を指す。世間の普通の男は、取り次ぎの者を介して意向を「ほのめかす」ものだが、兼家は作者の父親に、直接に求婚の意を申し入れたのである。

問2
「手」にはさまざまな意味があるが、ここは〈文字・筆跡〉のこと。恋文において、文字の上手さは重要なチェックポイントである（p22参照）。

問3
i＝「音」は〈うわさ〉の意。ここは、会ったこともない作者のことをうわさに聞いているだけであることをいう。
ii＝「語らふ（←語らは）」には、〈①繰り返し話す、②親しく交際する、③男女が関係を持つ〉の意味がある。直後の「む」は意志の助動詞である。解答としては「親しく交際したい」でもいいが、ここは、求婚の歌であるから、「結婚したい」の意となろう。

問4
「なほ」は〈そうは言ってもやはり〉の意で、返事をするべきかどうかを議論したが、結局返事はすべきだと作者の母親が決め、作者に返事を書かせたのである。

問5
第五句目が難しいので、注を付けておいた。「かひなかるべき声な古しそ」は、〈声を掛けても何の甲斐もないのに、その声が古くなるくらい繰り返すのは、おやめなさい〉という意味で、「何度声を掛けても無駄ですよ」の①が正解となる。②は「話をする人もいなくなった」、③は「年寄りしかいない」、④は「昔ながらのわが家」がそれぞれ間違い。

## 現代語訳

世間の普通の人は、取り次ぎをするなかだちの者や、
**例の人は、案内するたより、**
あるいは、屋敷に仕える召使いの女などを使って、
**もしは、なま女などして、**
（求婚の意を）言わせるものなのだが、
**いはすることこそあれ、**
これ（＝兼家）は、親（＝作者の父親）と思われる人に、
**これは、親とおぼしき人に、**
冗談ごとともまじめともつかずほのめかしたのだが、
**たはぶれにもまめやかにもほのめかししに、**
（父親は）「とんでもないこと」と言ったのも無視した様子で、
**「便なきこと」といひつるをも知らず顔に、**
馬に乗った使いの者に（作者の家の門を）たたかせる。
**馬にはひ乗りたる人してうちたたかす。**
「誰か」など言わせるまでもなく大声で名乗ったので、
**「誰」などいはするにはおぼつかなからずさわいだれば、**
困りはてて、（手紙を）取り入れて、大騒ぎをする。
**もてわずらひ、取り入れて、もてさわぐ。**

見ると、紙なども普通の（恋文を書くのにふさわしい）ようでもなく、
**見れば、紙なども例のやうにもあらず、**
非の打ち所がないと前から聞いていた筆跡も、
**いたらぬところなしと聞きふるしたる手も、**
（これは兼家の字では）あるまいと思えるほどひどいので、
**あらじとおぼゆるまであしければ、**
まったくふに落ちない。書いてあったことは、
**いとぞあやしき。ありけることは、**
あなたのことをうわさに聞いているだけでは悲しいよ。ほととぎすよ、
**音にのみ聞けば悲しなほととぎす**
親しく語り合いたいと思う気持ちがある。
**こと語らはむと思ふ心あり**
とだけ書いてある。「どのように（しようか）。返事はするべきであろうか」
**とばかりぞある。「いかに。かへりごとはすべくやある」**
など（乳母や女房たちが）相談するうちに、古風な作者の母親がいて、
**などさだむるほどに、古体なる人ありて、**
「やはり返事はするべきでしょう」と言い、恐縮して（私に）書かせるので、
**「なほ」と、かしこまりて書かすれば、**
話し相手になるような者もいないこの家に、ほととぎすよ、
**語らはむ人なき里にほととぎす**
何度声を掛けても無駄なことですよ。
**かひなかるべき声な古しそ**

第**2**章

# ③ 初めての夜、そして翌朝

training

## 練習問題

（標準）　次の文章は、『和泉《いづみ》式部日記』の一節である。敦道《あつみち》親王（＝「宮」）は和泉式部（＝女）のもとに文を通わせるようになり、宮は初めて女と一夜を共にした。

（宮は）あやしき御車にておはしまいて、「*かくなむ」と言はせたまへれば、女いと便《び》なき心地すれど、ものばかり聞こえむと思ひて、西の*妻戸《つまど》に*円座《わらふだ》さし出でて入れたてまつるに、世の人の言へばにやあらむ、なべての御さまにはあらずなまめかし。*これも心づかひせられて、ものなど聞こゆるほどに月さし出でぬ。（宮は）「いと明かし。古めかしう奥まりたる身なれば、かかるところに居ならはぬを。いとはしたなき心地するに、aそのおはするところに据ゑ給へ」とて、bやをら（御簾《みす》の中に）すべり入り給ひぬ。

いと*わりなきことどもをのたまひ契りて、明けぬれば、帰り給ひぬ。すなはち、「今のほどもいかが。*あやしうこそ」とて、

A　恋と言へば世のつねのとや思ふらむ今朝の心はたぐひだになし

御返り、

B　世のつねのことともさらに思ほえずはじめてものを思ふ朝《あした》は

**練習問題へのアプローチ**

親王と和泉式部は一夜をともにした。そして翌朝には和歌の贈答があった。どんな歌なのかな？

**出典**

『和泉式部日記』

平安中期に書かれた日記。和泉式部と敦道親王との恋愛を物語風につづっており、一四〇余首の贈答歌が内容の核となっている。

**注**

*かくなむ＝これこれで伺いました。

*妻戸＝寝殿造りの建物の四隅にある両開きの扉。外側が「簀《す》の子《こ》」、内側が「廂《ひさし》」となっている。

*円座＝藁《わら》などを渦巻き状に編んだ、円形の敷物。

*これも心づかひせられて＝その美

問1　傍線部aを、人物関係がわかるように言葉を補って現代語訳せよ。
問2　傍線部b「やをら」の意味を記せ。
問3　Aの歌について、
i　このような手紙を何というか、四文字で答えよ。
ii　歌の部分以外で、詠み手から相手への思いが感じ取れる語（副詞）を、問題文中から一つ抜き出せ。
問4　二つの歌についての説明として適切なものを、次の中から二つ選べ。
①　A＝恋というのは世間によくあるものだと自分は今まで思っていたと詠んでいる。
②　A＝今朝のあなたへの思いは他と比べようもないくらい切ないと詠んでいる。
③　A＝あなたの今朝の物思いは普通であると揶揄《やゆ》する気持ちを詠んでいる。
④　B＝自分にとって初めての恋の思いなのでそう言われても困りますと返した。
⑤　B＝自分の今朝の恋の思いは今までとは比べられないくらい切ないと返した。
⑥　B＝恋というのは世間並みのものだということが誤りだと気づいたと返した。

解答は62～63ページ

しさも思わず意識されて。
＊わりなきことども＝直訳は〈無理なこと・どうしてよいかわからないこと〉となろうが、ここは、次の逢瀬の約束や二人の将来のことについて話したことを言う。
＊あやしうこそ＝不思議なまでにあなたが恋しく思われて。

lecture

# テーマ講義

## 後朝の文

先生　ここでは、男が初めて女の家に泊まる手順を示そう。

▼1　日が暮れてから、そっと女の家に行く。

問題文ではやや強引に押しかけてきたようだが、あらかじめ打ち合わせができていて、その女の侍女などが手引きするのが普通。

▼2　一夜をともにし、契りを結ぶ。

古文では、このあたりの描写は詳しく書かれない。問題文では、「わりなきことども」と漠然とした言い方がされている（注参照）。

▼3　翌朝暗いうちに、女の家を出る。

その別れのつらさを描いた場面が、古文では山場と言えよう。

カオル　男はさっさと帰っちゃうんですか？　女にとってはすっごくさびしいと思うけど…

先生　男もそうだと思うよ。家に戻った男は、すぐラブレターを書いて送る。もちろん歌が添えられている。これを「**後朝の文**（きぬぎぬのふみ）」と言っている。

カオル　どんな内容が多いのですか？

先生　いろいろあるけど、こんなあたりかなあ。

- ✓ 一晩を一緒に過ごした後は、ますます君のことが好きになった。
- ✓ こんなに人を好きになったのは、初めてだよ。

**カオル**

✓今夜も必ず行くよ。宵まで待てないくらいだ。
✓君のことは忘れない。二人の愛は永遠だよ。

情熱的ですねえ。今もコピペして使えそう！　しかし気遣いが大変そうですね。

**先生**

しかも「後朝の文」は、男が家に帰った後すぐに届けるのがポイント。

✓届けるのが早い→愛情が深い
✓届けるのが遅い→愛情が浅い

というところだ。清少納言も次のように言っているヨ。

**昨夜《よべ》来はじめたる人の、今朝の文の遅きは、人のためにさへ**（胸が）**つぶる。**　（『枕草子』）
〈昨夜初めて通ってきた男の、今朝の手紙が遅いのは、人ごとであってもはらはらする。〉

『大和《やまと》物語』に、「後朝の文」が届かなかったので悲観した女が出家してしまったというお話もある。

**カオル**　問題文を見ていると、女の方も返事を送るみたいですね。

**先生**　女もすぐ返事を返す。「ますます好きになった」「君が初めて」「必ず行く」なんてほんとですか、信じられませんがね……とか、ちょっとすねながらも愛を確かめ合うわけだね。

**カオル**　先生お好みの「後朝の歌」は？

**先生**　「小倉百人一首」にもある次の歌だよ。

**あひみてののちの心にくらぶれば昔はものを思はざりけり**　（藤原敦忠・百43）
〈逢瀬を遂げて、その後の切ない気持ちと比べると、以前の恋心などは何も思っていなかったのといっしょだなあ〉

answer

# 解答・解説・現代語訳

問題は58～59ページ

**解答**

問1　あなたがおいでになる所に私を座らせてください。

問2　そっと

問3　i＝後朝の文

ii＝すなはち

問4　②・④

**解説**

問1　「おはする」は尊敬の動詞「おはす」の連体形で、〈いらっしゃる・おいでになる〉の意。傍線部は「宮」の会話部分なので、〈あなた（＝女）がおいでになる所〉となる。「据ゑ」は動詞「据う」の連用形で、ここは〈（人を）座らせる〉の意。直後に尊敬の補助動詞の命令形が付いているので〈私（＝宮）を座らせてください〉となる。

問2　物音を立てないで、静かに行動する様子を表す。〈そっと。静かに〉が正解。

---

問3　i＝男女が初めて一夜を共にした翌朝、家に帰った男が女に送る手紙を「後朝の文（きぬぎぬのふみ）」という。

ii＝「後朝の文」は、男が家に帰ってからすぐに届けるのがポイント。〈すぐ〉にあたるのは「すなはち」である。

問4　Aの歌は、〈恋というとあなたは世間によくあるありふれたものとお思いでしょうが、私の今朝の恋心は、他と比べようもない切ないものです〉となる。②が正解。解釈のポイントは「思ふらむ」の主語が〈自分＝宮〉でなく、〈あなた＝女〉であること。〈思っていた〉の主語を〈自分〉としている①は間違いである。③のように、「女」を「揶揄（＝皮肉ってからかう）」しているのではない。

Bの歌は〈世間によくあるありふれた恋とはまったく思われません。私は今朝初めて恋の切なさを知ったのですから〉となり、④が正解。〈初めて〉がキーポイントである。⑤は「今までとは比べられない」が間違い。
⑥は見当違い。

## 現代語訳

(宮は)粗末なお車でおいでになって、「これこれで伺いました」
あやしき御車にておはしまいて、「かくなむ」
と言わせなさったので、　女はたいそう困った思いがするけれども、
と言はせたまへれば、女いと便なき心地すれど、
お話しだけ申し上げようと思って、　西の妻戸の所に円座を差し出して
ものばかり聞こえむと思ひて、西の妻戸に円座さし出でて
(宮を)入れ申し上げると、　世間の人がそう言うからであろうか、
入れたてまつるに、世の人の言へばにやあらむ、
並々のご容姿ではなく魅力的である。
なべての御さまにはあらずなまめかし。
その美しさも思わず意識されて、　(女が宮に)ものなど申し上げているうちに
これも心づかひせられて、ものなど聞こゆるほどに
月の光が照り出した。(宮は)「たいそう明るい。(私は)古風で奥に籠りがちな
月さし出でぬ。「いと明かし。古めかしう奥まりたる
身なので、　このような所に座り慣れていないのです。
身なれば、かかるところに居ならはぬを。
たいそう落ち着かない気がするので、
いとはしたなき心地するに、
あなたがおいでになる所に(私を)座らせてください」
そのおはするところに据ゑ給へ」

とおっしゃって、そっと御簾の中にすべり入りなさった。
とて、やをらすべり入り給ひぬ。
とても無理なことの数々をおっしゃり約束なさって、
いとわりなきことどもをのたまひ契りて、
夜が明けたので、　(宮は)帰りなさった。(帰りなさるや)すぐに、
明けぬれば、帰り給ひぬ。すなはち、
「今はどうしているか。不思議なまでに(あなたが恋しく思われて)」とお書きになり、
「今のほどもいかが。あやしうこそ」とて、
恋というとあなたは世間によくあるありふれたものとお思いでしょうが、
恋と言へば世のつねのとや思ふらむ
私の今朝の恋心は、他と比べようもない切ないものです。
今朝の心はたぐひだになし
(女は)ご返事を、
御返り、
世間によくあるありふれた恋とはまったく思われません。
世のつねのこととも さらに思ほえず
私は今朝初めて恋の切なさを知ったのですから。
はじめてものを思ふ朝は

第**2**章

# ④ 今夜も通って、結婚成立

training

## 練習問題

（標準）次の文章は、『落窪物語』の一節である。落窪の君のもとに通い始めた「少将」が、今夜通って結婚成立という夕刻、折悪しく大雨となった。

暗うなるままに、雨いとあやにくに、頭《かしら》さし出づべくもあらず。少将、*帯《たち》刀《はき》に語らひ給ふ。「a口惜しう。かしこにはえ行くまじかめり。この雨よ」とのたまへば、「*ほどなく、【　　】ぞ侍らむかし。さ侍れど、あやにくになる雨は、いかがはせむ。b心のおこたりならばこそあらめ。*さる御文をだにものせさせ給へ」とて、*けしきいと苦しげなり。「*さかし」とて、「いつしか参り来むとて、しつるほどに、かうわりなかめればなむ。心の罪にあらねど、おろかに思ほすな」と書い給ふ。

君（＝落窪の君）の御返りには、ただ、

c世にふるをうき身と思ふわが袖の濡れはじめける宵の雨かな

とあり。（使いが）持て参りたるほど、*戌《いぬ》の刻《とき》も過ぎぬべし。灯のもとにて見給ひて、君（＝少将）もいとあはれと思ほしたり。雨は、いやまさりにまされば、思ひわびて、頬杖《つらづゑ》つきて、しばし寄り居たまへり。

**練習問題へのアプローチ**

少将は大雨の中を、誰の所に何のために出かけるのかな？　結婚成立まであとわずかなのだが…。

**出典**

『落窪物語』

p26参照。継母からいじめを受けていた落窪の君であるが、ここは、いよいよ少将との結婚が成立しようとする夜である。

**注**

＊帯刀＝「少将」の家来。

＊ほどなく＝通い始めて間もないのに。

＊さる御文＝しかるべきお手紙。

＊けしきいと苦しげなり＝たいそう困った様子である。

＊さかし＝なるほど、そうだ。

問1　右の文章は〈今夜通って結婚成立という夕刻〉の場面である。通い始めた夜から、今夜は何日目かを記せ。

問2　傍線部aについて、
ⅰ　全体を現代語訳せよ。
ⅱ　「かしこ」は、どこを指すか、説明せよ。

問3　【　】にあてはまる語を、次の中から一つ選べ。
①　いとほしく　②　むくつけく
③　うるはしく　④　らうたく

問4　傍線部bの解釈として最適なものを、次の中から一つ選べ。
①　思いが足りないので仕方がないことですが。
②　愛情が足りないのなら罪なことでしょうが。
③　あちらも気をもんでいるに違いありませんが。
④　気持ちを落ち着けられるのならばいいのですが。

問5　傍線部cの和歌について、キーワードと思われる語を、次の中から選べ。
①　暗　②　心　③　宵　④　涙　⑤　文

解答は68～69ページ

＊戌の刻＝午後八時ごろ（p86～87参照）。

lecture

## テーマ講義

# 三夜通いと結婚の儀式

**カオル**　「**後朝の文**（きぬぎぬのふみ）」も終わったら、もう二人は夫婦なのですね。

**先生**　いや、もう少し段階があるんだよ。

**初めての夜から、男は女のもとに三夜続けて通う。三夜連続で通うことで、正式な結婚と認められた。**

**カオル**　問題文は〈三日目の夜〉の出来事で、ここがポイントなのですね。

**先生**　そう。雨が降ろうと槍が降ろうと行かないと、結婚が成立しないことになるのだよ。問題文は少将がためらっているところで終わっているが、結局全身ずぶ濡れになって女君の所に行くのだ。

**カオル**　よかった。結婚成立おめでとう！、ですね。

**先生**　成立を期して二つの儀式がある。

✓**三日夜の餅**（みかよのもちい〈もちひ〉）（**三日の餅**）
三日目の夜に、女の方で作った餅を二人で食べる儀式。

✓**所顕**（ところあらわし〈ところあらはし〉）
三日の夜、または一日二日の後に、女の家で行われる、婿と女の親族との宴。今の披露宴に似たもの。

こうして正式な婿として認められ、男は昼間も通うことになる。

カオル　この少将は、いくら大雨でも、大事なときに行くのを迷うなんてひどいですね。

先生　〈蓑・笠〉の時代だから、大雨の中を出かけたら全身がびっしょりという感じだったようで、特に貴族などは雨が降ったら外出しないのが普通であった。

カオル　それにしても、〈雨〉と〈愛情〉を天秤に掛けているのがいやですね。

先生　『伊勢物語』（一〇七段）に、こんな話がある。男から「雨が降りそうなので、行くのを迷っています」という手紙が来た。その返事の歌が次のよう。

**かずかずに思ひ思はず問ひがたみ身を知る雨は降りぞまされる**
〈あなたの思いの深さを直接聞くわけにもいきませんが、私がどう思われているかを知っている雨は、ますます降ってきます。……雨が激しくなって来てくれないようですが、私への愛情が浅いのですね〉

この男は、蓑も笠もとりあえず、ずぶ濡れになりながら、大慌てで駆けつけてきたという。

## 解答・解説・現代語訳

問題は64〜65ページ

**解答**

問1　三日目

問2　i＝残念だ。あちらには行くことができそうにないようだ。

ii＝落窪の君の所

問3　①

問4　②

問5　④

**解説**

問1

男が女の所に三夜続けて通うことで結婚成立、というのが古典常識である。「後朝の文（きぬぎぬのふみ）」を必ず届けることと同じように、〈三夜続けて〉がポイントなのである。

問2

この場面は、少将が落窪の君のもとに通おうとしている場面である。そこに大雨が降ってきたのである。

i＝「口惜し（←口惜しう）」は〈残念だ〉、「かしこ」は〈あちら・あそこ〉の意。「え」は打消推量の「まじか←まじかん←まじかる」とセットになり〈できないだろう〉、「めり」は〈ようだ〉の意。

ii＝「かしこ」は、落窪の君がいる所である。

問3

空欄の前後は〈通い始めて間もないのに、【　　】でございますね〉である。三夜目を待っている落窪の君が【気の毒だ・かわいそうだ】というのである。それに該当する形容詞は「いとほし（←いとほしく）」となる。

問4

この部分の帯刀の言葉は、

《通い始めて間もないのに、落窪の君が気の毒だ》

《あいにくな雨なのでどうしようもない》

《少将の愛情が足りないのなら罪なことでしょうが》

《せめて手紙でもお書きなさい》

と続く。「心のおこたり」は、愛情が薄いこと・不誠実な様子を指し、②はそれを「罪なこと」と表している。

問5

和歌の意味は、〈世に生きながらえているのをつらい身と思っている、私の袖が濡れ始めたことだなあ、今宵の雨で〉であるが、〈今宵の雨のために男が通って来ないことを知らされて、雨ではなく涙で袖が濡れ始めた〉となる。わが身のつらさ・切なさを詠んでいるところから、「雨」→「涙」と連想を広げる必要がある。

**現代語訳**

暗くなるにつれて、　雨がまったくあいにくなことに（ひどく降ってきて）、
**暗うなるままに、雨いとあやにくに、**
頭を外に差し出すこともできない。　少将は、（家来の）帯刀にお話しになる。
**頭さし出づべくもあらず。少将、帯刀に語らひ給ふ。**
「残念だ。
**「口惜しう。**
あちら（＝落窪の君の所）には行くことができそうにないようだ。
**かしこにはえ行くまじかめり。**
この雨だから」とおっしゃると、
**この雨よ」とのたまへば、**
「通い始めて間もないのに、（落窪の君が）気の毒でございますね。
**「ほどなく、いとほしくぞ侍らむかし。**
そうではありますが、あいにくな雨は、どうしようか、いやどうしようもない。
**さ侍れど、あやにくになる雨は、いかがはせむ。**
愛情が足りないのなら罪なことでしょうが。
**心のおこたりならばこそあらめ。**

しかるべきお手紙だけでもお書きなさい」と言って、
**さる御文をだにものせさせ給へ」とて、**
（帯刀は）たいそう困った様子である。（少将は）「なるほど、そうだ」とおっしゃって、
**けしきいと苦しげなり。「さかし」とて、**
「早く参上しようと思って、　準備をしているうちに、
**「いつしか参り来むとて、しつるほどに、**
このように（ひどい雨で）どうしようもなくて。
**かうわりなかめればなむ。**
（あなたのことを思っていない）心の罪ではないとしても、
**心の罪にあらねど、**
いいかげんだとお思いになるな」と書きなさる。
**おろかに思ほすな」と書い給ふ。**
落窪の君のご返事には、　ただ、
**君の御返りには、ただ、**
世に生きながらえているのをつらい身と思っている、　私の袖が
**世にふるをうき身と思ふわが袖の**
濡れ始めたことだなあ、今宵の雨で。
**濡れはじめける宵の雨かな**
と書いてある。（使いが）持って参上したころは、午後八時ごろも過ぎていただろう。
**とあり。持て参りたるほど、戌の刻も過ぎぬべし。**
灯火のもとでご覧になって、　少将もたいそうかわいそうだとお思いになった。
**灯のもとにて見給ひて、君もいとあはれと思ほしたり。**
雨は、ますますひどくなったので、　考えあぐねて、
**雨は、いやまさりにまされば、思ひわびて、**
頬杖を付いて、　しばらく寄りかかって座っておられた。
**頬杖つきて、しばし寄り居たまへり。**

第2章

# ⑤ 兼家は、作者のもとに通う

## training 練習問題

（標準） 次の文章は、『蜻蛉日記』の一節である。作者のもとに通ってきていた夫兼家が作者邸で急病となった。

＊三月ばかり、ここに渡りたるほどにしも、苦しがりそめて、いとわりなう苦しと思ひて惑ふを、いといみじと見る。言ふことは、「a ここにぞいとあらまほしきを、何ごともせむに、いと便《びん》なかるべければ、かしこへものしなむ。b つらしとな思しそ。＊にはかにも、c いくばくもあらぬ心地なむするなむ、いとわりなき。あはれ、死ぬとも思し出づべきことのなきなむ、いと悲しかりける」とて、①泣くを見るに、ものおぼえずなりて、またいみじう②泣かるれば、「な③泣き給ひそ、苦しさまさる。よにいみじかるべきわざは、＊心はからぬほどに、かかる別れせむなむありける。いかにし給はむずらむ。d ひとりはよにおはせじな。さりとも、おのが＊忌《い》みのうちにし給ふな。もし死なずはありとも、限りと思ふなり。ありとも、こちはえまゐるまじ。かくて死なば、これこそは見たてまつるべき限りなめれ」など、臥しながらいみじう語らひて④泣く。

**練習問題へのアプローチ**

兼家はなぜ自分の家に帰りたがるの？ また、ここで作者にどんなことを伝えようとしているのかな。

**出典**

『蜻蛉日記』

p52参照。問題文の場面は、作者が兼家と結婚してから十二年が経っている。不安定な夫婦仲が描かれることが多い日記であるが、この場面は幾分トーンが異なる。

**注**

＊三月＝康保三年（九六六）。作者は兼家と結婚後、十二年経っている。

＊にはかにも＝急に。

＊心はからぬほどに＝思いもしないときに。

＊忌みのうち＝喪中の間。夫の服喪《ふくも》

問1　傍線部aを説明した次の文の空欄にあてはまる語句として、最も適当なものを、それぞれ選べ。

[i]の家[ii]けれども、[iii]をはじめ、ここでは公私にわたるさまざまなことをするのにも[iv]ので、[v]の家に帰るということ。

ア　作者　　イ　兼家　　ウ　別の妻
エ　が理想的だ　　オ　が好ましい　　カ　に居たい
キ　加持祈禱　　ク　宮中への参内　　ケ　別の妻邸に通うこと
コ　不都合な　　サ　外聞が悪い　　シ　気の毒な

問2　傍線部b・cを現代語訳せよ。

問3　波線部①〜④の主体はそれぞれ誰か。最も適当なものを、それぞれ次の中から選べ。

ア　作者　　イ　兼家　　ウ　女房たち

問4　傍線部dはどのようなことを言っているのか、最も適当なものを、一つ選べ。

ア　私の喪が明けたら、別の男と自由に再婚せよと勧めている。
イ　せめて私の喪の期間中は、再婚をするなと懇願している。
ウ　私の死後、あなた一人では生活ができないと心配している。
エ　私が死んでも、世の中でりっぱに暮らしていけと励ましている。

解答は74〜75ページ

（p180〜181参照）なので、一年間とされる。

lecture テーマ講義

# 通い婚

**カオル**　「**三日夜の餅**（みかよのもちい）」「**所顕**（ところあらわし）」（→p66参照）が終わったら晴れて夫婦ですよね。二人で一緒に住むことになるのですか。

**先生**　しばらくは、男が婿として女の家に通うのが普通だが、その後は二人の身分や生活環境によってさまざまなケースがある。
問題文の『蜻蛉日記』の場合は、**夫の兼家が作者の所に通う**形となっている。身分の高い貴族の場合これが普通であったらしい。

**カオル**　兼家が作者と結婚したとき、すでに別に妻がいたようですね。

**先生**　時姫という妻がおり、長男の道隆も生まれていた。奥さん同士の出自の上では大きな違いがなかったようだが、時姫が「正妻」扱いだった。

**カオル**　「正妻」と「妻」で扱いが変わってくるのですか。

**先生**　そうだよ。今の感覚ではわかりにくいかもしれないね。
多くの参考書の説明には、端的に〈**一夫多妻**〉と書かれているが、正式には、

**「正妻**（第一夫人）**」と「何人かの妻」がいた**

というのが正確な説明だよ。『蜻蛉日記』の作者は正妻ではなかったのだね。

**カオル**　ところで『蜻蛉日記』には、〈夫が優しくない〉〈夫があまり通って来ない〉という作者の不満と苦悩が書かれていると習ったのですが、この場面の兼家には、作者への思いやりが感じられますね。

先生　急病で死を意識した異常な状況ということもあるが、あるいは、もともと作者に対する愛情があったのかな。〈私の喪の間は再婚するな〉なんて笑ってしまうね。

カオル　この後の展開を知りたいです！

先生　だいたいのあらすじは次のようなところだ。

▽兼家は自邸に戻って、十何日かしてやっと回復する。
▽兼家の誘いに応じて作者はひそかに兼家邸を訪問する。
（女の方から男の屋敷に行くのはまずないことであった。）
（作者の嬉しそうな心の高ぶりが感じられる記述が続く。）
▽世間体などを配慮して、作者は自邸に帰る。
▽その後は、〈夫があまり通って来ない〉という夫婦仲に戻る。

# 解答・解説・現代語訳

answer

**解答**

問1　i＝ア　ii＝カ　iii＝キ　iv＝コ　v＝イ
問2　b＝薄情だとお思いになるな。
　c＝どれほども生きていられない気がするのが、とてもつらい。
問3　①＝イ　②＝ア　③＝ア　④＝イ
問4　イ

**解説**

問1　この場面は、夫兼家が作者の屋敷に通ってきていて急病になったときのことである。
ii は「あらまほし（↑あらまほしき）」と対応しているが、「あり（動詞・居る）」に「まほし（助動詞・～たい）」が付いた語で、〈居たい〉となり、このまま〈作者の家に居たい〉となる。iv は「便なし（↑便なかる）」と対応する。これは〈不都合だ・具合が悪い〉の意で、〈何ごとをするようなときにも、たいそう不都合に違いないので〉と続く。兼家の生活の本拠である自分の家に、早く戻りたいと考えたのである。
iii は病気平癒の「加持祈禱」を正解としておくが、公私の雑務の処理もあろう。あるいは、死んだときの葬儀の準備も指すという説もある。

問題は70～71ページ

問2　b＝「つらし」は〈薄情だ〉、「な～そ」は禁止、「思す（↑思し）」は〈お思いになる〉の意。
c＝「あり（↑あら）」は〈生きる〉の意であることをおさえたい。「わりなし（↑わりなき）」は〈つらい〉がふさわしい。

問3　兼家が泣く（①）のを見て、作者も思わず泣いてしまう（②）と、兼家が〈あんたは泣きなさるな（③）〉と声を掛けるという流れをおさえる。ちなみに、②の「るれ」は自発の助動詞。

問4　重病になった兼家は、自分が死ぬことを前提にものを言っている。したがって「ひとりはよにおはせじな（＝独り身ではけっして生きていらっしゃらないだろうな）」は、誰か他の男と結婚することを指している。それも仕方がないかと思いながらも、〈私の喪の期間中〉は再婚しないでくれと懇願しているのである。アの「勧めている」、エの「励ましている」は不適切。ウのような意味で妻を心配している表現ではない。

## 現代語訳

三月ごろ、ちょうどこちらに来ていたときに、
**三月ばかり、ここに渡りたるほどにしも、**

（夫が）苦しみだして、ほんとうにどうしようもなく苦しいと思ってもがいているのを、
**苦しがりそめて、いとわりなう苦しと思ひて惑ふを、**

（私は）とても大変なことになったと思う。（夫が）言うことには、
**いといみじと見る。言ふことは、**

「ここにとても居たいのだが、何ごとをするようなときにも、
**「ここにぞいとあらまほしきを、何ごともせむに、**

たいそう不都合に違いないので、向こう（＝自分の家）へ戻るつもりだ。
**いと便なかるべければ、かしこへものしなむ。**

（私のことを）薄情だとお思いになるな。急に、どれほども生きていられない
**つらしとな思しそ。にはかにも、いくばくもあらぬ**

気がするのが、とてもつらい。ああ、
**心地なむするなむ、いとわりなき。あはれ、**

（私が）死んでも（あなたが）思い出してくださりそうなことがないのは、
**死ぬとも思し出づべきことのなきなむ、**

とても悲しいことだよ」と言って、（夫が）泣くのを見ると、
**いと悲しかりける」とて、泣くを見るに、**

（私は）何もわからなくなって、またひどくつい泣いてしまうと、
**ものおぼえずなりて、またいみじう泣かるれば、**

（夫は）「泣きなさるな、つらさがまさる。
**「な泣き給ひそ、苦しさまさる。**

何よりもつらいにちがいないことは、思いもしないときに、
**世にいみじかるべきわざは、心はからぬほどに、**

このような別れをすることであるよ。
**かかる別れせむなむありける。**

（あなたは今後）どうなさるつもりなのだろうか。
**いかにし給はむずらむ。**

独り身ではけっして生きていらっしゃらないだろうな。そうはいっても、
**ひとりはよにおはせじな。さりとも、**

私の喪中には再婚しなさるな。（私が）もし死なないでいても、
**おのが忌みのうちにし給ふな。もし死なずはありとも、**

（あなたに会うのは）これが最後だと思うのである。
**限りと思ふなり。**

命が助かっても、ここには参上できないだろう。
**ありとも、こちはえまゐるまじ。**

こうして（私が）死んだら、今が（あなたに）お会い申し上げることのできる
**かくて死なば、これこそは見たてまつるべき**

最後であるようだ」などと、横になったままでしみじみと話しながら泣く。
**限りなめれ」など、臥しながらいみじう語らひて泣く。**

第2章

# ⑥ 乳母は語る、よき妻とは

training

## 練習問題

（標準）次の文章は、『落窪物語』の一節である。「落窪の君」のもとに「中将」が通い始め、やがて中将の所に妻として引き取られるが、中将と右大臣家の姫君との間に縁談が持ち上がり、中将の乳母が強引に結婚話を進めてしまう。

御a乳母出で来て言ふやう、「b*かの右の大殿のことは、*のたまひしやうにものし侍りしに、『*わざとやむごとなき妻にものし給はざなり。時々通ひてものし給へかし。*殿に聞こえて、四月となむ思ふ』といそがせ給ふなり。さる心し給へ」と聞こゆれば、「なでふ、男の否《いな》と思ふことを、強《し》ひてするやうかはある」とのたまへば、乳母、「君達《きんだち》は、はなやかに*御妻方のさしあひてもてかしづき給ふこそ今めかしけれ。c思ほす人ありとても、それをばさるものにて、御文など奉り給へ。*かの君も思ふ時は、落窪の君とつけられて、*うちはめられてありけるものを、かく類《たぐひ》なく思しかしづくこそあやしけれ。人は、かたへは父母ゐたちてかしづかるるこそ心にくけれ」と言ふに、中将面《おもて》うち赤めて、「落窪にもあれ、上り窪にもあれ、忘れじと思はむをば、いかがはせむ。人の言はむも多く、そこにさへかくのたまふこそ心憂けれ」とて、……

**練習問題へのアプローチ**

古文によく出てくる「乳母」。お乳をやった子が大人になってからも、あれやこれやと口を出す！

**出典**

『落窪物語』

p26参照。問題文は巻二の一節である。

**注**

*かの右の大殿のこと＝中将と右大臣家の姫君との結婚の話を指す。

*のたまひしやうにものし侍りし＝中将が言ったように縁談を断ったことを指す。

*わざとやむごとなき妻にものし給はざなり＝中将の今の妻が特別高貴ではないことを指す。

*殿＝中将の父。

問1　傍線部a「乳母」の読みを記せ。

問2　傍線部bの説明としてふさわしいものを、次の中から一つ選べ。

①　中将は縁談を断ったので、結婚が四月に延びたことを知った。
②　乳母は、落窪の君のことを高貴な妻でないと強くののしった。
③　右大臣家では、中将が娘の所に時々通ってくれるよう期待した。
④　右大臣家では結婚の準備が進んでいると、乳母は中将に言った。

問3　傍線部cについて、次の問に答えよ。

i　「思ほす人」は、ここでは誰を指して言っているのか。
ii　「御文」は、誰から誰へ「奉る」のか。

問4　貴族の男君の妻に関して、乳母はどのように考えているか。最もふさわしいものを、次の中から一つ選べ。

①　妻を選ぶに際しては、女の性格より容貌を第一に考えるべきだ。
②　両親に大切にされ、実家の経済的な援助も期待できる妻がいい。
③　妻選びに関しては、乳母の指図にも素直に従う賢明な人がよい。
④　家柄がよく、他の姉妹と分け隔てなく育てられた人を選ぶべきだ。

解答は80〜81ページ

＊御妻方のさしあひて＝妻の御実家の後ろだてが加わって。
＊かの君も思ふ時は＝落窪の君のことを考えてみるに。
＊うちはめられてありけるものを＝自由を奪われていたのに。

lecture

テーマ講義

# 同居婚と婿入婚、乳母・乳母子

**カオル**　結婚が成立して、夫婦が一緒に暮らすということはないのですか？

**先生**　物語ではよくある。問題文もそのケースだね。ただ、多くは、

- ✓ 女にしっかりとした身寄りがなく、男が引き取る。
- ✓ 特別な事情があって、用意した所でひっそりと一緒に暮らす。

という設定の場合が多い。

**カオル**　そんな話が入試問題にも出るのですか。

**先生**　結構多いよ。特に男の親が結婚に反対するので、内緒、あるいは歓迎されない形で一緒に住んでいるという場面設定は頻出だね。

**カオル**　「**乳母**」は「めのと」と読むそうですが、赤ん坊にお乳を与える人ですね。

**先生**　平安時代の上流貴族の女性は、赤ん坊に自分ではお乳を与えなかったので、生みの母に代わってお乳を与えるのが「乳母」だよ。ただ、授乳の後も、身の回りの世話やしつけ役をし、大人になってからも、そば近くに仕えた。生涯にわたって付き添う養育係で、母親より身近な存在であったと言える。子どものことを大切に思う人物として描かれることが多い。問題文の乳母は、中将坊っちゃまのためだと思ったら、本人の意思などお構いなしに結婚話を進めるんだね。

**カオル**　「**乳母子**」というのもよく出てきますね。

**先生**　「めのとご」と読むね。
「乳母」の実の子で、若君や姫君と同じお乳で育てられた子である。
若君や姫君が小さい内は遊び相手として、成長してからは家来や侍女として仕えることが多い。

**カオル**　問題文では、乳母が〈実家の経済的な援助も期待できる妻がいい〉と考えていますが、どうしてなのですか？

**先生**　平安時代の貴族の社会では、結婚は**婿入婚**（むこいりこん）といって、妻の家が婿である男の世話をした。**男の生活は、妻の家の経済によって支えられていた**と言える。日常的な衣食住の生活の世話は言うまでもなく、宮中での仕事上のつきあいのための費用なども負担した。さらに、〈妻の父親〉の家柄・宮中での地位は、婿にとっては出世などに大きく影響した。
したがって、〈**妻の家が経済的に裕福である**〉〈**父親の家柄や社会的地位がよい**〉といったことが、妻選びにとって大切な要素となったと言えるんだよ。

**こんな話も！**

『伊勢物語』の「筒井筒《つつゐづつ》」で、男が、連れ添った女と別れようとするときに、**「年ごろ経るほどに、女、親なく、頼りなくなるままに」**という一節がある。俗っぽく言えば、〈親も死んだし、お金の援助もなくなったしね〉ということだ。

answer

# 解答・解説・現代語訳

問題は76〜77ページ

**解答**

問1　めのと
問2　④
問3　i＝落窪の君
　　ii＝（誰から）中将・（誰へ）右大臣家の姫君
問4　②

**解説**

問1
現代語では「うば」と読むが、古文では「めのと」である。

問2
「乳母」の言葉を正しく理解しよう。①は「断ったので、結婚が四月に延びた」が間違い。②は「高貴な妻でないと強くののしった」が間違い。③は「娘の所に時々通って」が間違い。右大臣家の姫君と結婚した後も、「落窪の君」の所に時々は通うという意味である。④は正しい。

問3
「思ほす」は〈大切にお思いになる〉、「さるものにて」は〈そうだとしても〉、「奉り給へ」は〈差し上げなさい〉の訳となる。ここは、最愛の妻がいることを前提に、中将に右大臣家の姫君との結婚を勧めているのだが、一夫多妻の社会では常識的な考え方であった（p72参照）。

したがって、「思ほす人」は「落窪の君」を指す。また、「御文」は中将から右大臣家の姫君へ送る手紙で、結婚に向けてのおつきあいが始まる手紙のことである。

問4
「はなやかに御妻方のさしあひてもてかしづき給ふこそ今めかしけれ」（＝はなやかに妻のご実家の後ろだてが加わって（婿として）大切にお世話なさるのが当世風である）がポイントである。加えて、「父母ゐたちてかしづかるることそ心にくけれ」（＝父母が付き添って大切に扱われるのが奥ゆかしい）も大切だと乳母は言っている。正解は、②。

①はまったく見当はずれ。③の「乳母の指図」云々も

間違い。④は一面的で、ポイントを突いていない。

**現代語訳**

御乳母が出て来て言うには、「あの右大臣家の姫君との結婚の話は、
御乳母出で来て言ふやう、「かの右の大殿のことは、
（中将様が）おっしゃったように（私は）断りましたのに、
のたまひしやうにものし侍りしに、
『（中将の今の妻は）特別高貴な妻ではいらっしゃらないようだ。
『わざとやむごとなき妻にものし給はざなり。
（その今の妻のもとには）時々お通いになりなさいよ。（中将の父の）殿に申し上げて、
時々通ひてものし給へかし。殿に聞こえて、
（結婚の儀は）四月にと思う』と（右大臣は）準備なさっているそうだ。
四月となむ思ふ』といそがせ給ふなり。
そのつもりでいてください」と（乳母が）申し上げると、
さる心し給へ」と聞こゆれば、
（中将は）「どうして、男が嫌だと思うこと（＝右大臣家の姫君との縁談）を、
「なでふ、男の否と思ふことを、
強引にすすめるということがあるものか」とおっしゃると、乳母は、
強ひてするやうかはある」とのたまへば、乳母、
「（貴族の）男君は、はなやかに妻のご実家の
「君達は、はなやかに御妻方の
後ろだてが加わって（婿として）大切にお世話なさるのが当世風である。
さしあひてもてかしづき給ふこそ今めかしけれ。
大切にお思いになる人がいるとしても、それはそれとして、
思ほす人ありとても、それをばさるものにて、
（右大臣家の姫君に）お手紙などを差し上げなさい。
御文など奉り給へ。
落窪の君のことを考えてみるに、
かの君も思ふ時は、
落窪の君と名をつけられて、自由を奪われていたのに、
落窪の君とつけられて、うちはめられてありけるものを、
このように比類なく愛し大切になさるのは不思議だ。女は、
かく類なく思しかしづくこそあやしけれ。人は、
一方では父母が付き添って大切に扱われるのが奥ゆかしい」
かたへは父母ゐたちてかしづかるるこそ心にくけれ」
と言うと、中将は顔を真っ赤にして、「落窪にしろ、
と言ふに、中将面うち赤めて、「落窪にもあれ、
上り窪にしろ、忘れないでいたいと思う気持ちを、
上り窪にもあれ、忘れじと思はむをば、
どうしようか、いやどうしようもない。
いかがはせむ。
（他の）人が言うようなことも多く（耳にするが）、あなたまでが
人の言はむも多く、そこにさへ
このようにおっしゃるのは情けない」と言って、
かくのたまふこそ心憂けれ」とて、……

column

# 二人の妻にバタバタとして…

きれいな奥さんが二人も三人もいる平安貴族はいいなあと言った男子高校生がいた。しかし、古文の世界の男にも葛藤とつらさがあったようで、こんな話がある。

男は、身分が高いが身寄りのない女とともに暮らしていたが、他に通うところができた。その新しい女の親は、「わが娘を大切にするとはいっても、家に住まわせている妻を一番に扱うにちがいない。娘を正妻としてあなた（＝男）の家に迎えてほしい」と強引に話を進める。男は困り果て、結局、もとからの妻を追い出そうと決めてしまう。

女がしっかりした落ち着き先もないまま、男の家を出て行く場面は、しんみりとしている。男は、我が手で女を馬に乗せてやり身繕いをしてやる。女の姿や髪の様子が魅力的であるのをいとおしく思いながらも、送り出すしかない。女も涙をこらえている。好きなのに別れ行く男と女なのである。

ただ、女の引っ越し先があまりにみすぼらしかったと従者に聞いた男は女を気の毒に思う。従者が持ってきた女の歌に感激して考え直し、彼女を家に連れて帰り、新しい妻との同居を断ることにした。

これは、『堤《つつみ》中納言物語』「はいずみ」のお話である。これらの場面は、入試問題でも取り上げられることが多い。

古文常識編

# 第3章

# 昔の時刻や方位、月と調度品

ここでは、昔の時刻や方位の呼び方、月の異名や月の見え方について説明してある。いわゆる古典常識である。さらには、貴族の衣装・お屋敷の庭や建物・調度品も取り上げてある。

# 第3章 ① 時刻・方位の昔の呼び方

## training 練習問題

**1** （標準）次の文は、『東斎随筆《とうさいずいひつ》』の一節である。主人は、自慢の鶯《うぐいす》の声を歌人たちに聞かせ、それを題材に歌を詠んでもらおうと計画し、鶯を逃してしまわないように家来に命じた。その翌朝の話である。

a辰の終りばかりに、*時の歌よみども集まり来りて、「今や鶯鳴く」と*ぞめきあひたるに、さきざきはb巳の時ばかりに必ず来鳴くが、c午の時さがり見えねば、いかならんと思ひて、①この男を召して、「いかに鶯の未だ見えぬは、今朝は来ざりつや」と問へば、「鶯のやつはさきざきよりも疾《と》く参りて侍るが、帰りげに候ひつる間、召しとどめて候ふ」と言ふ。「召しとどむとはいかに」と問へば、「取りて参らん」とて立ちぬ。「こころ得ぬ事かな」と思ふ程に、木の枝に鶯を結び付けて持ち来たれり。

**2** （標準）次の文は『方丈記』の一節で、都での大火の様子を記述したものである。

*去《い》んじ安元三年四月廿八日かとよ。風はげしく吹きて、静かならざりし夜、dいぬの時ばかり、都のeたつみより火出で来て、fいぬゐに至る。はてには、

**練習問題へのアプローチ**

時刻も方角もすべて昔の言い方が使われているが、いつどこで何が起きたのかがつかめたかな？

**出典**

**1** 『東斎随筆』
室町時代中期成立の説話集。一条兼良が著した。音楽・草木・鳥獣・人事・詩歌・政道・仏法・神道・礼儀・好色・興遊の十一部門に分類し、故事雑談を収める。

**2** 『方丈記』
鎌倉時代成立の随筆集。作者は鴨長明。「ゆく河の流れは絶えずして、しかももとの水にあらず」という冒頭文がよく知られている。

*朱雀門、*大極殿、*大学寮、*民部省などまで移りて、一夜のうちに塵灰となりにき。火元は、*樋口富小路とかや。

**問1** 古文では、十二支の動物の名前を用いて時刻や方角を表す。声に出して読むと、順に「ねーうしーとらーうーたつーみーうまーひつじーさるーとりーいぬーい」となる。すべて漢字で表せ。

**問2** 傍線部a～cの読みを現代仮名遣いで記し、おおよそ何時ごろかを、次の選択肢ア～オの中から選べ。

ア 午前六時ごろ
イ 午前八時ごろ
ウ 午前十時ごろ
エ 午前十二時ごろ
オ 午後二時ごろ

**問3** 傍線部①は、この屋敷に仕える家来であるが、どのように思って、どのようにしたのかを具体的に説明せよ。

**問4** 傍線部d～fの語について、漢字に直し、意味を書け。

解答は88～89ページ

**注**

**1**
*時の歌よみども＝その当時の有名な歌人たち。
*ぞめきあひたる＝がやがや言いあっていた。

**2**
*去んじ＝過ぎ去った。去《さ》る。
*朱雀門＝平安京の大内裏の正門。
*大極殿＝大内裏の正殿。
*大学寮＝官吏養成の役所。
*民部省＝戸籍・租税などを司る役所。
*樋口富小路＝樋口小路と富小路が交わるあたり。平安京の東の端にあたる。

lecture テーマ講義

# 古時刻と古方位

先生　古文では、時刻や方角（方位）を表すのに、十二の動物の名前をあてはめて呼ぶ。これを「**十二支**（じゅうにし）」という。
まずは、そこで使われる漢字と読み方を覚えておこう。今使う漢字と違うので要注意。

子《ね》　丑《うし》　寅《とら》　卯《う》　辰《たつ》　巳《み》　午《うま》　未《ひつじ》　申《さる》　酉《とり》　戌《いぬ》　亥《ゐ》

カオル　この「十二支」で**時刻を表す**というのは、どのように使うのですか。

先生　次のページの上の図を見てほしい。午後十一時から午前一時までの二時間を「**子の刻**（ねのこく）」として、以下順に二時間ごとを「**丑の刻**（うしのこく）」「**寅の刻**（とらのこく）」のように呼ぶ。今の時計は十二時間で一回りだが、この図は二十四時間で一回りである。

カオル　たとえば「**申の刻**（さるのこく）」は〈午後三時〜午後五時〉のように訳すのですか。

先生　厳密にはそうなのだが、普通は〈午後四時ごろ〉と訳すことが多い。ただ、時刻をもっと厳密に示したいときには、「刻」の二時間を四つに分けて、「申の一刻（＝午後三時から三時半）」「申の二刻（＝午後三時半から四時）」「申の三刻（＝午後四時から四時半）」「申の四刻（＝午後四時半から五時）」ということもある（和歌編のp252の「**丑三つ**」参照）。

カオル　これを使って**方角も表せる**のですね。

先生　方角は次のページの下の図を見てほしい。真北を「子」とし、右に三十度ずつ回転させて「丑」「寅」…のように呼ぶ。真東は「卯」、真南は「午」、真西は「酉」となる。ほかに、北東を「**丑寅**（**艮**）（うしとら)」、南東を「**辰巳**(**巽**)(たつみ)」、南西を「**未申**(**坤**)(ひつじさる)」、北西を「**戌亥**(**乾**)(いぬゐ)」と呼ぶ言い方もある。

## ●古時刻

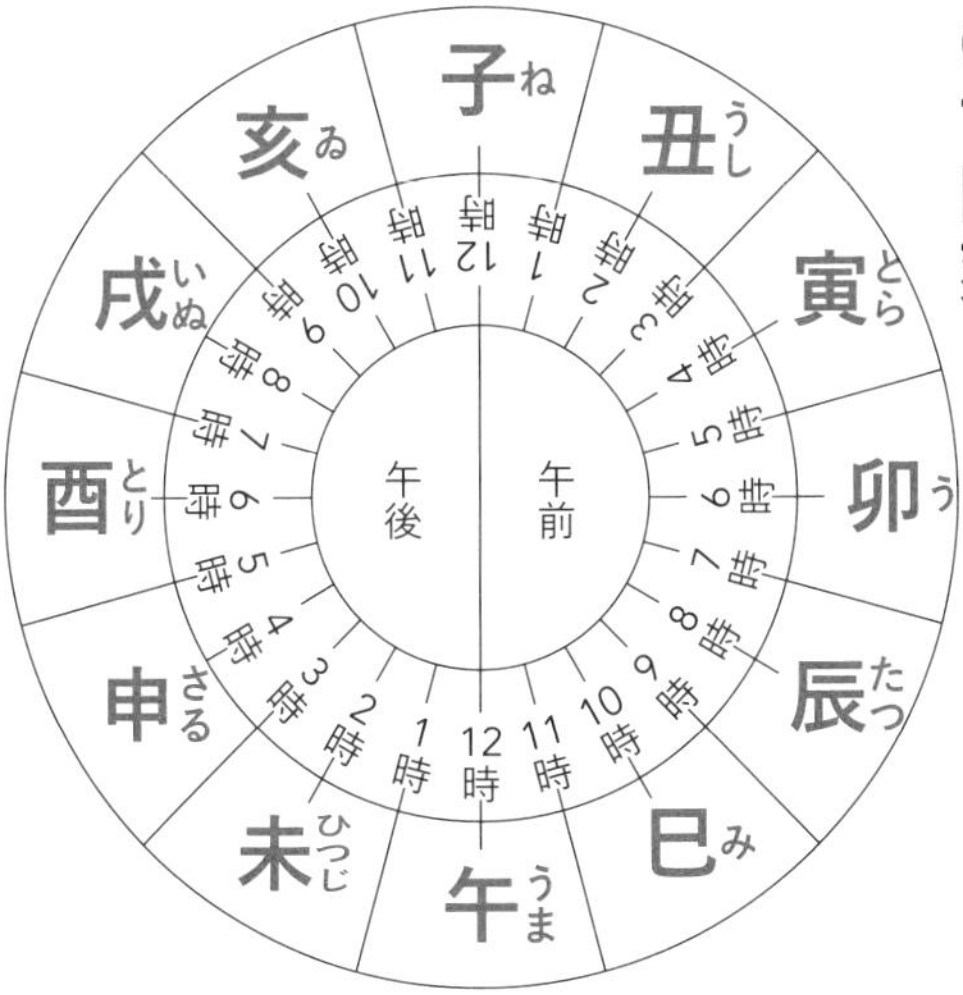


## ●古方位

# 解答・解説・現代語訳

answer

解答

問1 子・丑・寅・卯・辰・巳・午・未・申・酉・戌・亥

問2 a＝たつ・イ　b＝み・ウ　c＝うま・エ

問3 鶯を逃がすなと命じられた家来は、声を聞かせるためだと思わず、鶯をつかまえて木にしばりつけた。

問4 d＝戌・午後八時ごろ　e＝辰巳（巽）・南東　f＝戌亥（乾）・北西

解説

問1 p86参照。

問2 a＝「辰」の読みは「たつ」。午前七時〜九時ごろを指す。b＝「巳」の読みは「み」。午前九時〜十一時ごろを指す。c＝「午」の読みは「うま」。午前十一時〜午後一時ごろを指す。

問3 主人は自慢の鶯の鳴き声を歌人たちに聞かせ、それを題材に歌を詠んでもらおうとしたが、「この男」にはその意図が通じなかったとみえる。鶯の姿さえ見せればよいと考えていたので、逃げそうなら殺して木にくくりつけておけばよいと考えたのだろう。

問4 dは、時刻を表す。eとfは、方角を表す。

問題は84〜85ページ

## 現代語訳

**1**

辰の刻（午前七時～九時）の終わりごろに、
辰の終りばかりに、
その当時の有名な歌人たちが集まってきて、
時の歌よみども集まり来りて、
「もう鶯が鳴くか」とがやがや言いあっていたが、
「今や鶯鳴く」とぞめきあひたるに、
先日までは午前十時ごろに必ず来て鳴いていたが、
さきざきは巳の時ばかりに必ず来鳴くが、
正午を過ぎても姿を見せないので、どうしたのだろうと思って、
午の時さがり見えねば、いかならんと思ひて、
（主人は）この男をお呼びになって、「どうしたことか
この男を召して、「いかに
鶯がまだ姿を見せないのは、今朝は来なかったのか」と尋ねると、
鶯の未だ見えぬは、今朝は来ざりつや」と問へば、
「鶯のやつはいつもよりも早くやって参りましたが、
「鶯のやつはさきざきよりも疾く参りて侍るが、
帰りそうでありましたので、召しとどめています」と言う。
帰りげに候ひつる間、召しとどめて候ふ」と言ふ。
「召しとどめるとはどのように」と尋ねると、
「召しとどむとはいかに」と問へば、
「取って参りましょう」と言って立って行った。
「取りて参らん」とて立ちぬ。
（主人が）「納得のいかないことだなあ」と思っていると、
「こころ得ぬ事かな」と思ふ程に、
（男は）木の枝に鶯を結び付けて持って来た。
木の枝に鶯を結ひ付けて持ち来たれり。

**2**

去る安元三年四月二十八日であったかな。
去んじ安元三年四月廿八日かとよ。
風が激しく吹いて、騒がしかった夜、
風はげしく吹きて、静かならざりし夜、
午後八時のころ、都の東南から火が出て、
いぬの時ばかり、都のたつみより火出で来て、
北西の方へ燃え広がる。最後には、朱雀門、大極殿、大学寮、
いぬゐに至る。はてには、朱雀門、大極殿、大学寮、
民部省などまで燃え移って、一晩のうちに塵や灰になってしまった。
民部省などまで移りて、一夜のうちに塵灰となりにき。
火元は、樋口富小路とかいうことだ。
火元は、樋口富小路とかや。

平安京

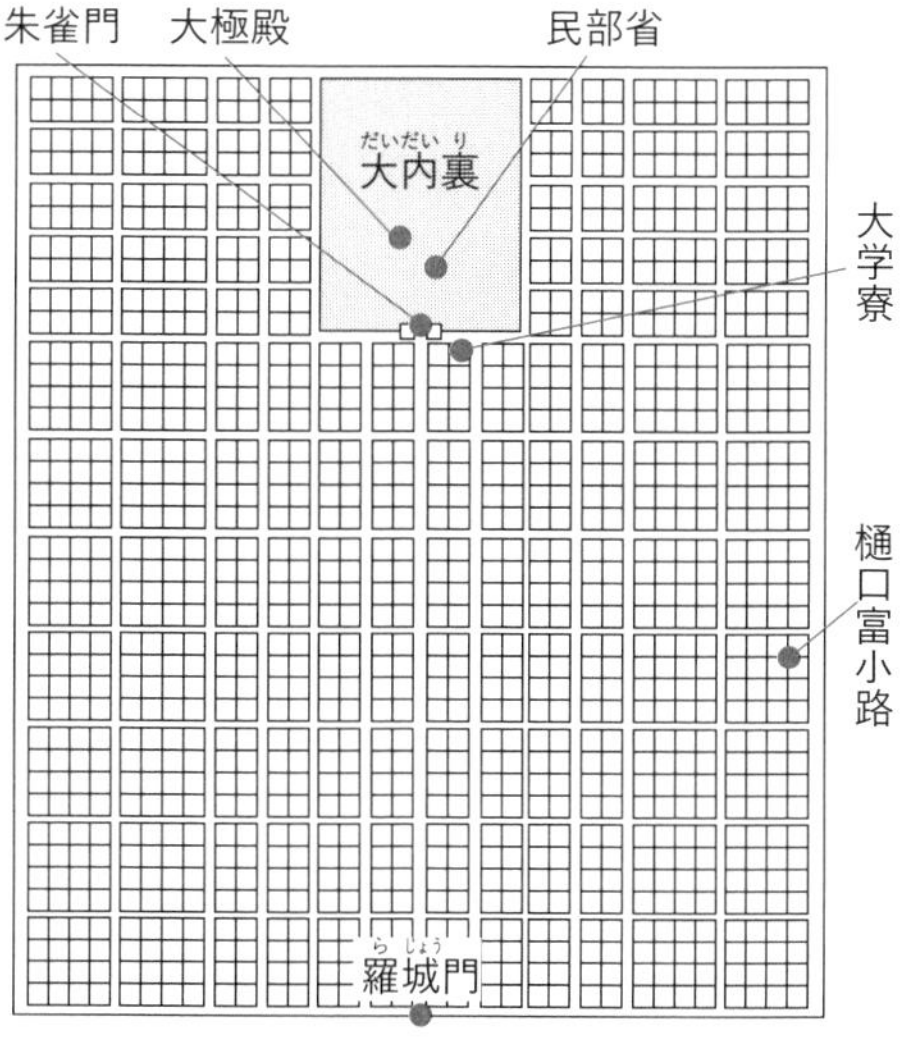

第3章

# ② 月の異名と季節感のずれ

training

## 練習問題

**1** （基本） 次は『平家物語』の、平家が都を福原に遷《うつ》したころの一節である。

a六月九日、新都の事始め、八月十日*上棟《しやうとう》、b十一月十三日*遷幸《せんかう》と定めらる。旧《ふる》き都は荒れゆけば、今の都は繁昌《はんじやう》す。*あさましかりける夏も過ぎ、秋にも既になりにけり。やうやうc秋も半ばになりゆけば、福原の新都にまします人々、名所の［d］を見んとて、或いは源氏の大将の昔の跡を偲びつつ、*須磨より明石の浦づたひ、淡路の瀬戸を押し渡り、*絵島が磯の［d］を見る。

**2** （基本） 横笛《よこぶえ》という女性が恋人を訪ねて*嵯峨《さが》へ向かったところである。

ころはe如月十日あまりのことなれば、*梅津の里の春風に、よその匂ひもなつかしく、大井川の月影も［f］にこめておぼろなり。

**3** （基本） 次は『十六夜《いざよひ》日記』より、作者の心情を述べた一節である。

ころは、みふゆたつはじめの空なれば、*降りみ降らずみ、［g］も*たえず、嵐に*きほふ木の葉さへ涙とともにみだれ散りつつ、ことにふれて心細く悲しけれど、……

**練習問題へのアプローチ**

月の昔の呼び方は、古文常識としてぜひ覚えておきたい。暦と季節感のずれにも注意したいね。

**出典**

**1・2** 『平家物語』
鎌倉時代成立の歴史物語。平家一門の興亡の歴史が語られる。
1は巻五の「月見」の一節。
2は巻十の「横笛」の一節。

**3** 『十六夜日記』
鎌倉時代成立の日記。作者は阿仏尼《あぶつに》。訴訟のために京都から鎌倉へ下向した際の日記。

**注**

**1**
*上棟＝棟上げ。建物を建てる際の儀式。

問1　傍線部a・bについて、昔の月の呼び方（月の異名）を、漢字で記し、その読み方も記せ。

問2　傍線部cは何月となるか、昔の月の呼び方（月の異名）を、漢字で記し、その読み方も記せ。

問3　空欄dに漢字一文字を入れよ。二つの空欄には同じものが入る。

問4　傍線部eの読みと、何月のことかを記せ。

問5　空欄fに入れるのにふさわしいものを、次の中から一つ選べ。

①　霧　②　霞　③　雲　④　空

問6　問題文3の季節はいつごろか、また、その月にあたるものを、次の中から一つ選べ。

①　長月　②　文月　③　睦月　④　師走　⑤　神無月

問7　空欄gには雨の名前が入る。漢字二文字で記せ。

解答は94～95ページ

＊遷幸＝帝がお移りになること。
＊あさましかりける夏＝あきれるようなことばかりが起きた夏。政治的な混乱を指す。
＊須磨より明石の浦づたひ＝須磨・明石とも兵庫県の地名。『源氏物語』の「須磨」「明石」の巻では光源氏が都から一時ここに退去していた。
＊絵島が磯＝淡路島の北端。

**2**
＊嵯峨＝現在の京都市右京区で、当時は洛外。

**3**
＊梅津の里＝嵯峨の南の地。
＊降りみ降らずみ＝降ったりやんだり。
＊たえず＝絶えない（空模様のことをいう）。
＊きほふ＝張り合う。負けまいと争う。

lecture

## テーマ講義

# 月の異名と季節

先生

ここでは昔の「月」の呼び方のお話をしよう。「月の異名」という。漢字と読み方とともに、ぜひ十二月まで覚えておきたいね。

**睦月**（むつき）＝一月
**如月**（きさらぎ）＝二月
**弥生**（やよい）＝三月
**卯月**（うづき）＝四月
**皐月**（さつき）＝五月
**水無月**（みなづき）＝六月
**文月**（ふみづき・ふづき）＝七月
**葉月**（はづき）＝八月
**長月**（ながつき）＝九月
**神無月**（かんなづき・かみなづき）＝十月
**霜月**（しもつき）＝十一月
**師走**（しわす）＝十二月

カオル

これの覚え方を知っています。十二月から逆に、読みがなの最初の文字をおさえるんです。

先生

獅子《しし》が（か）縄踏《なはふ》み象《さう》や来《き》む

となります。絵のような動物たちの縄跳び大会を思い浮かべて、〈ライオン（＝獅子）が縄を踏んだが、そのうち象（ザウ→さう）も来るだろうか〉と訳して覚える感じです。

「む」は未然形接続だから、「来む」は「こむ」と読むのが文法的には正しいのだが、語呂合わせなので「きむ」にするんだね。文法問題のときは間違えないようにね。

カオル

ところで、昔と今では季節がずれていると習いました。

先生

古典の世界の暦は**太陰暦**（陰暦・旧暦）といって、**現在とは約一ヶ月のずれがある。**だから、次のようになる。

**春＝一月～三月**
**夏＝四月～六月**
**秋＝七月～九月**
**冬＝十月～十二月**

カオル

なるほど。だから、古典の「八月」は夏ではなく、秋のちょうど真ん中ごろということになって、季節がずれている感じになるんですね。

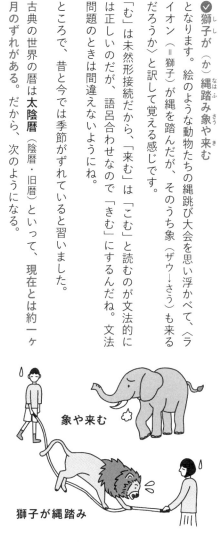

answer

# 解答・解説・現代語訳

問題は90～91ページ

## 解答

問1 a＝水無月・みなづき　b＝霜月・しもつき
問2 葉月・はづき
問3 月
問4 きさらぎ・二月
問5 ②
問6 初冬・⑤
問7 時雨

## 解説

問1
月の異名とその読みは、しっかり暗記しておこう（p92参照）。結構入試でも頻出だよ。

問2
古文の「秋」は、《七月・八月・九月》をいう。「半ば」というのだから、八月であり、「葉月・はづき」である。

問3
八月のちょうど真ん中の「葉月十五夜」は、月が最も美しいとされる「仲秋の名月」である。ここは、福原に移ってきた人たちが、珍しい風景とともに「月」を鑑賞するさまを言っている。

問4
「如月」は旧暦二月。「きさらぎ」と読む。

問5
季節は「春」、「おぼろ」とくれば「霞」となる。ちなみに「霧」は秋の風物である。

問6
「みふゆたつ」の「みふゆ（三冬）」は冬の三ヶ月をいい、「たつ（立つ）」は〈始まる〉の意である。つまり「みふゆたつ」は〈冬が始まる〉ころなので「初冬」である。それは旧暦「十月」で、「神無月（かんなづき）」が正しい。

問7
晩秋から初冬にかけて降る軽い通り雨を「時雨（しぐれ）」という。

## 現代語訳

**1**

旧暦六月九日は、新都への着手の日で、八月十日は棟上げの儀式の日、
六月九日、新都の事始め、八月十日上棟、
十一月十三日は遷幸の日と決めなさる。
十一月十三日遷幸と定めらる。
古い京の都は荒れてゆき、　今の福原の都は繁昌をする。
旧き都は荒れゆけば、今の都は繁昌す。
あきれるようなことばかりが起きた夏も過ぎて、秋にも既になった。
あさましかりける夏も過ぎ、秋にも既になりにけり。
しだいに秋も中ごろになってゆくので、
やうやう秋も半ばになりゆけば、
福原の新都にいらっしゃる人々は、　名所の月を見ようとして、
福原の新都にまします人々、名所の月を見んとて、
ある人は源氏の大将の昔の跡を偲びつつ、
或いは源氏の大将の昔の跡を偲びつつ、
須磨から明石の海浜を散策し、　淡路の瀬戸を渡り、
須磨より明石の浦づたひ、淡路の瀬戸を押し渡り、
絵島が磯の月を見る。
絵島が磯の月を見る。

**2**

ころは旧暦二月十日過ぎのことなので、
ころは如月十日あまりのことなれば、
梅津の里の春風に、　どこからともなく漂う梅の香も心引かれて、
梅津の里の春風に、よその匂ひもなつかしく、
大井川を照らす月の光も霞がかかっておぼろに見える。
大井川の月影も霞にこめておぼろなり。

**3**

ころは、　冬になった初めの空なので、
ころは、みふゆたつはじめの空なれば、
降ったり降らなかったり、時雨も絶えない（空模様で）、嵐に張り合う
降りみ降らずみ、時雨もたえず、嵐にきほふ
木の葉までも涙とともに乱れ散って、
木の葉さへ涙とともにみだれ散りつつ、
何かにつけて心細く悲しいが、
ことにふれて心細く悲しけれど、……

第3章

# ③ 月の見え方と人物の行動

training

## 練習問題

1 （標準） 次は『源氏物語』の一節で、光源氏が夕顔という女の家を訪れていたが、突然別の所へ女を連れ出そうとする場面である。

a いさよふ月に、*ゆくりなく*あくがれんことを女は*思ひやすらひ、*とかくのたまふほど、にはかに雲隠れて、明けゆく空いとをかし。*はしたなきほどにならぬさきにと、例の急ぎ出で給ひて、かろらかにうち乗せ給へれば、*右近ぞ乗りぬ。そのわたり近き*なにがしの院におはしましつきて、*預り召し出づるほど、荒れたる門の*忍ぶ草茂りて見上げられたる、たとしへなく木暗し。

2 （標準） 『堤中納言《つつみちゅうなごん》物語』の蔵人《くろうど》の少将がそぞろ歩きをしている場面である。

*長月の b 有明の月にさそはれて、蔵人の少将、*指貫《さしぬき》つきづきしくひきあげて、ただひとり*小舎人童《こどねりわらは》ばかり具して、やがて朝霧もよくたちかくしつべく、ひまなげなるに、「をかしからむところの、あきたらむもがな」と言ひてあゆみゆくに、木立をかしき家に、琴の声ほのかに聞こゆるに、いみじううれしくなりてめぐる。

---

**練習問題へのアプローチ**

古文にはよく月が登場する。月の見え方が人物のどのような行動とつながっているかに注目しよう。

**出典**

1 『源氏物語』
p32参照。ここは「夕顔」巻で、情景描写が美しい。

2 『堤《つつみ》中納言物語』
平安時代後期の成立。十の短編物語から成る。ここは「貝合《かいあはせ》」という話の冒頭である。

**1 注**

*ゆくりなく＝思いがけなく・突然に。

*あくがれんこと＝浮かれ出ていくようなこと。

問1
傍線部a「いさよふ月」について、
i ここでは〈沈むのをためらっている月〉の意であるが、どうしてこの場面を「いさよふ月」という設定にしたと思うか、「女」の様子と関係させて説明せよ。
ii 一般に「いさよひ月」と言うと、〈満月の翌日、月の出が遅くなり、ためらうように出てくる月〉をいう。この「いさよひ」を漢字で記せ。

問2
傍線部b「有明の月」について、
i 説明として適当なものを、次の中から一つ選べ。
① 明るい月が東の空に上ってきた、その月をいう。
② 満月が大空に照り輝いている、その月をいう。
③ 夜が明けてもなお空に残っている、その月をいう。
④ 雲に半分隠れてはいるが明るい、その月をいう。
ii 月の形はどのようか、次の中から一つ選べ。

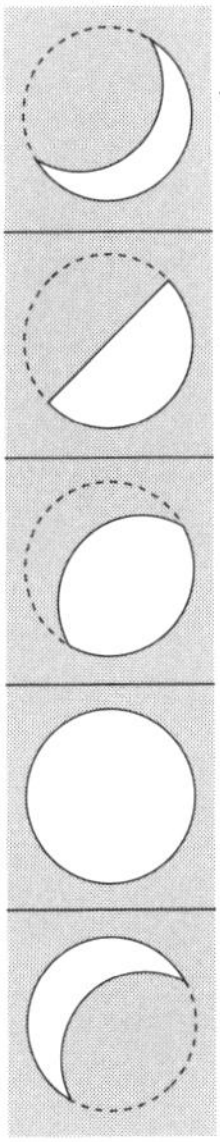


解答は100～101ページ

＊思ひやすらひ＝思いためらい。
＊とかくのたまふほど＝（光源氏が）（別の場所に行くように）あれこれ説得なさるうちに。
＊はしたなきほどに＝（明るくなって人目について）みっともない様子に。
＊右近＝夕顔の侍女。
＊なにがしの院＝何とかという名の建物。
＊預り＝管理人。
＊忍ぶ草＝シダ植物のノキシノブ。屋根などに生える。
2
＊長月＝旧暦九月（p92参照）。
＊指貫＝袴の一種。
＊小舎人童＝雑用のために召し使う少年。

lecture

## テーマ講義

# 月の満ち欠け

**カオル**　問題文1も2も、月が物語の展開に影響を与えているような感じがしました。昔の人にとって、月は大切なものだったんでしょうか。

**先生**　当時は、「**太陰暦**（陰暦・旧暦）」という月の満ち欠けをもとにした暦を用いていたので、**日付と月の形は連動していた**。たとえば、その月の三日の夜は、いつも三日月になるということである。詳しくは、次ページの図を見てほしい。特によく出てくる月の呼び名を整理しておこう。

- ✓ **三日月**＝三日の月。
- ✓ **上の弓張**（かみのゆみはり）＝特に七、八日ごろの月。月の形を弓に見立てた。上弦の月ともいう。弓の形を逆に見立てて、「**下の弓張**」（特に二十三、四日ごろ。下弦の月）というのもあるね。
- ✓ **十三夜月**＝十三日の月。満月の二日前である。八月十三夜は、八月十五夜に次ぐ月見にふさわしい月とされた。
- ✓ **望月**（もちづき）＝十五日の月で、「満月」である。八月十五夜は望月の中でも最も美しいとされ、「仲秋の名月」と呼ばれた。

**カオル**　「満月」以降はどういう呼び方があるのですか。

**先生**　ちょっと楽しめる呼び方を紹介しよう。

- ✓ **十六夜月**（いさよい〈いさよひ〉づき）＝十六日の月。満月より少し遅れて東の空に出てくるので、〈ためらう・ぐずぐずする〉の意味を持つ「いさよふ」の語をあてて呼んだのである。
- ✓ **立待月**（たちまちづき）＝十七日の月。立って待つうちに出てくる。
- ✓ **居待月**（いまち〈ゐまち〉づき）＝十八日の月。座って待つうちに出てくる。「居（る）」は〈座る〉の意。

✓ **寝待月**（ねまちづき）＝十九日の月。寝て待つうちに出てくる。臥待月《ふしまちづき》ともいう。

**カオル**　月の後半になると、月の出る時刻がだんだん遅くなる。なかなか出ない月を待つうちに、「立って待つ」「座って待つ」「寝転んで待つ」と姿勢が変わっていくんだね。

**先生**　**問2**の「**有明の月**（ありあけのつき）」は何日目の月ですか。

「有明の月」は、何日の月というのではなく、もう少し広い範囲を指す。月の出の時刻が遅いときの月は、明け方から日の出のころまで西の空に残り、これを「有明の月」と呼んでいる。十六日以降の月をいうが、二十日を過ぎて、逆三日月の白い月が西の空に残っているといったイメージをおさえておこう。逆に、月の出の時刻がかなり早いときの月は、夕方に見られる。この夕べを「**夕月夜**（ゆうづくよ）」という。

| 月の入りの形 | 月の呼び方 | 太陰暦（月の出の時刻） | 月が見えている時間と形（夕方　0時　朝方） |
|---|---|---|---|
| | 二日月 | 2日ごろ（7：30） | |
| | 三日月 | 3日ごろ（8：30） | |
| | 七日月 | 7日ごろ（11：30） | |
| | 八日月 | 8日ごろ（12：30） | |
| | 九日月 | 9日ごろ（13：30） | |
| | 十日余りの月 | | |
| | 十三夜月 | 13日ごろ（16：30） | |
| | 望月・満月 | 15日ごろ（18：00） | |
| | 十六夜月 | 16日ごろ（18：30） | |
| | 立待月 | 17日ごろ（19：00） | |
| | 居待月 | 18日ごろ（20：00） | |
| | 寝待月<br>臥待月 | 19日ごろ（21：00） | |
| | 二十日余りの月 | | |
| | 二十三夜月 | 23日ごろ（0：30） | |
| | 新月<br>つごもり | 30日ごろ（6：00） | |

（二日月〜九日月）夕月夜　上の弓張
（十六夜月〜二十三夜月）有明の月　下の弓張

# 解答・解説・現代語訳

問題は96〜97ページ

解答

問1　i＝女が出ていくことをためらっている様子を暗示するため。

ii＝十六夜

問2　i＝③

ii＝オ

解説

問1

i＝「いさよふ」は、月・波・心などが、ぐずぐずして進まないさまをいう。ここでは、月が沈むのが遅く感じられるのを「いさよふ月」と表現したのであるが、「女」の様子とどのように関係しているのかをおさえよう。ここは、夕顔の家を訪れていた光源氏が突然別の所へ連れ出そうとする場面であるが、傍線部の直後に「ゆくりなくあくがれんことを女は思ひやすらひ（＝突然に浮かれ出ていくようなことを女は思いためらい）」とあるように、夕顔は別の所に行くことをためらっている。その様子に、「いさよふ月」という風景描写を持ち込むことで、女の心情を暗示した表現となっている。

ii＝「十六夜」と漢字をあてる。満月（十五夜）の翌日の月である（p98〜99参照）。

問2

i＝「有明」とは、〈①月が空に残っていながら、夜が明けること、②夜が明けてもなお空に残っている月〉をいう。月の出の時刻が早い満月以前は、夜明けの空に月が残ることはない。しかし二十日過ぎになると、明け方から日の出のころまで西の空に白く残る。これを「有明の月」という。正解は③。

問題文2の《晩秋（長月）》《夜明け近くの有明の月》《朝霧》《趣のある邸宅》《ほのかな琴の音》…という設定は、古文の趣のある場面の典型と言えよう。

ii＝p99の図を参照のこと。オは「下の弓張」の形にあたる。

## 現代語訳

**1**

沈むのをためらっている月（を見る）につけ、
いさよふ月に、
突然に浮かれ出ていくようなことを女は思いためらい、
ゆくりなくあくがれんことを女は思ひやすらひ、
（光源氏が）（別の所に行くように）あれこれ説得なさるうちに、
とかくのたまふほど、
急に月が雲に隠れて、　明けゆく空はたいそう趣がある。
にはかに雲隠れて、明けゆく空いとをかし。
（明るくなって人目について）みっともない様子にならないうちにと、
はしたなきほどにならぬさきにと、
（光源氏は）いつものように急いで出なさって、
例の急ぎ出で給ひて、
（女を）軽々と（牛車に）乗せなさったので、　（侍女の）右近も乗った。
かろらかにうち乗せ給へれば、右近ぞ乗りぬ。
そのあたりに近いなんとかいう名の建物に到着なさって、
そのわたり近きなにがしの院におはしましつきて、
管理人を呼び出しなさるが、　荒れた門の忍ぶ草が
預り召し出づるほど、荒れたる門の忍ぶ草
茂っているのが自然と見上げられるが、この上なく木がうっそうとして暗い。
茂りて見上げられたる、たとしへなく木暗し。

**2**

（旧暦）九月の有明の月（の美しさ）に誘われて、　蔵人の少将は、
長月の有明の月にさそはれて、蔵人の少将、
指貫を（忍び歩きに）ふさわしく（裾を）たくしあげて、
指貫つきづきしくひきあげて、
ただ一人小舎人童だけを連れて、
ただひとり小舎人童ばかり具して、
（明るくなっても）そのまま朝霧が立って（二人を）包み隠したように、
やがて朝霧もよくたちかくしつべく、
霧の切れ目がないので、　「趣のあるところで、
ひまなげなるに、「をかしからむところの、
（門の）開いているようなところがあればなあ」と言って歩いていくと、
あきたらむもがな」と言ひてあゆみゆくに、
木立の趣がある家に、　琴の音がほのかに聞こえるので、
木立をかしき家に、琴の声ほのかに聞こゆるに、
たいそううれしくなって歩き回る。
いみじううれしくなりてめぐる。

第3章

# ④ 貴族の衣装、着る人と場面

training

## 練習問題

**1** （基本） 次は『今鏡』の一節で、身分の高い「藤原成通」がある屋敷の女房の所に通っていた。屋敷の侍たちはこの男をひとつ懲らしめてやろうと計略を練る。

あしたには、このさぶらひども、「*いづらいづら」と*そそめきあひたるに、日さし出づるまで出で給はざりければ、さぶらひども、杖など持ちて、打ち伏せむずるまうけをして、*目をつけあへりけるに、ことのほかに日高くなりて、まづ a 折烏帽子のさきをさし出だし給ひけり。次に柿の b 水干の袖のはしをさし出だされければ、「A *あは、すでに」とて、*おのおのすみやきあへりけるほどに、その後、新しき沓《くつ》をさし出だして、縁に置き給ひけり。「B *こはいかに」と見るほどに、いと清らなる c 直衣に、織物の d 指貫着て歩み出で給ひければ、このさぶらひども、逃げまどひ、土をほりてひざまづきけり。

**2** （基本） 次は『源氏物語』の一節で、夏の暑いとき、女房たちが、*女一宮の前で氷を割って遊んでいる場面である。

氷を物の蓋《ふた》に置きて割るとて、もて騒ぐ*人々、*大人三人ばかり、*童《わらは》と居たり。e 唐衣も f 汗衫も着ず、みなうちとけたれば、……

**練習問題へのアプローチ**

貴族の衣装は、種類が多く、名前も難しい。問題文1には男性、問題文2には女性の衣装が出てくるよ。

**出典**

**1** 『今鏡』
平安末期の歴史物語。「四鏡」の一つ。個人の伝記で歴史を叙述する紀伝体で書かれている。ここでは、蹴《け》鞠《まり》の名手だった成通を取り上げている。

**2** 『源氏物語』
p32参照。問題文は宇治十帖の「蜻《かげ》蛉《ろふ》」巻の一節で、ここは、薫が垣間《かいま》見《み》をしている場面である。

**1 注**

*いづらいづら＝（例の男は）どこだ、どこだ。

問1　傍線部a～dの読みを記せ。現代仮名遣いでよい。

問2　傍線部A「あは、すでに」、B「こはいかに」の前後の「さぶらひ」たちの心情や行動の説明として最も適当なものを、次のうちから一つ選べ。

①　身分の高い者が着用する衣装を見ていきり立ったが、身分の低い者が履く沓や直衣・指貫を身に着けた成通の姿にがっかりした。

②　身分の上下に関係なくさまざまな衣装を使い分けているらしい成通の様子に驚き、いきり立っていた気勢が削がれてしまった。

③　身分の低い者が着用する衣装を見ていきり立ったが、貴族が履く沓や直衣・指貫を身に着けた成通の姿に驚いて平伏してしまった。

④　身分の上下にこだわらない衣装を身に着けているらしい成通の態度にとまどい、どう対処してよいかと困り果てた。

問3　傍線部e・fについて、

i　読みを記せ。現代仮名遣いでよい。

ii　これらの衣服はどのような性格のものか。簡潔に答えよ。

iii　直後に「着ず」とあるが、この場面でなぜ着用していなかったのかを簡潔に説明せよ。

解答は106～107ページ

＊そそめきあひたる＝がやがや騒ぎあっていた。
＊目をつけあへりけるに＝注意して様子をうかがっていたところ。
＊あは、すでに＝ああ、まさに（出ようとしている）。
＊おのおのすみやきあへりける＝めいめいいきり立っていた。
＊こはいかに＝これはどうしたことか。

2
＊女一宮＝天皇の長女。
＊人々＝女房たち。
＊大人＝年配の女房。
＊童＝ここは女一宮に仕える女の召使い。

lecture テーマ講義

# 貴族の衣装

先生　ここでは、古文に登場する男性と女性の服装をまとめておく。具体的な姿格好を知らなくてもよいが、漢字と読み方、着る人の身分や、どんなときに着るかは覚えておこう。まずは男性から。特に読み方は覚えてほしいので、太字で示しておいたよ。

- ✓ **束帯**（そくたい）…天皇・男性貴族の正装。
- ✓ **直衣**（のうし〈なほし〉）…天皇・男性貴族の平服。
- ✓ **狩衣**（かりぎぬ）…男性貴族の平服（もともとは狩りのときの服装）。
- ✓ **直垂**（ひたたれ）・**水干**（すいかん）…身分の低い男性の普段着。
- ✓ **指貫**（さしぬき）…袴《はかま》の一種。男性貴族が平服のときに着用する。
- ✓ **烏帽子**（えぼし）…男性のかぶりもの。正装のときはかぶらない。

カオル　正装のときは、頭に何をかぶるのですか。

先生　束帯では、**冠**をかぶり、手には**笏**（しゃく）を持つ。

カオル　雛人形の「おだいりさま」みたいな格好ですね。ところで女性の服装はどんなのがあるのですか。

先生　次の三つを覚えておこう。

- ✓ **唐衣**（からぎぬ）…宮中や貴族の邸宅での女性の正装。腰から下に付けて後方に垂らした「裳《も》」とセット。
  （注意）「からころも」と読むと、枕詞となる。p188参照。
- ✓ **汗衫**（かざみ）…女の子の正装。
- ✓ **小袿**（こうちき）…身分の高い女性や女房の準正装。

**カオル** 「**十二単**（じゅうにひとえ）」は右の三つとは別のものですか？

**先生** 「十二単」は、朝廷出仕の女官で部屋を与えられた高位の者の服装で、**女房装束**と呼ばれた。日常に着用している袿に裳と唐衣を加えたものである。最高の正装だということを覚えておこう。重ねる枚数は、一般には十二枚よりも少ないが、結構重く、立ち上がってすたすた歩くのはちょっと難しかったようだ。

**カオル** 何枚か重ねて着るので、それらの色の組み合わせでセンスを競うとか聞いたのですが。

**先生** 難しいことを知ってるね。着物を重ねて着たので、その色の組み合わせ方がポイントだった。その色の組み合わせを「**襲の色目**（かさねのいろめ）」という。それを見せるために、**簾**（すだれ）や**几帳**（きちょう）の隙間から着物の袖口や裾を外に出したものを「**出し衣**（いだしぎぬ）」、それを**牛車**（ぎっしゃ）の簾から見えるように出した車を「**出し車**（いだしぐるま）」という。

**簾からの出し衣**

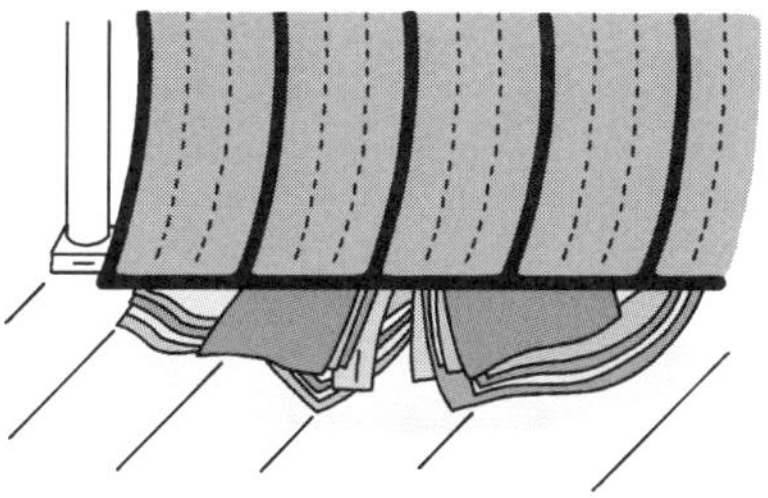

answer

# 解答・解説・現代語訳

**解答**

問1　a＝おりえぼし　b＝すいかん　c＝のうし　d＝さしぬき

問2　③

問3　i　e＝からぎぬ　f＝かざみ

ii＝女性の正装。

iii＝女房たちが氷を割るという、うちとけたお遊びの場であったから。

**解説**

問1　p104参照。旧仮名遣いではaは「をりえぼし」、cは「なほし」となる。

問2　ある屋敷の女房の所に通っていた男を、打ち倒してやろうと侍たちが身構えていた。男が最初に見せた格好は、「折烏帽子」（身分の低い男性のかぶりもの）、「水干」（身分の低い男性の普段着）であった。侍たちは、それやっつけてしまえとばかりにいきり立った。着ているものから、相手を見くびったのである。次に出てきたのは「新しき沓」で、侍たちは不思議に思う。さらに「直衣」「指貫」が出てくるが、これは結構身分の高い貴族が着るものだった。侍たちは、この意外な展開にあわてたのである。最後は、逃げ、はいつくばってひざまずいたとある。古典常識と場面の組み合わせから理解することになる。正解は③である。

問3　i＝p104参照。eは「からごろも」ではないことに注意しよう。

ii＝正装であり、宮中や貴族の邸宅で身につける。

iii＝氷を物の蓋に置いて割る遊びをしていた。こんなときには正装というわけにはいかないのである。

問題は102～103ページ

## 現代語訳

翌朝には、　この（屋敷の）侍たちが、
**1** あしたには、このさぶらひども、
「（例の男は）どこだ、どこだ」とがやがや騒ぎあっていたが、
「いづらいづら」とそそめきあひたるに、
（成通は）日がさし出るころまで（邸から）お出にならなかったので、
日さし出づるまで出で給はざりければ、
侍たちは、　杖などを持って、
さぶらひども、杖など持ちて、
打ち倒してやろうという準備をして、
打ち伏せむずるまうけをして、
注意して様子をうかがっていたところ、（成通は）格別に日が高くなって（から）、
目をつけあへりけるに、ことのほかに日高くなりて、
まず折烏帽子の先を（外に）お出しになった。
まづ折烏帽子のさきをさし出だし給ひけり。
次に柿色の水干の袖のはしを差し出しなさったので、
次に柿の水干の袖のはしをさし出だされければ、
（侍たちは）「ああ、まさに（出ようとしている）」と思って、
「あは、すでに」とて、
めいめいいきり立っていたうちに、（成通は）その後に、
おのおのすみやきあへりけるほどに、その後、
新しい沓をさし出して、縁側に置きなさった。
新しき沓をさし出だして、縁に置き給ひけり。
「これはどうしたことか」と（侍たちが）見ていると、とても美しい直衣に、
「こはいかに」と見るほどに、いと清らなる直衣に、
織物の指貫を身につけて（高貴な人が）歩いて出ていらっしゃったので、
織物の指貫着て歩み出で給ひければ、

この侍たちは、　あわてて逃げ、
このさぶらひども、逃げまどひ、
土を掘らんばかりにはいつくばってひざまずいていた。
土をほりてひざまづきけり。

氷を物のふたに置いて割るというので、
**2** 氷を物の蓋に置きて割るとて、
大騒ぎをする女房たち、年配の女房三人ばかりと、女の召使いがいた。
もて騒ぐ人々、大人三人ばかり、童と居たり。
唐衣も汗衫も着ず、　みんなうちとけていたので、
唐衣も汗衫も着ず、みなうちとけたれば、……

第3章

# ⑤ お庭・建物、調度品

training

## 練習問題

**1** （基本） 次は『枕草子』の一節で、中宮定子のお部屋でのエピソードである。

雪のいと高う降りたるを、例ならず a御格子まゐりて、b炭櫃に火おこして、*物語などして集まりさぶらふに、「少納言よ、*香炉峰《かうろほう》の雪はいかならん」とおほせらるれば、御格子あげさせて、c御簾を高くあげたれば笑はせたまふ。

**2** （基本） 次は『源氏物語』より、光源氏が*朝顔姫君を訪問した場面である。

（光源氏ほどの身分では）[ d ]は*かたはらいたければ、南の[ e ]に入れたてまつる。（すると、光源氏は[ f ]に入りたそうであったが、姫君は許さなかった。）

**3** （基本） 次も『源氏物語』より、光源氏と、病床に臥す紫の上の様子である。

風すごく吹き出でたる夕暮れに、（紫の上が）x前栽見給ふとて、y脇息に*よりゐ給へるを、院（＝光源氏）渡りて見たてまつり給ひて、（中略）（紫の上が）御z几帳ひき寄せてふし給へるさまの、常よりもいとたのもしげなく見え給へば、……

**練習問題へのアプローチ**

ここでは、貴族のお屋敷の庭・建物や調度品を取り上げる。どんな場面かイメージできるかな。

**出典**

**1** 『枕草子』 p20参照。

**2・3** 『源氏物語』 p32参照。2は「朝顔」巻、3は「御《み》法《のり》」巻である。

**注**

**1**

＊物語などして集まりさぶらふに＝女房たちがよもやま話などをして中宮のもとに集まって伺候しているときに。

＊香炉峰の雪はいかならん＝中国の詩人白居易の『白氏文集』にある

問1　傍線部a「御格子」、b「炭櫃」、c「御簾」の読みを記せ。現代仮名遣いでよい。

問2　問題文1の一行目の「御格子まゐりて」は、「格子」をどのようにしてある状態か、説明せよ。

問3　空欄d～fに入るものを、次の中からそれぞれ選べ。

ア　母屋　　イ　廂

ウ　簀の子

問4　傍線部x「前栽」、y「脇息」、z「几帳」が示すものを、下の図の1～5の中からそれぞれ選べ。

解答は112～113ページ

（徳川美術館『新版徳川美術館蔵品抄２　源氏物語絵巻』による）

有名な詩句「香炉峰の雪は簾《すだれ》をかかげて看《み》る」をもとにした中宮の問いかけ。清少納言はそれを踏まえて、簾を高く巻き上げたのである。

2

＊朝顔＝『源氏物語』に登場する姫君の名前。光源氏の求愛にもなびかずにいたとされる。

＊かたはらいたければ＝おそれ多いので。

3

＊よりゐ給へる＝寄りかかって座っていらっしゃる。

lecture

## テーマ講義

# 前栽、御簾、几帳など

先生　古文では、お屋敷の庭や建物・調度品に関する表現がよく出てくる。

カオル　定期試験でもたまに出るんですよね…

先生　ただ、あまりこまごましたものが入試問題で出題されることはない。これはというものだけを示しておく。古文に興味のある人は、図鑑や「国語便覧」で見て楽しむといいだろう。

カオル　問題文1のように、雪の降ったお庭を簾を上げて見るなんて、いつかやってみたいです！

先生　はい、それではまとめていくよ。特に読み方に注意しよう。

**建物**　「**寝殿造り**（しんでんづくり）」はp28〜29参照。

○**母屋**（もや）＝建物内部の中心部分。
○**簀の子**（簀子）（すのこ）＝縁側部分。
○**廂**（庇）（ひさし）＝「廂の間（ひさしのま）」ともいう。母屋の外側で、「簀の子」の内側の部分。区切って部屋を設ける。簀の子より一段高く、母屋より少し低く造られている（p114コラム参照）。

**垣根や塀**

○**築地**（ついじ〈ついぢ〉）＝建物を囲う土の塀《へい》。
○**透垣**（すいがい）＝板や竹で隙間を空けた垣根。向こうが透けて見える。
○**小柴垣**（こしばがき）＝丈の低い柴《しば》の垣根。

## 庭

○**前栽**（せんざい）＝庭の植え込み。
○**遣水**（やりみず〈やりみづ〉）＝庭園に水を引き入れた流れ。

## 空間を仕切るもの

○**御格子**（みこうし〈みかうし〉）…細い角材を一定の間隔をあけて縦横に組んだ建具。
○**蔀**（しとみ）…格子の裏に板を張ったもの。
○**御簾**（みす）…竹や葦を糸で編んだ簾（すだれ）。上から垂らして日よけや目隠しにする。
○**几帳**（きちょう〈きちやう〉）…四角い台にT字型に組んだ枠を立て、それに布を垂らしたもの。

## その他

○**炭櫃**（すびつ）…いろり。角火鉢《ひばち》。
○**円座**（わろうだ〈わらふだ〉）…藁《わら》などで編んだ円形の敷物。
○**脇息**（きょうそく〈けふそく〉）…座ったとき傍らに置くひじかけ。

answer

# 解答・解説・現代語訳

**解答**

問1　a＝みこうし　b＝すびつ　c＝みす
問2　格子を下ろしてある状態。
問3　d＝ウ　e＝イ　f＝ア
問4　x＝1　y＝5　z＝4

**解説**

問1
それぞれどんなものかはp111参照。a＝「こうし」の上に「御《み》」がついている。c＝「すだれ」の上に「御」がつくと「みす」と読む。

問2
「御格子まゐる」には、〈①格子を上げて差し上げる・②格子を下ろして差し上げる〉の意味がある。直前の〈雪がたいそう高く降り積もっているのに、いつもと違って〉から、雪が降って趣深いのに、このときは格子を下ろしていたことがわかる。また、直後の「御格子あげさせて」からも判断できよう。

問3
光源氏を縁側（「簀の子」）に座らせるのはおそれ多い（「かたはらいたし」）ので、そこより内側の「廂」に入れた。ただ、建物の中心である部屋（「母屋」）の中には入れなかったのである。

問4
x＝庭の植え込みである。屋外に描かれているのは1のみ。y＝「よりゐ（＝寄りかかって）」がヒントとなる。z＝横枠の棒があって、それに布が垂らしてあることから、4が正解。3は「簀の子」と「廂」の間にある「御簾」である。

問題は108～109ページ

## 現代語訳

雪がたいそう高く降り積もっているのに、
**1** 雪のいと高う降りたるを、
いつもと違って御格子を下ろして差し上げて、いろりに火をおこして、
例ならず御格子まゐりて、炭櫃に火おこして、
（女房たちが）よもやま話などをして（中宮のもとに）集まって伺候しているときに、
物語などして集まりさぶらふに、
（中宮が）「少納言よ、香炉峰の雪はどんなだろう」
「少納言よ、香炉峰の雪はいかならん」
とおっしゃるので、（他の女房に）御格子を上げさせて、
とおほせらるれば、御格子あげさせて、
（私が）御簾を高く巻き上げると（中宮は）笑いなさる。
御簾を高くあげたれば笑はせたまふ。

（光源氏ほどの身分では）簀の子（にお座りいただくの）はおそれ多いので、
**2** 簀の子はかたはらいたければ、
南の廂（の間）に入れ申し上げる。
南の廂に入れたてまつる。

風がもの寂しく吹き始めた夕暮れに、
**3** 風すごく吹き出でたる夕暮れに、
（紫の上は）庭の植込みをご覧になるというので、
前栽見給ふとて、
脇息に寄りかかって座っていらっしゃる様子を、
脇息によりゐ給へるを、

院（＝光源氏）がやって来て見申し上げなさって、
院渡りて見たてまつり給ひて、（中略）
（紫の上が）御几帳を引き寄せて横になっていらっしゃる様子が、
御几帳ひき寄せてふし給へるさまの、
普段よりもたいそう頼りなげに見えなさるので、
常よりもいとたのもしげなく見え給へば、……

column

# 光源氏はどこまで入ったの？

「廂《ひさし》（廂《ひさし》の間）」は、男女の関係を描くのに好都合な場所である。

つてを求め恋文を送って女性に言い寄ろうとする男性は、まず「簀の子《すのこ》」と呼ばれる縁側に座り、「廂」を挟んで、「母屋《もや》」と呼ばれる室内にいる女性と話をするのだが、それも侍女を仲立ちにした会話である。男の身分が高い場合や、言い寄ってから長く経ち誠実熱心だと思えたときに、やっと廂に入ることが許された。

ただ、男女の契りを結んだことのない男が入れるのは、ここまで。いくつかのハードルをクリアして「母屋」に入っても、几帳《きちょう》を挟んだ会話が長々と続くというのが、多くの物語の展開である。

次は、『源氏物語』「賢木《さかき》」の巻の一節である。かつては光源氏の愛人であった六条御息所《みやすんどころ》が、都を離れ伊勢に下ることになり、光源氏は別れのあいさつに彼女の住まいを訪ねた。「野宮《ののみや》の別れ」と言われる場面である。

「**こなたは、簀の子ばかりのゆるされは侍りやとて、上り居給へり。**〈「こちらでは、簀の子の上くらいのお許しはございましょうか」と言って、光源氏は上にあがってお座りになる〉

せめて縁側でのごあいさつをお許しくださいと言うのであるが、この後は心情の描写と和歌のやりとりが続き、具体的な行動の描写はほとんどない。これが古文らしい表現なのだが、光源氏は「廂」「母屋」と入って、二人は最後の別れの夜を過ごしたと想像できよう。

古文常識編

# 第4章

# 天皇・宮中と役人たちの世界

ここでは、天皇を中心に取り上げた。もちろん、天皇の子どもや孫たちのこと、そしてお妃にも触れている。また、役人たちのことも説明してあるので盛りだくさんとなった。

第4章

# ① 天皇とその周辺の人たち

training

## 練習問題

（標準）次の文章は、『増鏡《ますかがみ》』の一節で、四条天皇のことが書かれている。

はかなう明け暮れて、仁治二年にもなりにけり。a *帝は今年十一にて、正月五日、*御元服し給ふ。その年の十二月に、*洞院《とうゐん》故摂政殿の姫君、九つになり給ふを、*祖父《おほぢ》の大殿、*御伯父《をぢ》の殿ばらなど*居立ちて、いと*装ほしく x あらまほしきさまに*響きて、b 女御まゐり給へば、父の殿一人こそものし給はねど、大方の儀式、よろづ y 飽かぬことなく、めでたし。上も*きびはなる御程に、女御もまたかく小さうおはすれば、雛遊《ひひな》びのやうにぞ見えさせ給ひける。c 天の下はさながら大殿の御心のままなれば、いとゆゆしくなん。

年もかはりぬ。春の初めは、おしなべて、*程ほどにつけたる家々の身の祝ひなど、心ゆき誇らしげなるに、正月の五日より、内の上、例ならぬ御事にて、*七日の節会《せちゑ》にも、*御帳《みちやう》にもつかせ給はねば、いとさうざうしく人々思しあへるに、九日の暁、かくれさせ給ひぬとて、ののしりあへる、いとあさましともいふばかりなし。みな人、あきれまどひて、なかなか涙だに出で来ず。

**練習問題へのアプローチ**

ここでは「四条天皇」が主人公だが、彼を取り巻く人たちの言動を丁寧におさえよう。

**出典**

『増鏡』

南北朝時代の歴史物語。百歳余りの老尼が語るという設定で、後鳥羽天皇から後醍醐天皇に至る時代を記す。

**注**

＊帝＝ここは四条天皇を指す。

＊御元服＝「元服」は男子の成人式（p17参照）。

＊洞院故摂政殿＝今は亡き洞院摂政殿。藤原教実。

＊祖父の大殿＝藤原教実の父。藤原道家。

＊御伯父の殿ばら＝伯父さんたち。

問1　傍線部a「帝」は別の呼び方で表されている。本文中からそのままの形で抜き出して書け。二つある。

問2　傍線部x・yを現代語訳せよ。

問3　傍線部bのことを何というか。漢字二字で答えよ。

問4　傍線部cはどういうことを言っているのか、最も適当なものを一つ選べ。
①　帝と姫君の成長が祖父の思い通りに進んでいること。
②　帝と姫君の婚儀が祖父の考え通りに執り行われたこと。
③　世の政治が祖父の思い通りに進められていること。
④　天下の人々も祖父のやり方に賛成していること。

問5　第二段落の「帝」の様子を次のようにまとめてみた。A〜Cの空欄をそれぞれ七字以内で埋めよ。
㈠　一月五日から【A　　　　】。
㈡　一月七日の「節会」に【B　　　　】。
㈢　一月九日の暁に【C　　　　】。

解答は120〜121ページ

＊居立ちて＝世話をして。
＊装ほしく＝美しく。
＊響きて＝うわさされて。
＊きびはなる＝幼少である。
＊程ほどにつけたる家々の身の祝ひ＝身分に応じた家々での身内の祝い。
＊七日の節会＝一月七日に宮中で行われる白馬の節会（行事）。
＊御帳＝ここは、内裏の建物の一つである「紫宸殿」（p137参照）の天皇が着座する一段高い所。行事などのときに使われる。

# 天皇の呼び方・行事・退位

**カオル**　「天皇」を指す呼び方は多くあるのですね。

**先生**　問題文では「**帝**」「**上**」「**内の上**」の三種が出てくるが、ほかに次のようなものがあるね。

◯**主上**　◯**今上**　◯**内**　◯**内裏**（うち）　◯**君**　◯**公**（おおやけ〈おほやけ〉）

変わったところでは「**御門**」と書いて〈天皇〉を表すこともあるよ。

**カオル**　「御門」、たしかに「ミカド」と読めますね！　ほかに覚えておいたほうがいいことはありますか。

**先生**　そうだね、天皇に関係のある用語を整理しておこう。

- ✓ **大嘗会**（だいじょうえ〈だいじやうゑ〉）＝新しい天皇が即位した年、その年の新穀を、天皇自らが神々に供える儀式で、一代に一度のもの。
- ✓ **御禊**（ごけい）＝即位した天皇が大嘗会に先立って行う禊《みそ》ぎ。着飾った女房たちの行列が見物人を呼んだ。
- ✓ **行幸**（ぎょうこう〈ぎやうかう〉・みゆき）＝天皇のお出まし。

**カオル**　昔の天皇は、在位期間が短かったようですね。

**先生**　天皇が亡くなることを特に「崩御《ほうぎょ》」と呼ぶのだが、それ以外にも自らの意志で退位したり、周囲の状況で退位させられたりして、若いうちに代替わりとなることが多かったのだよ。

**カオル**　だから、退位した後も長く生きていたということなんですね。そのときは、特別な呼び方があるのですか。

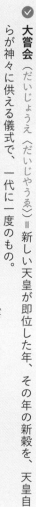

**先生**　天皇が位を退く（退位する）と、「**院**」または「**上皇**」と呼ばれる。また、出家した場合は、「**法皇**《ほうおう》」と呼ばれた。

**カオル**　自分の意志で退位するならともかく、退位させられるのは気の毒ですね。

**先生**　藤原氏の策略で退位させられた花山天皇などは、その例だね。『大鏡』には次のような話が載っているよ。見たことがないかな。

### こんな話も！

花山天皇は十九歳。愛する女御が亡くなり、嘆き悲しんでいたとき、一緒に出家をしましょうと誘ってきたのが藤原道兼である。有明の月（p99参照）の明るさに天皇の決心が鈍り、女御の手紙を取りに戻ろうとすると、道兼は天皇に出家を迫ってともに寺へと向かう。ただ、天皇が一足先に出家をすると、自分は出家しないまま寺からさっさと退出した。

天皇の退位は、道兼の父・兼家によって仕組まれた策略だったのだ。兼家は、自分の娘が産んだ男の子を早く皇太子に、そして帝に立てたい。ついては、花山天皇を退位させることを急いだのである。

この策略は見事に成功し、兼家の孫にあたる一条天皇が即位して、兼家は外祖父として摂政に就任することになる。

# 解答・解説・現代語訳

**解答**

問1　上・内の上
問2　x＝理想的な　y＝満足しない
問3　入内
問4　③
問5　A＝病気になった　B＝出座しなかった　C＝亡くなった

**解説**

問1
現代では「天皇」と呼ばれることが多いが、古文では多くの呼び方がある（p118参照）。ここでは「上」「内の上」の二つがそれにあたる。

問2
どちらも重要古語である。
x＝〈望ましい・理想的だ〉の意。ここは故摂政殿の姫君の様子をいう。
y＝〈満足しない・もの足りない〉の意。これは、姫君が帝のお妃として宮中に入るに際しての様々な儀式のことをいう。

問3
ここは、姫君が「女御（にょうご）」（帝の妃の一人。p136参照）として宮中に入ることをいうのだが、これを「入内（じゅだい）」という。

問4
「天の下」は、ここでは〈国政〉を指す。帝は十一歳の子どもであるから、帝の後見人にあたる「祖父の大殿」が世の政治を思い通りに進めているのである。それを「ゆゆし」と表現したのである。

問5
「帝」の様子を順におさえよう。
㈠　一月五日＝「例ならず（←例ならぬ）」は〈いつものようでない〉の意で、病気や妊娠についていうことがある。ここは、〈体調が悪かった・病気になった〉ということになる。
㈡　一月七日＝宮中で行われる「節会」に参加せず、本来天皇が着座するはずの「御帳」にも姿がなかった。こ

問題は116～117ページ

こでは、「出座しなかった」を模範解答としておく。

㈢　一月九日の暁＝亡くなった。「かくる（↑かくれ）」には、死ぬことを遠回しにいう意味がある。特に高貴な人に用いる。

## 現代語訳

（取り立てて何もなく）むなしく月日が経って、仁治二年にもなってしまった。
**はかなう明け暮れて、仁治二年にもなりにけり。**

帝は今年十一歳であって、正月五日に、ご元服をなさる。
**帝は今年十一にて、正月五日、御元服し給ふ。**

その年の十二月に、洞院故摂政殿の姫君が、
**その年の十二月に、洞院故摂政殿の姫君、**

九歳になりなさるのを、（姫君の）祖父の大殿や、
**九つになり給ふを、祖父の大殿、**

御伯父の殿方たちなどが熱心に世話をして、
**御伯父の殿ばらなど居立ちて、**

（姫君が）たいそう美しく理想的な様子だと世間でうわさされて、
**いと装ほしくあらまほしきさまに響きて、**

女御として入内なさるので、
**女御まゐり給へば、**

父の殿お一人は（すでに故人で）いらっしゃらないけれども、
**父の殿一人こそものし給はねど、**

大方の儀式は、すべて満足しない点もなく、すばらしい。
**大方の儀式、よろづ飽かぬことなく、めでたし。**

---

帝も幼少であるご年齢で、女御もまたこのように
**上もきびはなる御程に、女御もまたかく**

小さくていらっしゃるので、（二人の様子は）雛遊びのようにお見えになった。
**小さうおはすれば、雛遊びのやうにぞ見えさせ給ひける。**

世の政治はすべて大殿のお考えのままであるので、
**天の下はさながら大殿の御心のままなれば、**

たいそう威勢のあることであった。
**いとゆゆしくなん。**

年も改まった。春の初めは、一般に、
**年もかはりぬ。春の初めは、おしなべて、**

身分に応じた家々での身内の祝いなどが、
**程ほどにつけたる家々の身の祝ひなど、**

満足で得意げに行われていたが、正月五日から、
**心ゆき誇らしげなるに、正月の五日より、**

帝は、普通でないご様子（ご病気がち）であって、七日の（白馬の）節会にも、
**内の上、例ならぬ御事にて、七日の節会にも、**

御帳にもお座りにならないので、
**御帳にもつかせ給はねば、**

たいそうもの足りなく人々は思いなさっていたが、九日の暁に、
**いとさうざうしく人々思しあへるに、九日の暁、**

（帝が）お亡くなりになったというので、お互いに大騒ぎをしているのは、
**かくれさせ給ひぬとて、ののしりあへる、**

たいそう驚きあきれたという言葉も出ないほどである。
**いとあさましともいふばかりなし。**

（その場にいる）人みんなが、ひどく茫然として、かえって涙さえも出てこない。
**みな人、あきれまどひて、なかなか涙だに出で来ず。**

第4章

# ② 皇位継承をめぐる争い

training

## 練習問題

（やや難）　次は、『大鏡』の一節で、村上天皇の跡継ぎをめぐるいきさつが書かれている。

*元方の民部卿の御孫、*儲《まう》けの君にておはする頃、*帝の御*庚申《かうしん》せさせたまふに、この民部卿参りたまへり。さらなり。*九条殿さぶらはせたまひて、人々あまたさぶらひたまひて、*攤《だ》打たせたまふついでに、*冷泉院の孕《はら》ま<u>れ</u>[a]おはしましたるほどにて、さらぬだに世人いかがと思ひ申したるに、九条殿、「いで、今宵の攤仕《つか》うまつらむ」と仰せらるるままに、「この孕まれたまへる御子、男におはしますべくは、*でう六出で来」とて、打たせたまへりけるに、*ただ一度に出で来るものか。ありとある人、目を見かはして、めで感じもてはやしたまひ、御みづからも「いみじ」とおぼしたりけるに、[b]<u>この民部卿の御気色いと悪しうなりて</u>、色もいと青くこそなりたりけれ。

**練習問題へのアプローチ**

天皇の跡継ぎをめぐるドラマチックな場面である。「民部卿」の立場と心情を正しくとらえよう。

**出典**

『大鏡』

平安時代後期に成立した歴史物語。場面・登場人物をリアルに描いた点に特徴がある。

**注**

*元方の民部卿＝藤原元方。「民部卿」は四位で、殿上人である（p143参照）。

*儲けの君＝次の天皇として用意されている皇子。厳密には「皇太子候補」ということになるが、ここでは正式に皇太子に就いていない。

*帝＝村上天皇。

問1　下の系図は、この話に関わる人物関係を示したものである。本文中の呼び名を用いて空欄を埋めよ。

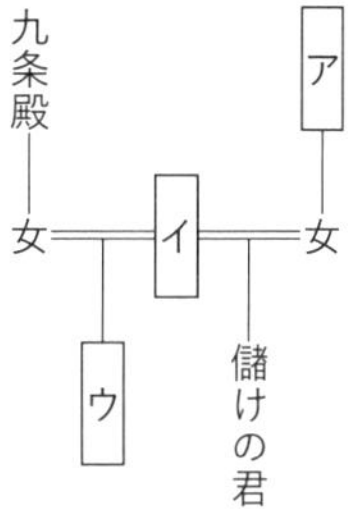


問2　傍線部aの「れ」の助動詞の意味を、次の中から一つ選べ。

① 尊敬　② 受身　③ 自発　④ 完了

問3　傍線部bについて、民部卿がこのようになったのはなぜか、本文の内容に即して説明せよ。

問4　「元方の民部卿の御孫」が「儲けの君」とされながら皇太子に就かなかったのはなぜだと推測されるか、ふさわしいものを、次の中から一つ選べ。

① 民部卿の孫が冷泉院よりもたいそう年下で幼なすぎたため。
② 民部卿の孫は冷泉院より村上天皇に大切にされていなかったため。
③ 祖父にあたる藤原元方の身分が九条殿に比べて低かったため。
④ 村上天皇が健在で次の皇太子が必要でないと考えられていたため。

解答は126〜127ページ

*庚申＝一種の行事である。庚申の日には人体に潜む虫が、人の眠っている間に、その人の悪事を天帝に密告すると信じられ、その日は寝ないで夜を明かした。

*九条殿＝藤原師輔。当時右大臣で、二位であった。

*攤＝二つのサイコロを筒に入れ、振り出して出た目を競う遊び。

*冷泉院＝第六十三代天皇。退位後「冷泉院」と呼ばれた。

*でう六＝サイコロの六の目が二つ出ること。

*ただ一度に出で来るものか＝ただ一度で出たのだからすごい。

lecture

# テーマ講義

## 皇位継承

カオル　天皇が退位したら次の天皇は、誰がなるのですか？

先生　多くは、天皇の息子たちの中から選ばれる。あらかじめ決めておくのが普通だ。次の天皇という位置づけの方を、「**皇太子**」または「**東宮**《とうぐう》」「**春宮**《とうぐう》」という。

カオル　息子のうち誰が天皇になるか、もめることも多かったのでしょうか。

先生　そう、問題文でも、そうしたもめごとの一端が見られるね。
当時の天皇には多くの奥さん（p136参照）がいたから、息子たちも多かった。誰が天皇になるかは、**皇子を産んだ母親の父の家柄や宮中での地位がものをいった**。問題文では、「右大臣」と「民部卿」には大きな違いがあったということだね（p142～143参照）。
娘を天皇のもとに入内させた父親からすれば、娘が男の子を産んで「孫」が天皇になれば、自分はそれを利用してさらなる政治力を発揮できる。天皇を補佐するという名目で、「**摂政**」（＝幼い天皇に代わって政治を行う）や、「**関白**」（＝天皇の成人後も政治を行う）のような要職に就くことが多かった。天皇の「**外**《がい》**戚**《せき》」となり「**摂関政治**」を行ったのである。
だから、さまざまな駆け引きを行って自分の娘が産んだ子どもを天皇にしようとするのだよ。

カオル　それで、問題文のようなドラマもあったのですね。「双六」の勝負ではないですが、「弓争い」という文章を習ったことがあります。似た状況ですね。

先生　『大鏡』の一節で、教科書でおなじみの教材だね。

藤原伊周（＝帥殿）が取り巻きを集めて、競射をしていたところ、招かざる客である藤原道長（＝入道殿）がひょっこりやって来る。二人は藤原氏一族が繰り広げる権力闘争をしている間柄。楽しいはずの座興も、道長が**「道長が家より帝后立ちたまふべきものならば、この矢あたれ」「摂政、関白すべきものならば、この矢あたれ」**と言ったあたりから、政治の話がからんで事態は険悪になる。

遊びの場に政治の話が持ち込まれる点でも同じだね。

**カオル** ところで、天皇になれなかった息子たちはどうなるのですか。

**先生** 特別な事情により皇位が廻ってくることもあるが、多くは天皇になれないまま一生を過ごすことになるね。

『源氏物語』の主人公の光源氏も皇位を継げなかった。彼は不遇とはいえないが、天皇になれなかったのは、皇子を産んだ母親の家柄によるね（p136参照）。

また、『源氏物語』の桐壺帝の八番目の皇子は、高貴な母方を持ち、若いころは有力な天皇候補として将来を期待されていたが、複雑な政治情勢に巻き込まれ忘れ去られた存在となった。裕福ではない暮らしの中、結局娘たちと共に宇治に隠棲する不遇な皇子の典型だね。「宇治の八の宮」と呼ばれた。

answer

# 解答・解説・現代語訳

問題は122～123ページ

解答

問1 ア＝元方の民部卿　イ＝帝　ウ＝冷泉院

問2 ②

問3 双六の勝負で、九条殿の孫が男である予兆が出たので、自分の孫の皇位継承が危うくなるのではないかと恐れたから。

問4 ③

解説

問1

まずは、〈ア―女―「儲けの君」〉のつながりをおさえる。一つ目の文に、「儲けの君」は「元方の民部卿の御孫」とあるから、アは「元方の民部卿」。また「儲けの君」の父にあたるイは「帝（村上天皇）」となる。もう一つは、〈九条殿―女―ウ〉のつながりをおさえる。この時点では生まれてもいないし、性別もわからず、名前もついていないのだが、問題文中の呼び名としての「冷泉院」を答とする。

問2

傍線部の主語は「冷泉院」、「孕む（←孕ま）」は〈妊娠する・身ごもる〉の意味。要は〈冷泉院がお母さんのお腹にいらっしゃった〉ということだが、直訳すると〈冷泉院が妊娠されなさって…〉となり、この「れ」は受身の助動詞である。

問3

九条殿が〈わが娘のお腹の子が男ならば、六の目が二つ（双六で最高の目）出よ〉と言ったところ、その通りの目が出た。一種のお遊びだと言ってしまえばそれまでだが、次の皇太子をめぐっての政治情勢が複雑なときであるだけに、「儲けの君」の祖父である元方にとっては不安でたまらない。孫の皇位継承が危うくなる予兆ではないかと機嫌が悪くなり、顔色も真っ青になったというのである。

問4

「儲けの君」は皇太子候補だが、注にあるように、この時点では皇太子になっていない。このまま皇太子そして天皇となれば、後見人になるはずの「民部卿」の身分があまりに低いというので、後に生まれた冷泉院が皇太子に選ばれたのであろう。正解は③。ちなみに「民部卿」は「殿上人（てんじょうびと）」であったが、「右大臣」は「殿上人」よりも上の「上達部（かんだちめ）」であり、元方と九条殿は身分に大きな隔たりがあったのである。

①②は、冷泉院がまだ生まれていないので不可。②のような説明もない。④は見当はずれ。

## 現代語訳

元方の民部卿のお孫さんが、
**元方の民部卿の御孫、**
次の天皇として用意されている皇子でいらっしゃるころ、
**儲けの君にておはする頃、**
帝がご庚申（待ち）をなさるときに、この民部卿が参上なさった。
**帝の御庚申せさせたまふに、この民部卿参りたまへり。**
（儲けの君の祖父なのだから、参上なさるのは）当然のことである。
**さらなり。**
九条殿が伺候していらっしゃって、
**九条殿さぶらはせたまひて、**
（その他の）人々も大勢伺候していらっしゃって、双六の遊びをなさる機会に、
**人々あまたさぶらひたまひて、攤打たせたまふついでに、**

（そのころ）冷泉院が（九条殿の娘の）お腹にいらっしゃった時分で、
**冷泉院の孕まれおはしましたるほどにて、**
そうでなくてさえも世の人々は（今度生まれてくるのが男であったら）どんなことになるだろうか
**さらぬだに世人いかが**
と思い申し上げていたが、九条殿が、
**と思ひ申したるに、九条殿、**
「さあ、今晩の双六をいたそう」とおっしゃりながら、
**「いで、今宵の攤仕うまつらむ」と仰せらるるままに、**
「このお腹にいらっしゃる御子が、男の子でいらっしゃるというのならば、
**「この孕まれたまへる御子、男におはしますべくは、**
六の目が二つ出てこい」とおっしゃって、（サイコロを）振りなさったところ、
**でう六出で来」とて、打たせたまへりけるに、**
ただ一度で（その目が）出たのだからすごい。その場にいあわせた人々はみな、
**ただ一度に出で来るものか。ありとある人、**
目を見交わして、賞賛し感動し褒めそやしなさって、
**目を見かはして、めで感じもてはやしたまひ、**
（九条殿）ご自身も「すばらしいことだ」とお思いになっていたが、
**御みづからも「いみじ」とおぼしたりけるに、**
この民部卿のご機嫌はひどく悪くなって、
**この民部卿の御気色いと悪しうなりて、**
顔色も真っ青になってしまった。
**色もいと青くこそなりたりけれ。**

第4章

# ③ 天皇の子どもと孫たち

## training 練習問題

（やや難）次の文章は、『源氏物語』の一節で、光源氏の庇護《ひご》を頼みとしてきた「常陸《ひたち》の宮の君」が、突然窮地に立たされる場面である。

a常陸の宮の君は、父親王《みこ》の亡せ給ひにし*なごりに、また思ひあつかふ人もなき御身にていみじう心細げなりしを、思ひかけぬ御事の出で来て、とぶらひ聞こえ給ふこと絶えざりしを、待ち受け給ふ袂《たもと》の狭きに、大空の星の光を盥《たらい》の水に映したる心地して過ぐし給ひしほどに、*かかる世の騒ぎ出で来て、なべての世うく思し乱れし紛れに、遠くおはしましにし後、え尋ね聞こえ給はず。*古き女ばらなどは、「いでや、いと口惜しき御宿世なりけり。おぼえず神仏の現れたまへらむやうなりし御心ばへに、*かかるよすがも人は出でおはするものなりけりとありがたう見たてまつりしを、*おほかたの世のことといひながら、また頼む方なき御ありさまこそ悲しけれ」とつぶやき嘆く。b*さる方にありつきたりしあなたの年ごろは、言ふかひなきさびしさに目馴れて過ぐしたまふを、なかなか少し*世づきてならひにける年月に、いとたへがたく思ひ嘆くべし。

---

練習問題へのアプローチ

問2を解くことで、あらすじがつかめるようにした。問4の六十字の記述は大変だが、挑戦してみよう。

**出典**

『源氏物語』

p32参照。ここは「蓬生《よもぎふ》」巻の一節である。

**注**

＊なごりに＝後は。

＊かかる世の騒ぎ＝光源氏が政治的に失脚し、都を離れ須磨に退去するという事件を指す。

＊古き女ばら＝古くからお仕えする女房たち。

＊かかるよすがも人は出でおはするものなりけり＝このような頼りになるお方も人によっては現れなさ

問1　傍線部aについて、

i　「常陸の宮」と同じ人物を表す呼び方を、本文中から抜き出せ。

ii　「常陸の宮の君」は、男か女かを記せ。

問2　問題文の前半部を箇条書きに整理してみた。前文・注も参考にしながら、空欄にふさわしい語句を入れよ。ii〜ivは九字以内とする。

i　「常陸の宮の君」の【　　　】が亡くなった。

ii　【　　　】人もなく、たいそう心細そうであった。

iii　思いがけないことに【　　　】ことになった。

iv　光源氏が失脚し、結局【　　　】ことになった。

問3　光源氏にとっては、取るに足りないささやかな援助も、貧しい「常陸の宮の君」にとっては、大きな恩恵となったという気持ちを、比喩的に表現している部分を、本文中から二十字以内で抜き出せ。

問4　傍線部bはどのようなことを言っているのか、「なかなか」に注意しながら、六十字以内で説明せよ。

解答は132〜133ページ

るものであるなあ。

＊おほかたの世のこと＝世間の習い。

＊さる方にありつきたりし＝そうした生活に慣れていた。

＊世づきて＝世間並みになって。

lecture

## テーマ講義

# 天皇の子と孫

**カオル** 天皇の子どもさんの呼び方はいろいろあるのですね。

**先生** まとめてみよう。覚えておくと、本文の読解にも役立つよ。

> ✓ 天皇の息子―〇**皇子**（みこ・おうじ）　〇**御子**（みこ）
> 〇**親王**（みこ・しんのう）
> 〇**宮**（みや）
>
> ✓ 天皇の娘――〇**皇女**（みこ・こうじょ・ひめみこ）
> 〇**内親王**（うちのみこ・ないしんのう・うちのひめみこ）
> 〇**女宮**（おんなみや）

**カオル** 問題文の「常陸の宮」の「**宮**」は天皇の子どもを指すのですか。

**先生** そうだよ。「宮」は〈神社・皇居〉のほか、皇族を敬った言い方として使われる。天皇の子どもさんを指すことも多いよ。「常陸の宮」は、常陸の国司となった皇子のことだが、ほかに、「**帥《そち》の宮**」（大宰府の長官である皇子）、「**式部卿の宮**」（式部省の長官である皇子）というのもよく出てくるね。彼らは、天皇になれなかった皇子ということになるね。

**カオル** 天皇の娘さんの方はどういう生活を送るのですか。

**先生** 独身を通すことが基本であるが、「**降嫁《こうか》**」という形で、臣下の貴族の妻となることもあった。『源氏物語』では、朱雀院の三番目の娘さん（＝女三宮）が、父のたっての希望で四〇歳の光源氏の妻となったという話が「若菜上」の巻に出てくるよ。こうなると、光源氏は保護者の立場と言えるね。

**カオル** 天皇の娘さんの中には、神に仕える人もいたそうですね。

**先生** 伊勢神宮に仕える人を「**斎宮**（さいぐう）」、賀茂《かも》神社に仕える人を「**斎院**（さいいん）」と呼んだ。

**カオル** 問題文の「常陸の宮の君」の「**君**」は、そうすると天皇の孫ですか。

**先生** そうだね。この「君」は女の子を指す。「常陸の宮の君」は、父が亡くなったあと、貧しい境遇となり、人とのつきあいなどをせず、ひっそりと暮らしていたのだ。零落した女君の典型だが、古文にはこのような女君がよく出てくるよ。

**カオル** 「常陸の宮の君」は「末摘花《すえつむはな》」のことではないのですか。

**先生** そうだよ。それなら知っているという人もいるのではないかな。こんな女性として描かれている。

○光源氏がおつきあいをする女性の中ではやや異色な存在。
○鼻が赤く長くて、とても平安美人とは言えない。
○古風な生活、貧しさにも耐える個性的な女性である。
○思い込んだら一途で、光源氏を八年も待ち続けていた。
○最後は、光源氏の邸宅で、奥さんの一人として過ごす。

# 解答・解説・現代語訳

answer

問題は128〜129ページ

**解答**

問1　i＝父親王　ii＝女
問2　i＝父親王（父親）
ii＝大切に世話をする
iii＝光源氏が通い続ける
iv＝便りも来なくなる
問3　大空の星の光を盥の水に映したる心地
問4　光源氏の庇護に入る前は貧しさに慣れていたが、一度世間並みの暮らしを経験したがゆえにかえって耐えがたくつらいということ。

**解説**

問1
i＝「宮」は皇族の敬称として広く使われるが、ここは直後の「親王」が該当する。「父親王」を答としたい。
ii＝リード文の「光源氏の庇護を頼みとしてきた」及び全体の話の流れから「女」と考える。「常陸の宮の女君」なのである。

問2
i＝「父親王の亡せ給ひにし」に対応する。
ii＝「思ひあつかふ人もなき」は、〈大切に思い世話をする人もない〉の意。通ってくる男もいないことをいう。
iii＝「とぶらひ聞こえ給ふこと絶えざりし」は、〈通い申し上げなさることが続いた〉の意。通ってくるのは光源氏である。
iv＝都を離れ須磨に退去して後は、「え尋ね聞こえ給はず」（＝便りを差し上げることもできなさらない）のである。ちなみに、この後光源氏は都に戻って来ることになり、再び女君を庇護することになる（p131参照）。

問3
光源氏からの援助は、わずかなものであっても、それを受け入れる「常陸の宮の君」にとっては身にあまる程である。それを「大空の星の光」と「盥の水」とたとえている。

問4
「なかなか」は、〈中途半端で不十分な状態なら、かえってないほうがまし〉といったニュアンスを表し、〈かえって・むしろ〉と訳す。貧しいままならともかく、なまじ光源氏の庇護を受けて、世間並みの暮らしをしたがゆえに、今となってはかえってつらいのである。そこらあたりを丁寧に書き込んでほしい。

**現代語訳**

常陸の宮の姫君は、　父の親王が亡くなりなさってしまった後は、
**常陸の宮の君は、父親王の亡せ給ひにしなごりに、**
誰一人大切に思い世話をする人もいない御身の上で
**また思ひあつかふ人もなき御身にて**
たいそう心細そうであったが、　思いもかけないことが生じて、
**いみじう心細げなりしを、思ひかけぬ御事の出で来て、**
（光源氏が）通い申し上げなさることが続いたが、
**とぶらひ聞こえ給ふこと絶えざりしを、**
（それを）待ち受けなさる（姫君の）貧しい暮らしには、
**待ち受け給ふ袂の狭きに、**
大空の星の光を盥の水に映したような（身にあまる）思いがして
**大空の星の光を盥の水に映したる心地して**
過ごしていらっしゃったうちに、あのような世の騒ぎが起きて、
**過ぐし給ひしほどに、かかる世の騒ぎ出で来て、**
（光源氏が）すべて世の中のことがつらく思い乱れなさったのに紛れて、
**なべての世うく思し乱れし紛れに、**

遠くへいらっしゃった後は、　便りを差し上げることもできなさらない。
**遠くおはしましにし後、え尋ね聞こえ給はず。**
古くからお仕えする女房たちなどは、「いやもう、
**古き女ばらなどは、「いでや、**
ほんとうに情けないご運命であるなあ。
**いと口惜しき御宿世なりけり。**
思いがけず神仏が現れなさったようであった（光源氏の）お心遣いに、
**おぼえず神仏の現れたまへらむやうなりし御心ばへに、**
このような頼りになるお方も人によっては現れなさるものであるなあと
**かかるよすがも人は出でおはするものなりけりと**
めったになくすばらしく拝見していたのだが、
**ありがたう見たてまつりしを、**
世間の習いとはいいながら、　他に頼る方もない
**おほかたの世のことといひながら、また頼む方なき**
ご様子は悲しいよ」　とつぶやき嘆く。
**御ありさまこそ悲しけれ」とつぶやき嘆く。**
そうした（貧しい）生活に慣れていた昔の年月は、
**さる方にありつきたりしあなたの年ごろは、**
言いようもない寂しさに慣れて過ごしなさっているのに、
**言ふかひなきさびしさに目馴れて過ぐしたまふを、**
かえって少し世間並みの暮らしに慣れてしまった年月のせいで、
**なかなか少し世づきてならひにける年月に、**
たいそう耐えがたく思い嘆くのであろう。
**いとたへがたく思ひ嘆くべし。**

第4章

# ④ お妃たちとその住まい

training

## 練習問題

(標準) 次は、『源氏物語』「桐壺《きりつぼ》」の冒頭で、「桐壺更衣」の様子が書かれている。

*いづれの御時《おほむとき》にか、a女御、b更衣あまた候ひ給ひける中に、cいとやむごとなき際にはあらぬが、すぐれて時めき給ふありけり。初めよりわれはと思ひ上がり給へる御方々、めざましきものにおとしめそねみ給ふ。同じほど、それより下臈《げらふ》の更衣たちは、ましてやすからず。朝夕の宮仕へにつけても、人の心をのみ動かし、恨みを負ふ積もりにやありけむ、いとあつしくなりゆき、もの心細げに里がちなるをいよいよ飽かずあはれなるものに思ほして、人のそしりをもえはばからせ給はず。(中略)

御局《みつぼね》はd桐壺なり。あまたの御方々を過ぎさせ給ひて、ひまなき御前渡りに、人の御心を尽くし給ふも、げにことわりと見えたり。*参《ま》う上り給ふにも、あまりうちしきるをりをりは、*打橋《うちはし》・*渡殿《わたどの》のここかしこの道に、*あやしきわざをしつつ、御送り迎への人の衣の裾、堪へ難くまさなきこともあり。またある時には、*えさらぬ*馬道《めだう》の戸をさし込め、こなたかなた心を合はせて、*はしたなめわづらはせ給ふ時も多かり。

**練習問題へのアプローチ**

この文章を一度は読んだことがあるだろう。「女御」「更衣」たちの人間関係を読みとろう。

**出典**

『源氏物語』

p32参照。ここは「桐壺」冒頭の一節である。

**注**

*いづれの御時にか＝どの帝の御代であったのだろうか。

*参う上り給ふ＝参上なさる。

*打橋＝殿舎の間に渡した取り外しのできる仮の板橋。

*渡殿＝殿舎をつなぐ屋根付きの渡り廊下。

*あやしきわざ＝そこに汚物をまき散らすか、裳の引っかかる仕掛け

問1　傍線部a・bの読みを現代仮名遣いで記せ。

問2　傍線部cを現代語訳せよ。「が」は同格の意で訳すこと。

問3　傍線部dの建物のおおよその位置は下の図のア～エのどこか、一つ選べ。

内裏略図

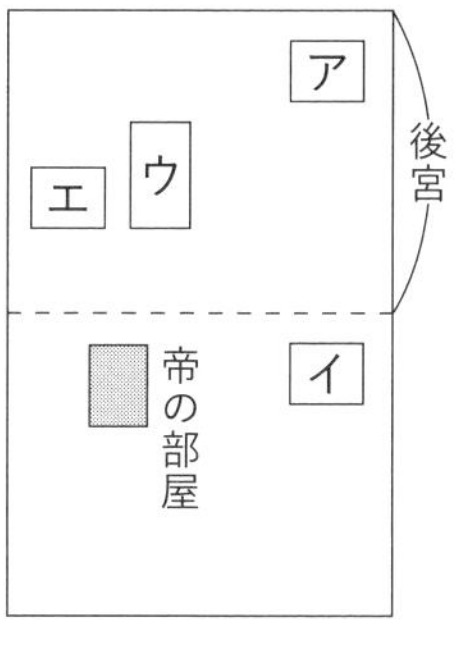


問4　本文の内容と合致しているものを、次の中から二つ選べ。

① 自分こそが帝の寵愛を受けるはずだと自負していた女御は、桐壺更衣をさげすみ嫉妬した。

② 桐壺更衣が病気がちになっていくのは他の妃《きさき》の嫌がらせのせいだと帝は人々を非難した。

③ 他の妃たちは、帝が桐壺更衣の部屋の前を何度も素通りするのは当然なことだと考えた。

④ 桐壺更衣が帝の部屋に参上するのを邪魔するために、妃たちはあれこれいたずらをして困らせた。

解答は138～139ページ

をするかしたと考えられる。

＊えさらぬ＝どうしても通らなければならない。

＊馬道＝殿舎の中を貫く板敷の廊下。前後に妻戸があり閉じられる。

＊はしたなめわづらはせ給ふ＝困らせ苦しめなさる。

lecture

**テーマ講義**

# 女御・更衣・中宮など

**カオル** 昔の天皇には、何人もの「妃《きさき》」がいたのですね。

**先生** 天皇の妃として宮中に出仕することを「入内（じゅだい）」というが、家柄によって最初から妃のランクが決まっていたのだよ。

- ✓ 摂関家・大臣家の娘さんなら……**女御**（にょうご）
- ✓ 大納言家以下の家の娘さんなら……**更衣**（こうい〈かうい〉）

なお、女御から昇格した最高位の后《きさき》を「**中宮**」という。たまたま「中宮」が二人になってしまった場合は、片方を「**皇后**」と呼んだ。一条天皇の時代に、「皇后定子」「中宮彰子」が並立した。

**カオル** 問題文の「桐壺更衣（きりつぼのこうい）」は光源氏のお母さんですよね。「更衣」だから、ランクは低かったんですね。

**先生** 問題文の（中略）の部分に「父の大納言は亡くなりて」とあるから、後見する態勢は心もとなくて、更衣としてぎりぎりセーフで認められたと言えそうだね。ランクが低い妃でありながら、天皇からこの上ない寵愛を受けたのが不運の始まりということになるね。

**カオル** この方を「**桐壺**」と呼ぶのはどうしてですか？

**先生** 内裏の北半分にはお妃たちのスペース（後宮）があり、妃は、女房たちを従えてそれぞれの建物に住んだ。「桐壺」はその建物の呼び名である。ランクによって建物の大きさも違ったが、**天皇の住まいである「清涼殿」からの遠近も重要であった**。なんと、「桐壺」は清涼殿からは最も遠い北東の端にあった。扱いの悪さが想像できるね。

ちなみに清涼殿から近い建物は、「**弘徽殿**（こきでん）」「**藤壺**（ふじつぼ）」で、図で見ると近さがよくわかる。「弘徽殿女御」「藤壺中宮」という名を見ただけで、今をときめく妃だと推測できるわけだよ。

内 裏 図

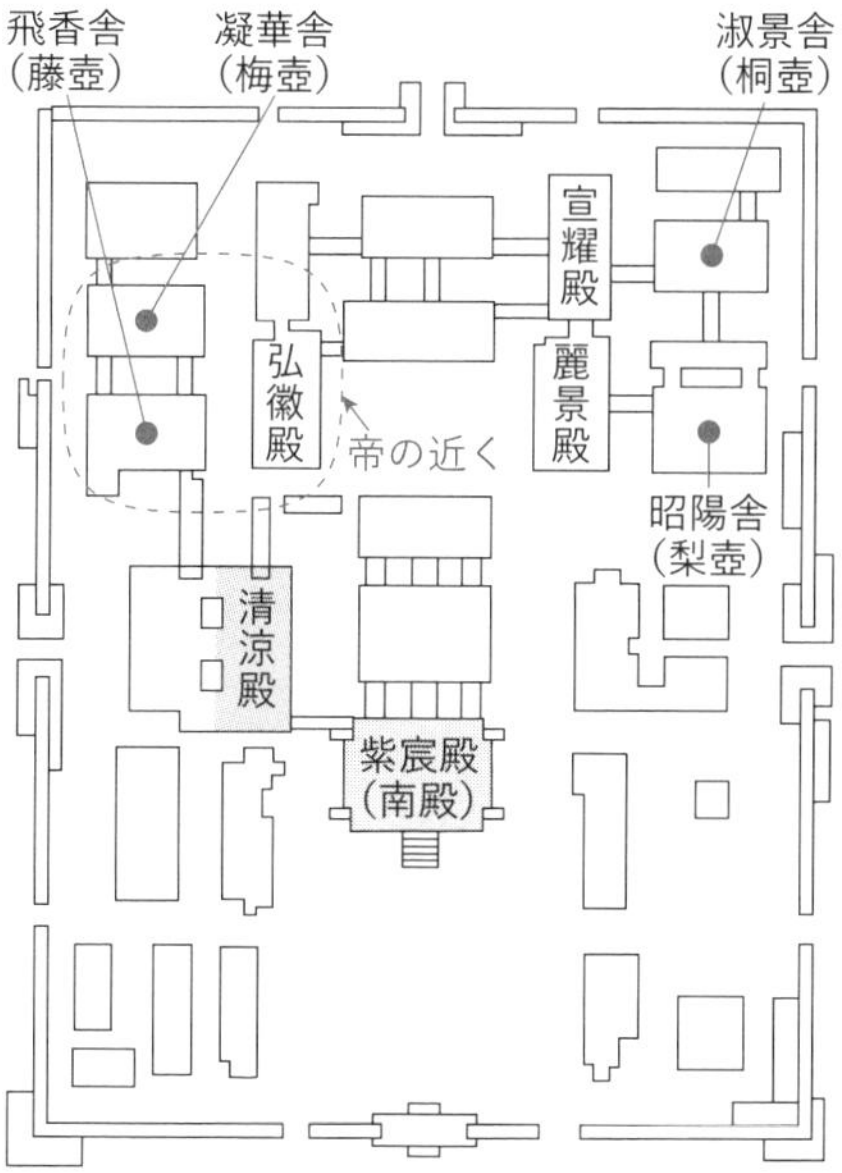


**カオル** 天皇の妻にあたる人は「中宮」「女御」「更衣」だけですか。

**先生** 天皇のそば近くに仕える女官たちの長官を「**尚侍**（ないしのかみ）」と呼ぶが、実質的には妻として扱われていた。

answer

# 解答・解説・現代語訳

問題は134〜135ページ

解答

問1　a＝にょうご　b＝こうい

問2　それほど高貴な身分ではない方で、たいそう寵愛を受けていらっしゃる方があった。

問3　ア

問4　①・④

解説

問1　ともに天皇の「妃」の呼び名である。家柄によってランクが決まっていた。p136参照。

問2　少し長いが有名な箇所なので、現代語訳を設問として取り上げた。

▼いと……打消語とセットで、〈それほど〜ない〉。

▼やむごとなし（←やむごとなき）……形容詞で、ここは〈高貴な〉の意。

▼際……ここは〈身分〉の意。

▼時めく（←時めき）……〈寵愛を受ける〉の意。

▼が……同格を表し、〈〜あらぬ（方）で、……時めき給ふ（方）が……〉と訳す。

問3　「桐壺」は、妃が住む建物の呼び名である。建物の位置は天皇の住まいの「清涼殿」から最も遠い北東の端にあった（p137参照）。この更衣のランクの低さを象徴している。

問4　本文の該当部分と対応させよう。

①＝「初めよりわれはと思ひ上がり給へる御方々、めざましきものにおとしめそねみ給ふ」と合致する。格上の女御にとって、格下の桐壺更衣への帝の寵愛ぶりは堪えがたかったのである。これは正解。

②＝「他の妃の嫌がらせのせいだと…非難した」とは書かれていない。帝は桐壺更衣をいとしく思い、寵愛ぶりに対する人々の非難をも気にしなかったというのが、本文の流れである。

③＝本文には、ひっきりなしに桐壺更衣の部屋に出向いたことが書かれている。素通りしたのは桐壺更衣の

部屋ではなく、他の妃の部屋である。もちろん「他の妃たちは」「当然なことだと考えた」も間違い。
④＝最後の四行の内容と合致する。「邪魔する」「困らせた」がキーワードで、これも正解。

## 現代語訳

どの帝の御代であったのだろうか、女御や更衣が多く
いづれの御時にか、女御、更衣あまた
お仕えなさっていた中に、それほど高貴な身分ではない方で、
候ひ給ひける中に、いとやむごとなき際にはあらぬが、
たいそう寵愛を受けていらっしゃる方があった。
すぐれて時めき給ふありけり。
（入内の）最初から自分こそは（寵愛を受けるはず）と自負していらっしゃった
初めよりわれはと思ひ上がり給へる
（女御の）方々は、（この方を）気に入らない者としてさげすみ嫉妬なさる。
御方々、めざましきものにおとしめそねみ給ふ。
（この方と）同じ身分、（あるいは）それより低い地位の更衣たちは、
同じほど、それより下臈の更衣たちは、
なおさら心穏やかでない。（この方は）朝夕の宮仕えにつけても、
ましてやすからず。朝夕の宮仕へにつけても、
（他の）人の心を不快な思いにさせ、恨みを買うことが積み重なったからであろうか、
人の心をのみ動かし、恨みを負ふ積もりにやありけむ、
たいそう病気がちになっていき、何となく心細そうな様子で
いとあつしくなりゆき、もの心細げに

実家に帰っていることが多いのを（帝は）ますます
里がちなるをいよいよ
限りなくいとしいとお思いになって、
飽かずあはれなるものに思ほして、
人の非難をも気兼ねなさることができなさらない。
人のそしりをもえはばからせ給はず。（中略）
（この方の）お部屋は桐壺である。
御局は桐壺なり。
多くの（妃の）方々（のお部屋の前）を（帝は）素通りなさって、
あまたの御方々を過ぎさせ給ひて、
ひっきりなしに（この方の部屋に）お出向きになるので、（他の妃の）人たちが
ひまなき御前渡りに、人の
気をもんでいらっしゃるのも、まったくもっともなことだと思われた。
御心を尽くし給ふも、げにことわりと見えたり。
（この方が帝の部屋に）参上なさるのにも、あまりにも度重なるときには、
参う上り給ふにも、あまりうちしきるをりをりは、
打橋・渡殿のあちらこちらの通り道に、
打橋・渡殿のここかしこの道に、
けしからぬいたずらをしかけ、送り迎えの侍女たちの着物の裾が、
あやしきわざをしつつ、御送り迎への人の衣の裾、
我慢できないほど不都合な目にあうこともある。
堪へ難くまさなきこともあり。
またあるときには、どうしても通らなければならない馬道の
またある時には、えさらぬ馬道の
戸を閉め（てこの方を閉じ込め）、みんなで示し合わせて、
戸をさし込め、こなたかなた心を合はせて、
困らせ苦しめなさるときも多い。
はしたなめわづらはせ給ふ時も多かり。

第4章

# ⑤役人たちの位階と官職

## training 練習問題

（標準） 次の文章は『十訓抄』の一節である。

*大納言行成卿、いまだ a殿上人にておはしける時、実方中将、いかなる憤りかありけん、*殿上に参り会ひて、いふ事もなく、行成の冠を打ち落として、小庭に投げ捨てけり。行成少しもさわがずして、*主殿司《とのもづかさ》を召して、「冠取りて参れ」とて、冠して、守刀《まもりがたな》より*笄《かうがい》ぬき取りて、鬢《びん》かいつくろひて、*居なほりて、「いかなる事にて候ふやらん、たちまちにかうほどの乱罰にあづかるべき事こそ覚え侍らね。その故《ゆゑ》を承りて、後の事にや侍るべからん」と、こと bうるはしくいはれけり。実方は、しらけて逃げにけり。

折しも*小蔀《こじとみ》より、*主上、御覧じて、「行成はいみじき者なり。かく cおとなしき心あらんとこそ思はざりしか」とて、そのたび*蔵人頭《くらうどのとう》あきたりけるに、d多くの人を越えてなされにけり。実方をば、中将を召して、e「歌枕見て参れ」とて、陸奥国の守になしてぞつかはされける。やがてかしこにて失せにけり。実方、蔵人頭にならでやみにけるを恨みにて、*執《しふ》とまりて雀になりて、殿上の*小台盤《こだいばん》に居て、台盤をくひけるよし、人いひけり。

**練習問題へのアプローチ**

実方と行成はどういう振る舞いをしたのか。また、天皇はどのように評価されたのだろうか。

**出典**

『十訓抄』
鎌倉時代成立の説話集。勧善懲悪の精神を教える世俗説話を集めてある。

**注**

＊大納言行成卿＝藤原行成。書家として有名。

＊殿上＝殿上の間。清涼殿（p137参照）の南の側にある、殿上人（p142参照）の詰め所。

＊主殿司＝宮中の掃除・灯火・湯浴みなどを取り扱う下役人。

＊笄＝髪を掻き上げるのに使った細長い箸のような道具。男子の場合、

問1 傍線部a「殿上人」について、
i 読みを現代仮名遣いで記せ。
ii この位階に属する官職を、次の中からすべて選べ。
ア 中将　イ 主殿司　ウ 主上　エ 蔵人頭

問2 傍線部b・cの意味を書け。

問3 傍線部dの説明としてふさわしいものを、次の中から一つ選べ。
① 帝は、そのときの蔵人頭をやめさせて行成をすぐさま任命した。
② そのときの蔵人頭が、自らの後任として行成を推薦した。
③ 帝は、たまたま欠員となっていた蔵人頭に行成を抜擢した。
④ 行成は、空席となっていた蔵人頭への推挙を帝に願い出た。

問4 傍線部eについての説明文の空欄にふさわしい語句を入れよ。文字数は、①＝二十字以内、②・③＝十字以内、④・⑤＝二字とする。
「歌枕」とは〈和歌の題材としてしばしば詠み込まれる諸国の名所〉をいう。天皇の言葉の表面的な意味は〈[ ① ]〉となるが、〈[ ② ]罰として[ ③ ]〉という内容であり、[ ④ ]に[ ⑤ ]を通告したことになる。

解答は144～145ページ

刀の鞘に刺しておく。

*居なほりて＝居ずまいを改めて。

*小蔀＝殿上の間と昼の御座（昼間天皇の居る部屋）との間にある小窓。そこから天皇が殿上の間をご覧になるために使う。

*主上＝天皇（p118参照）。

*蔵人頭＝蔵人の責任者（p142～143参照）。

*執とまりて＝執着心が（死後もこの世に）残って。

*小台盤＝食器を乗せる小さな台。

lecture

## テーマ講義

# 位階と官職

カオル

古文には役人がたくさん出てきますね。「大臣」がえらい人だというのは想像がつきますが、他の役人はどういう上下関係なのでしょうか。

先生

次のページの図を見てほしい。平安時代の役人は、階級を表す「**位**（位階）」と、仕事の分担を表す「**官**（官職）」の組み合わせで成り立っていた。

- 一位～三位は「**上達部**（かんだちめ）」といって、いわばトップ層だ。**大臣**以外では、**大将**・**大納言**・**中納言**等の官職を担っていた人たちだ。
- 四位～五位は「**殿上人**（てんじょうびと）」といって、実務を担う役人層。**大弁**・**中将**・**蔵人頭**・**少納言**・**少将**・**蔵人**等の役職が該当する。彼らの仕事場であり、天皇と会うための控え室でもある「**殿上の間**」に出入りを許された実務集団なんだ。
- 六位以下は、「**地下**（じげ）」と呼ばれ、地方官の多くはここに入る。

カオル

資料集に、詳しい表が載っていました。どれくらいを覚えておけばいいのでしょう。

先生

模試や入試問題では、難しいものには「注」を付けてあるから、細かいことは覚える必要がないよ。図で示した官職名を頭に入れておくといいかな。

カオル

特に頻出の役職はどのあたりですか。

先生

問題文にも出てきた「**蔵人**（くろうど〈くらうど〉）」だね。天皇の側近として、文書の取り次ぎ等の秘書的な仕事をした。若き貴族の出世への登竜門とされた。「**蔵人頭**《くろうどのとう》」が責任者で、弁官を兼ねる「**頭の弁**」と中将を兼ねる「**頭の中将**」の二人がいた。

カオル

問題文の最初に「大納言行成卿」とありましたが、「行成」は、このときに「蔵人頭」になり、上達部の大納言にまで出世したんですね。

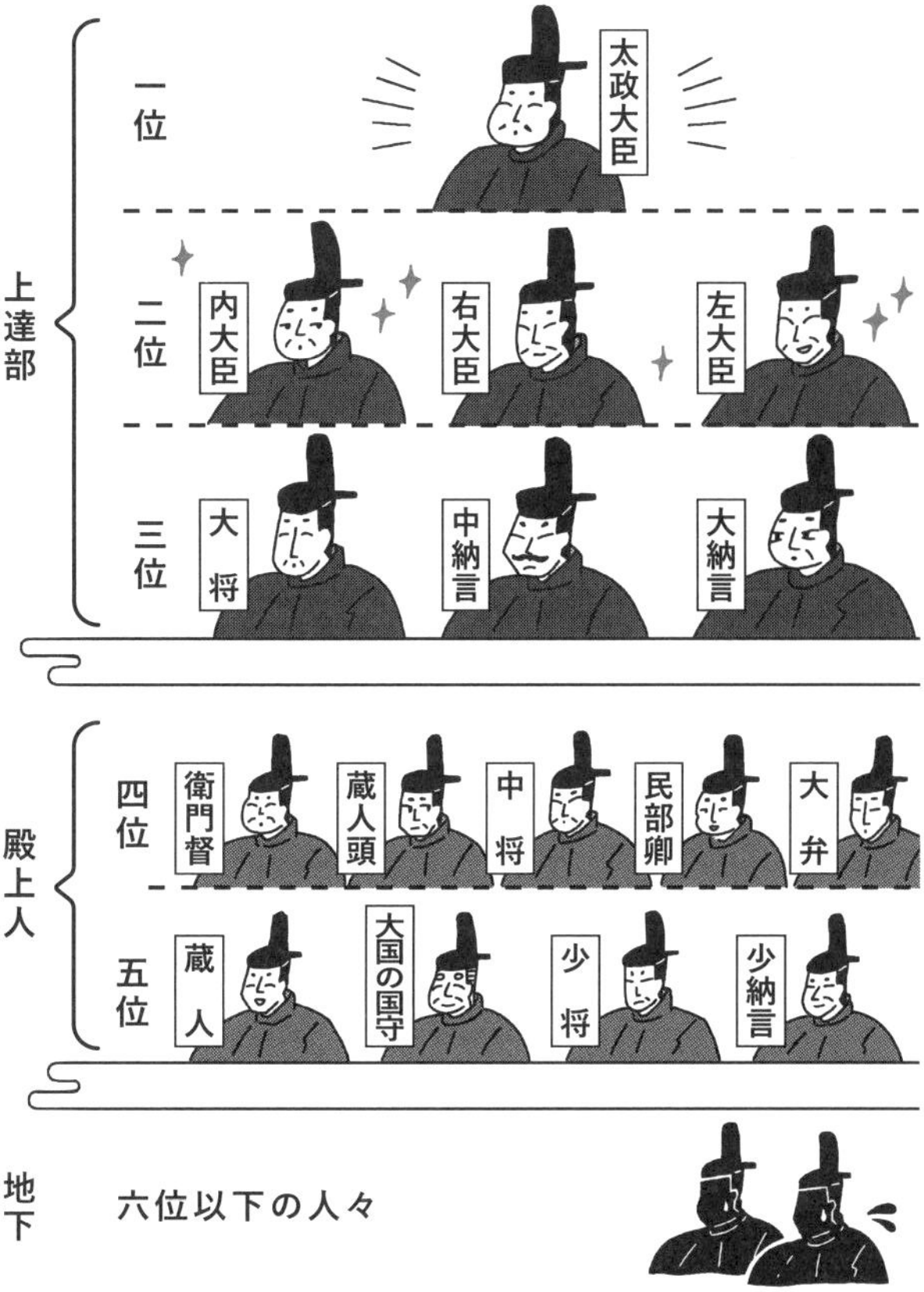

# 解答・解説・現代語訳

answer

問題は140〜141ページ

**解答**

問1 i＝てんじょうびと
　ii＝ア・エ
問2 b＝理路整然と　c＝思慮分別のある
問3 ③
問4 ①＝陸奥国の歌によく詠まれる名所を見てこい
　②＝殿上で事件を起こした
　③＝陸奥国の国司となれ
　④＝実方　⑤＝左遷

**解説**

問1
i＝「で」ではなく「て」で始まることに注意。
ii＝p143の図で示したように、「中将」「蔵人頭」は「殿上人」である。「主上」は〈天皇〉で、役人ランクには入らない。「主殿司」は下級役人である。

問2
b＝行成の冠を突然落とし庭に投げ捨てた実方に対して、行成は〈理路整然と〉〈きちんとした様子で〉対応したのである。
c＝その様子を見ていた天皇が、行成の言動を〈思慮分別がある〉と評価したのである。

問3
傍線部やその直前の、次の部分に注意しよう。
○蔵人頭あきたりける…蔵人頭のポストが欠員になっていた。
○多くの人を越えて…序列を飛び越えて。これを③では「抜擢」としている。
○なされにけり…「なす（←なさ）」は〈任命する〉。帝が、行成を蔵人頭に任命したのである。

問4
問題文全体の出来事、注などを踏まえて空欄を正しく埋めよう。問題文の「実方をば、中将を召して」に注意。この「召す（←召し）」は、〈お呼びになる・お取り寄せになる〉の意ではなく、〈お取り上げになる〉の意味である。帝は、実方の中将の職を取り上げ、陸奥国の国司にしたのである。中央の官職から最も遠い地方の国司にされたのは〈左遷〉と理解するのがよいだろう（p148〜149参照）。

## 現代語訳

大納言行成卿が、　まだ殿上人でいらっしゃったとき、
**大納言行成卿、いまだ殿上人にておはしける時、**

実方中将が、　どのような腹を立てることがあったのだろうか、
**実方中将、いかなる憤りかありけん、**

殿上の間に参上し（行成に）出会って、何も言わずに、
**殿上に参り会ひて、いふ事もなく、**

行成の冠を打ち落として、（清涼殿の南庭の）小庭に投げ捨てた。
**行成の冠を打ち落として、小庭に投げ捨てけり。**

行成は少しも騒がずに（落ち着いて）、主殿司をお呼びになって、
**行成少しもさわがずして、主殿司を召して、**

「冠を取って参れ」と言って、（主殿司が拾ってきた）冠をかぶって、
**「冠取りて参れ」とて、冠して、**

守り刀からこうがいを抜き取って、　鬢の毛を整えて、
**守刀より笄ぬき取りて、鬢かいつくろひて、**

座り直して（＝居ずまいを改めて）、「どのようなことでありましょうか、突然
**居なほりて、「いかなる事にて候ふやらん、たちまちに**

これほどのひどい罰を受けなければならないことは思いつきません。
**かうほどの乱罰にあづかるべき事こそ覚え侍らね。**

その理由をお聞きして、（罰は）後のことでありますべきでしょう」
**その故を承りて、後の事にや侍るべからん」**

と、理路整然とおっしゃった。
**と、ことうるはしくいはれけり。**

実方は、きまりが悪くなって逃げてしまった。
**実方は、しらけて逃げにけり。**

---

ちょうどそのとき小蔀から、天皇が、ご覧になって、
**折しも小蔀より、主上、御覧じて、**

「行成はすばらしい人物である。
**「行成はいみじき者なり。**

このように思慮分別のある心があるだろうとは思わなかった」
**かくおとなしき心あらんとこそ思はざりしか」**

とおっしゃって、そのころ蔵人頭が空席になっていたので、
**とて、そのたび蔵人頭あきたりけるに、**

（帝は行成を）多くの人を飛び越えて任命なさった。
**多くの人を越えてなされにけり。**

実方を、中将の官職を取り上げなさって、「歌枕を見て参れ」とおっしゃって、
**実方をば、中将を召して、「歌枕見て参れ」とて、**

陸奥国の国司に任命して派遣なさった。
**陸奥国の守になしてぞつかはされける。**

（実方は）そのまま陸奥国で亡くなってしまった。
**やがてかしこにて失せにけり。**

実方は、蔵人頭にならないで終わってしまったことを恨んで、
**実方、蔵人頭にならでやみにけるを恨みにて、**

執着心が（死後もこの世に）残って雀になって、殿上の間の小台盤にとまって、
**執とまりて雀になりて、殿上の小台盤に居て、**

台盤（の飯）を食べていたと、　人は言っていた。
**台盤をくひけるよし、人いひけり。**

第4章 ⑥除目で国司になれない人

training 練習問題

（標準） 次の文章は、『枕草子』の「すさまじきもの」の一節である。

a除目に司《つかさ》得ぬ人の家。今年は必ずと聞きて、*はやうありし者どもの、*ほかほかなりつる、田舎だちたる所に住む者どもなど、みな集まり来て、出で入る車の*轅《ながえ》もひまなく見え、物詣でする供に、我も我もと参りつかうまつり、物食ひ酒飲み、ののしりあへるに、果つる暁まで門たたく音もせず、あやしうなど、耳たてて聞けば、b前駆追ふ声々などして、上達部などみな出で給ひぬ。物聞きに、宵より寒がりわななきをりける*下衆男《げすをとこ》、いと物うげにあゆみくるを見る者どもは、え問ひだにも問はず、外より来たる者などぞ、「殿は何にかならせ給ひたる」など問ふに、いらへには、「c何の前司にこそは」などぞ、必ずいらふる。まことに頼みける者は、いとなげかしと思へり。つとめてになりて、ひまなくをりつる者ども、一人二人すべり出で去ぬ。ふるき者どもの、さもえ行きはなるまじきは、来年の国々、手を折りてうちかぞへなどして、ゆるぎありきたるも、いとほしうすさまじげなる。

練習問題へのアプローチ

主人が「司得ぬ」ことがわかって、人々はどのような態度を示したのだろうか。

**出典**

『枕草子』

p20参照。これは「すさまじきもの」の一節。「〜もの」と題して筆者が連想する事柄を述べる章段は、類聚的章段と呼ばれる。

**注**

*はやうありし者ども＝以前（この家に）仕えていた者たち。

*ほかほかなりつる＝（今は）他の家に仕えていた者。

*轅＝牛車の前に長く突き出た二本の棒。牛をつなぐためのもの。

*下衆男＝身分の低い男。ここでは

問1　傍線部a「除目」について、
　i　読みを現代仮名遣いで記せ。
　ii　ここでは地方官の任免を行う儀式を指すが、そのことがわかる箇所を、本文中から二十字以内で抜き出して示せ。

問2　傍線部bの読み（現代仮名遣い）と意味を記せ。

問3　傍線部cについて、どういうことを、なぜこのように表現したと考えられるかを説明せよ。

問4　「すさまじ」について次の問に答えよ。
　i　この本文では、どのような意味で用いられているか。最もふさわしいものを、次の中から一つ選べ。
　①　殺風景だ　②　期待はずれだ
　③　思いやりがない　④　ものすごい
　ii　iで選んだ感じは、本文のどの面によく表れているか。最もふさわしいものを、次の中から一つ選べ。
　①　上達部たちの態度　②　下衆男の振るまい
　③　家のあるじの心境　④　集い来た人々の言動

解答は150〜151ページ

この家の下男であろう。

lecture

## テーマ講義

# 役人の任免、地方への任官

**カオル** 問題文に出てきた「**除目**（じもく〈ぢもく〉）」とは何ですか。

**先生** 〈役人の任免〉の儀式のことで、春と秋の二回行われた。

- ✓ 春は「**県召**（あがためし）」といい、国司などの地方官の任免を行う。
- ✓ 秋は「**司召**（つかさめし）」といい、都の中央官の任免を行う。

**カオル** 国司は交替制で任命されるのですか。

**先生** そうだね。「**国司**」の任期は四年だが、その任期が終わると、しばらくの間は仕事に就かない年が続き、また次の国司の任命を待つという感じになる。そろそろ国司に任命されそうだということになると、取り巻きをはじめ、しばらく疎遠であった者も集まってきて、仕事にありつこうとするのだが、ダメなら周りはがっかりだ。問題文にはその様子が書かれているね。

**カオル** 本人ではなく、周りのがっかり具合が書かれているのがおもしろいですね。ところで、「国司」にもランクがあったのですか。

**先生** 最も人気があるのは〈都から近くて大きい国〉。その逆は〈都から遠い国〉で、代表は関東から東北地方ということになる。ちなみに『更級日記』の作者が育った父の任地は「上総国《かずさのくに》」で、「大・遠（＝大きい国だが都から遠い）」とされていた。主な旧国名は知っておくのがよいね。

**カオル** 菅原道真は、九州の大宰府に左遷されたと聞きました。

先生

「**大宰府**（だざいふ）」は筑前《ちくぜん》国にあり、地方官の中でも特別な位置づけだった。九州一帯の統治と、外国貿易なども司る役所だ。長官は「**帥**（そち）」というのだが、親王が任命されることが多く、現地には行かない。代わりに「（大宰）**権帥**（ごんのそち）」や「（大宰）**大弐**（だいに）」が実質的に職務に就いた。その他、役人関係で知っておくべきものを並べておくよ。

- ✔ **随身**（ずいじん）…高い位の人に付き従う警護の役人。
- ✔ **滝口**（たきぐち）…宮中の警護や雑役にあたる武士。
- ✔ **宿直**（とのい〈とのゐ〉）…夜間警護・勤務のため宮中に泊まること。

# 解答・解説・現代語訳

問題は146〜147ページ

**解答**

問1　i＝じもく　ii＝来年の国々、手を折りてうちかぞへなどして
問2　読み＝さきおう　意味＝貴人の通行の際、先頭で大声をあげて、前方の通行人を追い払うこと。
問3　主人が今回は国司になれなかったことを、待っていた人たちに面目がなくて遠回しにこう表現した。
問4　i＝②　ii＝④

**解説**

問1
「除目」には「司召」と「県召」がある（p148参照）。問題文の最後の一文に「来年の国々、手を折りてうちかぞへなどして」とあるが、もう来年の国司が欠員になる国のことを考えていることから、この「除目」は地方官（国司）の任免のものであったことがわかる。

問2
ここは、除目の会議に出席していた「上達部」が退出してきた場面である。貴人の通行の際に先頭で大声をあげて、前方の通行人を追い払うことをいう（p152コラム参照）。

問3
「前司」は〈前の国司〉の意で、たとえば「信濃の前司」は、〈前に信濃の国司であった人〉をいう。つまり「前」がつくことは、現在どこの国の国司でもないことになる。今回の除目でどこの国司にも任命されなかったことを、待っていた人たちに面目が立たず直接には答えようがなく、遠回しにこう表現したのである。

問4
i＝形容詞「すさまじ」は、時機はずれ・場違い・期待はずれなど、不調和や違和感から来る不快な気持ちを表す。この文章は、「国司任官」を期待して多数の人が集まってきていたのに、任官されなかったという場面なので、集まってきていた者たちには〈期待はずれで興ざめだ〉ということになる。
ii＝この部分は、任官を期待して集まってきていた人々の言動に焦点が集まっていて、正解は④となる。なお、①②は論外。③の「あるじの心境」は直接描写されて

いないので、間違い。

**現代語訳**

除目（＝地方官の任命の儀式）に官職を得ない人の家（は期待はずれで興ざめだ）。
除目に司得ぬ人の家。
今年は必ず（任命されるだろう）と聞いて、以前（この家に）仕えていた者たちで、
今年は必ずと聞きて、はやうありし者どもの、
（今は）他の家に仕えていた者や、田舎めいた所に住む者たちなどが、
ほかほかなりつる、田舎だちたる所に住む者どもなど、
みんな集まってきて、出入りする車の轅もすき間なく（並んで）見え、
みな集まり来て、出で入る車の轅もひまなく見え、
（主人が任官祈願の）物詣でをする供に、我も我もと従って参上し、
物詣でする供に、我も我もと参りつかうまつり、
（前祝いに）物を食い酒を飲み、大声で騒ぎ立てるが、
物食ひ酒飲み、ののしりあへるに、
（除目が）終わる明け方まで（知らせが）門をたたく音もせず、おかしいなどと考え、
果つる暁まで門たたく音もせず、あやしうなど、
聞き耳を立てていると、先払いの声などがして、
耳たてて聞けば、前駆追ふ声々などして、
上達部たちが（除目が終わって）みんな退出なさった。様子をうかがうために、
上達部などみな出で給ひぬ。物聞きに、
宵から（出かけて）寒がりふるえていた下男が、
宵より寒がりわななきをりける下衆男、
たいそうおっくうな様子で歩いてくるのを見る者たちは、
いと物うげにあゆみくるを見る者どもは、

（どうだったかなどと）尋ねることさえもできず、他所から来た者などは、
え問ひだにも問はず、外より来たる者などぞ、
「殿はどこの国司になりなさったのか」などと尋ねると、
「殿は何にかならせ給ひたる」など問ふに、
返事には、「どこそこの前の国司です」などと、
いらへには、「何の前司にこそは」などぞ、
必ず返事をする。本気で頼りにしていた者は、
必ずいらふる。まことに頼みける者は、
たいそう情けないと思った。翌朝になって、
いとなげかしと思へり。つとめてになりて、
すき間もなくつめかけていた者どもも、一人二人とこっそりと出ていった。
ひまなくをりつる者ども、一人二人すべり出で去ぬ。
昔から仕えている者たちで、あっさりとは離れていくことができそうもない者は、
ふるき者どもの、さもえ行きはなるまじきは、
来年の（国司が欠員となる）国々を、指を折って数えなどして、
来年の国々、手を折りてうちかぞへなどして、
（から元気をつけるように）体を揺すぶって歩くのも、実に気の毒で興ざめである。
ゆるぎありきたるも、いとほしうすさまじげなる。

column

# ちょい役だが、欠かせない人物たち

ここでは「文使《ふみ》ひ」と「前駆《さき》」を紹介する。
和泉式部が恋人であった為尊《ためたか》親王を亡くし物思いにふけっていたころ、かつて為尊親王に仕えていた小舎人童《こどねりわらは》が顔を見せた。今は為尊親王の弟の敦道《あつみち》親王に仕えており、和泉におつきあいを促すお使いを仰せつかったのである。敦道親王から「文」に代えて自分の思いを込めた橘の花を贈られた和泉は、返事の歌を小舎人童に届けさせた。これが二人の交際の始まりである。

小舎人童とは、貴人が雑用に使う少年だが、手紙を届け、返事を受け取って帰るという役割を担うことが多い。「文使ひ」なのである。彼の存在なしに『和泉式部日記』は始まらない。

『枕草子』に、式部丞忠隆が中宮定子のもとに天皇のお手紙を届けるという場面がある。忠隆は六位の役人である。天皇のお手紙は小舎人童が届けるというわけにはいかないのである。

身分の高い人が通るとき、先頭で声をあげて通行人などを追い払う人が「前駆《さき》・先駆《さき》」で、「前追《さきお》ふ・先追《さきお》ふ」のようにいう。

普段は仰々しく大声をあげていく貴人の行列も、お忍びの外出のときには、「前駆も追はせ給はず」（『源氏物語』）というようであったらしい。また、男の訪問を待ちわびている女の立場からは、家の近くまで来て「前駆追ひののしる」ということであれば、家来も大騒ぎをして迎える準備をする。それなのに家の前を素通りするのは何とひどいことか、という記述が『蜻蛉日記』に見られる。

古文常識編

# 第5章

# 宿世と信仰・仏教、そして死

ここでは、人々の物の考え方・生き方に大きな影響を与えた「物忌み」「前世からの因縁」などを取り上げた。そして僧侶のありようや死にまつわる出来事にも触れてある。

第5章

# ① 物忌み、誰も逃れられない

training

## 練習問題

（標準）　次の文章は『宇治拾遺物語』の一節で、「物忌み」にまつわる話である。

これも今は昔、*大膳亮大夫《だいぜんのすけたいふ》 橘 以長《たちばなのもちなが》といふ蔵人《くらうど》の五位ありけり。*宇治左大臣殿より召しありけるに、「けふあすは、かたき a物忌みをつかまつること候ふ」と申したりければ、「こはいかに。世にある者の物忌みといふことやはある。たしかに参れ」と、召しきびしかりければ、b恐れながら参りにけり。

さるほどに、十日ばかりありて、左大臣殿に*世に知らぬかたき物忌みいできにけり。御門のはざまに*かいだてなどして、*仁王講おこなは cるる僧も、*高陽院《かやのゐん》のかたの土戸《つちど》より、*童子《わらはご》なども入れずして、僧ばかりぞ参りける。「御物忌みあり」と、この以長聞きて、いそぎ参りて、*蔵人所にゐて、「以長に候ふ。*過ぎ候ひぬる頃、わたくしに物忌みつかまつりて候ひしに、召され候ひき。物忌みのよしを申し候ひしを、物忌みといふことやはある、たしかに参るべきよし仰せ候ひしかば、参り候ひにき。されば、物忌みといふことは候はぬと知りて候ふなり」と申しければ、聞かせ給ひて、dうちうなづき、ものも仰せられでやみにけりとぞ。

**練習問題へのアプローチ**

占いが「凶」ならどうする？　平安貴族は「物忌み」からは逃れられないと思ったようだ。

**出典**

『宇治拾遺物語』
鎌倉初期の説話集。貴族をはじめ庶民の生きざま・言動を生き生きと描いた。

**注**

*大膳亮大夫橘以長といふ蔵人＝「蔵人」は殿上人。「左大臣」は上達部。二人の身分の差はp142～143を参照のこと。

*宇治左大臣殿＝藤原頼長。

*世に知らぬかたき＝めったになく重い。

*かいだてなどして＝楯を並べて垣

問1 傍線部aの読みを記せ。

問2 傍線部bは、何を恐れているのか、次の中から一つ選べ。

① 物忌みを守らないで参上したため、自分に災いがもたらされるかもしれないことを恐れている。

② 物忌みだといってすぐ参上しなかったので、左大臣が立腹しているだろうことを恐れている。

③ 物忌みなので公式には参上できないので、左大臣に内緒で宮中に行ったことを恐れている。

④ 物忌みを守らないで参上したため、左大臣に不幸なことが起きるに違いないことを恐れている。

問3 傍線部cの助動詞の文法的意味を記せ。

問4 本文中の以長の気持ちに近いものを、次の中から一つ選べ。

① せっかく出仕しようとしたのに、断った主人の態度が腹立たしい。

② 物忌みの習慣は迷信であることを、主人にわかってほしい。

③ 家臣には物忌みを否定しながら、自分は物忌みを行うのは自分勝手だ。

④ 自分の物忌みを犠牲にして主人に協力したのに、叱られて心外だ。

問5 傍線部dについて、誰がなぜこのようにしたのかを説明せよ。

解答は158〜159ページ

根のようにして通行を防いで。

＊仁王講＝「仁王般若経」を講じ読誦する法会。護国・万民豊楽を祈願して行う。ここでは、物忌みに対しての臨時のもの。

＊高陽院のかたの土戸＝「高陽院」は左大臣邸の西北にあった屋敷で、表門を閉じて裏門から入ったことをいう。

＊童子＝（お供の）子ども。

＊蔵人所＝ここは、左大臣家の蔵人所を指す。執務室兼控室である。

＊過ぎ候ひぬる頃＝少し前でございましたが。

# 物忌み・方違え

**カオル** 「**物忌み**（ものいみ）」とはどういうものですか？

**先生** 暦の運勢上よくないとき、悪い夢を見たとき、死者などのけがれに触れたときなどに、一日あるいは数日間家に籠って身を清めたり、僧侶を呼んで読経をさせたりすることをいう。役人なら休暇願を出して休みをとり、人と会うこともしないのが普通であった。

**カオル** その「暦の運勢上」というのはどういうことですか？

**先生** 平安時代には、中国から伝来した「**陰陽道**（おんみょうどう〈おんやうだう〉）」というのがあった。宮中には陰陽道を扱う専門の役所（陰陽寮《おんようりょう》）が置かれ、「**陰陽師**（おんみょうじ〈おんやうじ〉）」という役人がいて、占いと暦、天文をあわせた分野を取り仕切った。彼らが「暦の運勢」を占ったというわけだね。

**カオル** 「悪い夢を見たとき」というのは、後味が悪いですね。

**先生** そうだね。夢を見たとき、それがよいのか悪いのかを、専門家に占ってもらうというのを「夢解《と》き」「夢合わせ」「夢占《ゆめうら》」といったんだよ。古文の世界では、占いをとても気にしており、日常生活から政治のあり方まで、貴族の生活を制約していたと言える。「占い」なしではおさまらない感じだよ。

**カオル** 面倒な話ですね。

先生

物忌みのときは、手紙のやりとりもしないという話が『枕草子』に出てくるよ。

**こんな話も！**

**人のもとにわざと清げに書きて遣りつる文の返事、今は持て来ぬらむかし、あやしう遅きと待つほどに……「御物忌みとて取り入れず」と言ひて持て帰りたる、いとわびしくすさまじ。**

〈人の所へ特にきれいに書いて持って行かせた手紙の返事を、もう持って帰ってくるだろうよ、変に遅いと待つうちに……「物忌みだからと言って受け取らない」と言って持ち帰ってきたのは、たいそうつらく興ざめである。〉

先生

また、出かけようとする方角が、陰陽道から判断してよくないとされたときに、そこへ行くことができないことを「**方塞り**（かたふたがり）」という。

ただ、「方塞り」のため行こうとしている方角に行けない場合、その方角をうまく避ける方法があった。前夜に別の方角の所へ行って泊まり、翌日改めてそこから目的地へ行くというやり方である。これを「**方違へ**（かたたがえ〈かたたがへ〉）」という。

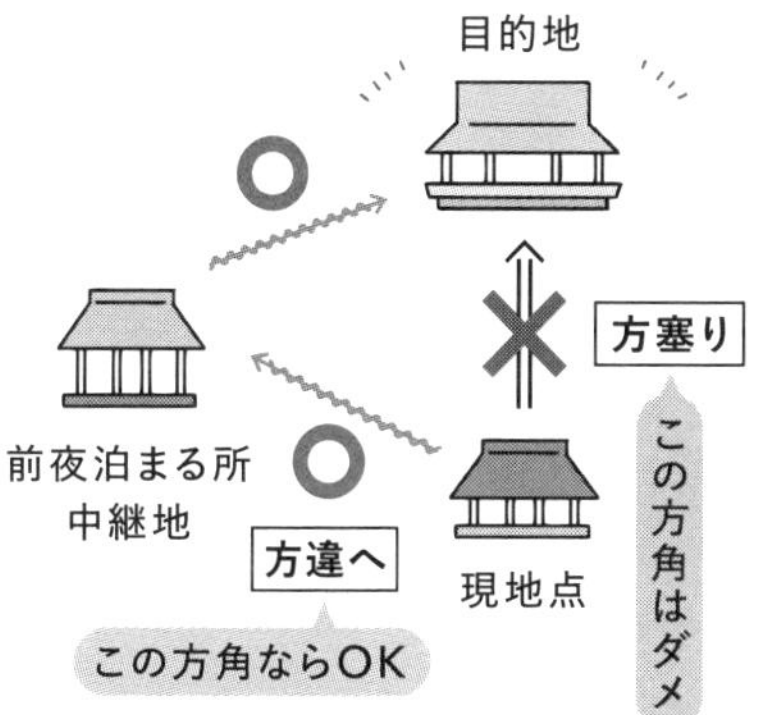

answer

# 解答・解説・現代語訳

**解答**

問1 ものいみ

問2 ①

問3 尊敬

問4 ③

問5 宇治左大臣が、自分の矛盾した言動を以長に指摘されて一言も言い返せなかったから。

**解説**

問1

「忌み」は「いみ」と読む。けがれを避けて慎むことをいう。

問2

物忌みを守らない怖さと、左大臣の立腹の怖さを秤にかけたが、橘以長は結局宮中に参上することにした。よって、物忌みをしなければならないのに、それを守らないことによって自分に起きるかもしれない災いを恐れたということになる。

問3

「るる」を受身で解釈すると、〈仁王講が行われる〉となる。ただ、ここは「るる」の直後に「僧」がついているから、「僧」が〈行う〉のではなく、「僧」のために〈行われる〉の意味合いとなり、文脈に合わない。〈仁王講を行いなさる僧〉と解釈し、「るる」を尊敬とするのがよい。

問4

橘以長の物忌みのときには、〈物忌みより公務を優先せよ〉と以長を宮中に呼びつけたのに、自分が物忌みとなったときの左大臣は、外出をしないどころか、大げさな仁王講の法会を行った。その事情を述べている③が正解。

問5

宇治左大臣は、以前以長に言ったことと今の自分の行為の矛盾を指摘され、言い返すことができなかったのである。「一本とられた」とはこういうことをいうのであろう。

問題は154〜155ページ

**現代語訳**

これも今は昔のこと、大膳亮大夫橘以長という蔵人の
これも今は昔、大膳亮大夫橘以長といふ蔵人の
五位（の者）がいた。宇治左大臣殿からお呼びがあったときに、
五位ありけり。宇治左大臣殿より召しありけるに、
「今日明日は、厳しい物忌みをいたすことがございます」
「けふあすは、かたき物忌みをつかまつること候ふ」
と申し上げたところ、「これはどうしたことか。
と申したりければ、「こはいかに。
宮仕えをしている者に物忌みということはあるか、いやありはしない。
世にある者の物忌みといふことやはある。
必ず参上せよ」と、お召しが厳しかったので、
たしかに参れ」と、召しきびしかりければ、
（以長は）恐れながらも参上した。
恐れながら参りにけり。
そうこうするうちに、十日ばかりたって、
さるほどに、十日ばかりありて、
左大臣殿にめったになく重い物忌みが起きた。
左大臣殿に世に知らぬかたき物忌みいできにけり。
（左大臣邸の）門のすきまに楯を並べて垣根のようにして通行を防いで、
御門のはざまにかいだてなどして、
仁王講を執り行いなさる僧も、高陽院に面した土戸から、
仁王講おこなはるる僧も、高陽院のかたの土戸より、
（お供の）童子なども入れないで、僧だけが参上した。
童子なども入れずして、僧ばかりぞ参りける。
「（左大臣殿に）御物忌みがある」と、この以長は聞いて、急いで参上して、
「御物忌みあり」と、この以長聞きて、いそぎ参りて、

（左大臣家の）蔵人所にすわって、「以長でございます。少し前でございましたが、
蔵人所にゐて、「以長に候ふ。過ぎ候ひぬる頃、
私事で物忌みをいたしておりましたときに、
わたくしに物忌みつかまつりて候ひしに、
お呼びがありました。物忌みである由を申しましたところ、
召され候ひき。物忌みのよしを申し候ひしを、
物忌みということがあろうか、いやありはしない、必ず参上せよと
物忌みといふことやはある、たしかに参るべきよし
おっしゃいましたので、参上しました。だから、
仰せ候ひしかば、参り候ひにき。されば、
物忌みということはありませんと知ったのです」
物忌みといふことは候はぬと知りて候ふなり」
と申したところ、（左大臣は）お聞きになって、うなずいて、
と申しければ、聞かせ給ひて、うちうなづき、
何もおっしゃらないで終わってしまったということだ。
ものも仰せられでやみにけりとぞ。

第5章

# ② 修行僧、こんな生き方をする

training

## 練習問題

（標準） 次の文章は、『閑居友《かんきょのとも》』の一節で、ある修行僧のお話である。

昔、あづまの方に、*いみじく思ひ澄ましたる聖《ひじり》ありけり。ただひとりのみありて、すべてあたりに人を寄せずぞ侍りける。ただ*我が心とぞ、①時々出でて、人にも見えける。また、身に持ちたる物少しもなし。仏も経もなし。②隠るべきことや近づきて覚えけん、*日ごろしめおきたりける山に登りて、*火打笥《ひうちげ》に歌をぞ書きて侍りける。

③頼む人なき身と思へば今はとててづからしつる山送りかな

さて、はるかにほど経て、なすべきことありて山に入れる人、これを見いだしたりけるとなん。④ことにあはれにしのびがたく侍り。

何も持たらぬこそ、ことにあはれに好もしく侍れ。「⑤いにしへ、軒《のき》近き橘を愛せし人、蛇となりて木の下にあり」なども伝には見え侍り。また、「釈迦仏《しゃかぶつ》、昔、*ただ人でおはしましけるに、毒蛇となりて、さきに土に埋《うづ》めりし黄金《こがね》を*纏《まと》ふ」とも侍るめるは。かかるに、この人、何の持《も》たる物にかは、つゆばかりの心もはたらき侍るべき。なほなほうらやましく侍り。

**練習問題へのアプローチ**

ここには、我々の常識を超えた行動をする「修行僧」が登場する。何をしようとしたのかを読みとろう。

**出典**

『閑居友』

中世の仏教説話集。発心・出家などを扱い、随想的性格が強い。

**注**

＊いみじく思ひ澄ましたる聖＝俗世を離れて並々ならぬ仏道修行に励んでいる聖。修行僧のことである。

＊我が心とぞ＝気がむくときは。

＊日ごろしめおきたりける＝日ごろから臨終の場と決めておいた。

＊火打笥＝火打ち石などを入れておく小箱。

＊ただ人＝ここでは悟りを開く前の

問1　傍線部①は〈時々人里に出て、人にも姿を見せた〉の意味であるが、何のためにこのようにしたのか、説明せよ。

問2　傍線部②の「隠る」の意味として適当なものを、次の中から一つ選べ。

ア　歌を作る　　イ　籠って修行する

ウ　山奥に身を隠す　　エ　死ぬ

問3　次は、傍線部③の和歌の解釈である。空欄にふさわしい表現を入れよ。十五字以内とする。

自分の葬送を頼む人がいないわが身だと思うので、もうこれまでと［　　　　　　　　　　　　］ことにしたよ。

問4　傍線部④は、火打笥に和歌を書きつけた人がどのようになったと考えて、「あはれにしのびがたく」と言っているのか。漢字四字で答えよ。

問5　傍線部⑤はどのようなことを表す事例として取り上げているのか、最も適当なものを、次の中から一つ選べ。

ア　妄執にとらわれていること

イ　自然を細やかに愛すること

ウ　死後の世界を恐れること

エ　昔は不思議なことが起こったこと

解答は164〜165ページ

様子をいう。

＊纏ふ＝巻きつける。

lecture テーマ講義

# 僧の修行、極楽往生

**カオル** 他人を寄せつけず、自分の葬送を自分でしようとするなんて、ずいぶん変わったお坊さんですね。

先生 いや、古文では、こんなお坊さんはよく出てくるよ。「修行僧」の典型として頭に入れておいてほしいな。

✓**俗世を離れて並々ならず仏道修行に励んでいる。**

愛する人と死別したり、仕えていた主人が亡くなったりして、出家して世俗を断ち切った生き方をしている。ここに出てくる「**聖**（ひじり）」はその究極の〈修行のプロ〉と考えていいね。

✓**粗末な庵にただ一人で住んで、他人を寄せつけない。**

単に貧乏というだけでなく、風流で理想的な生き方として描かれることが多い。

✓**気がむいたら、時々人里に出て行くこともある。**

多くは、里人からなにがしかの施しを受けるためで、この行為を次のように呼ぶ。

○**乞食**（こつじき）　○**托鉢**（たくはつ）　○**布施**（ふせ）

何も食べなかったら餓死してしまうものね。

✓**粗末な格好で過ごしていた。**

問題文の聖は、何も持っていないという。物に対する執着心がないのである。仏像もお経も持たないのはやや極端かもしれないが。

**カオル** それにしても彼らの目的は何なのですか？

先生 この世の苦しみから逃れて「**極楽**《ごくらく》」に生まれ変わることだ。

「極楽」とは、阿弥陀仏のいる清浄な世界で、苦しみがまったくない理想郷とされた。

○浄土《じょうど》　○極楽浄土　○西方浄土《さいほう》

ともいう。「西方浄土」という言葉が示すように、西の方角に存在するとされた。その「極楽」に生まれ変わることを、「**極楽往生**」という。

**こんな話も！**

伊勢の国の山中に、ひたすら修行に励む尼がいた。容姿や身なりがきれいであれば男に言い寄られて修行もできないからと、ことさらきたない格好をしていた。ただ、あるとき、「とある人が来るので五日間誰も庵に入れないでくれ」と言うことがあり、周りの者は、内緒で男と過ごすようだと考えて、尼の普段の言動と違うことにがっかりした。五日目の早朝に念仏の声が途絶え、見に行ったところ、その尼は西に向いて手を合わせて「極楽往生」を遂げていたという。

（『撰集抄』）

answer

# 解答・解説・現代語訳

問題は160～161ページ

**解答**

問1　人々から施しを受けるため

問2　エ

問3　自分の手で自らを山中に葬る

問4　極楽往生

問5　ア

**解説**

問1　古典常識の一つである。山中の庵で暮らす修行僧が、時々は人里に出てきて人に会うのは、人々の施しを受けるためと考えられる。

問2　「隠る」には、〈死ぬ〉ことを遠回しに言う表現がある。この僧は仏道修行に専念しているが、それは「極楽往生」を願ってのことであり、ここの「隠る」は〈死ぬ〉ことを指すと考えられる。

問3　「てづから」は〈自分で。自分の手で〉。「山送り」は〈死者を山に葬ること〉をいう。よく使われる語は「野辺送り」（p175参照）で、遺体を火葬したり埋葬したりすることをいう。以上から、「自分の手で自らを山中に葬る」ことだと推測する。俗世を離れた修行僧らしいありようである。

問4　「自分の手で自らを山中に葬る」と詠んだ歌を書いた火打笥を、長い年月が経ってある人が見つけた。事実だけを端的に示すなら〈誰にも見送られることもなく一人で寂しく亡くなった〉ことを知った、となる。ただ、「あはれにしのびがたく」は、一人で山に入って極楽往生を遂げた修行僧のありように対する作者のしみじみとした思いを述べていて、この文章のテーマを踏まえるなら、ここの答は「極楽往生」としたい。

問5　「蛇となりて木の下にあり」とは、軒近くに植えた橘を取られないようにしているのである。これは、物に対する欲があるということである。それを「妄執《もうしゅう》」という言葉で表している。直後の「この人」（＝ここに登場する修行僧）と対比して述べられている。

**現代語訳**

昔、東国の方に、俗世を離れて並々ならぬ仏道修行に励んでいる
昔、あづまの方に、いみじく思ひ澄ましたる

聖がいた。ただ一人だけで住んで、
聖ありけり。ただひとりのみありて、

まったくあたりに他人を寄せつけないでいました。
すべてあたりに人を寄せずぞ侍りける。

ただ気がむくときは、時々（里に）出て、人にも姿を見せた。
ただ我が心とぞ、時々出でて、人にも見えける。

また、（その）身に持っている物は少しもない。仏像もお経もない。
また、身に持ちたる物少しもなし。仏も経もなし。

死ぬべきときが近づいたと思ったのだろうか、
隠るべきことや近づきて覚えけん、

日ごろから臨終の場と決めておいた山に登って、
日ごろしめおきたりける山に登りて、

火打笥に歌を書きつけました。
火打笥に歌をぞ書きて侍りける。

自分の葬送を頼む人がいないわが身だと思うので、もうこれまでと
頼む人なき身と思へば今はとて

自分の手で自らを山中に葬ることにしたよ。
てづからしつる山送りかな

さて、長い年月が経って、するべきことがあって
さて、はるかにほど経て、なすべきことありて

（この）山に入った人が、これを見つけたということだ。
山に入れる人、これを見いだしたりけるとなん。

とりわけしみじみとして感動を抑えがたい思いです。
ことにあはれにしのびがたく侍り。

何も持っていないのは、格別しみじみと好ましく思います。
何も持たらぬこそ、ことにあはれに好もしく侍れ。

「昔、軒近くにあった橘（の木）を大切にした人が、
「いにしへ、軒近き橘を愛せし人、

（死後）蛇となって木の下にいた」などとも言い伝えには見えます。
蛇となりて木の下にあり」なども伝には見え侍り。

また、「釈迦仏が、昔、悟りを開く前の人でいらっしゃったときに、
また、「釈迦仏、昔、ただ人でおはしましけるに、

毒蛇となって、以前に土に埋めた黄金を巻きつけている」
毒蛇となりて、さきに土に埋めりし黄金を纏ふ」

とも言うようですよ。
とも侍るめるは。

そうであるのに、この人（＝聖）は、何につけ持っている物に、
かかるに、この人、何の持たる物にかは、

少しばかりの執着心が働いたでしょうか、いや働きません。
つゆばかりの心もはたらき侍るべき。

やはりうらやましくございます。
なほなほうらやましく侍り。

# ③ 皇女様、男と東国で暮らす

training

## 練習問題

（やや難） 次の文章は、二人の宿命的な出会いから始まる。宮中のお庭にいた*武蔵《むさし》の国の*衛士《ゑじ》が、「私の郷里では、*ひさごが風に揺れて、ゆったり暮らしているよ」とつぶやいたところ、*皇女様が御簾《みす》を押し上げて声をかけた。

「我率《ゐ》て行きて見せよ。さ言ふやうあり」と仰せられければ、かしこく恐ろしと思ひけれど、①さるべきにやありけむ、負ひ奉りて下るに、七日七夜といふに、武蔵の国に行き着きにけり。

公《おほやけ》より使ひ下りて追ふに、三月《みつき》といふに武蔵の国に行き着きて、この男をたづぬるに、この皇女、*公使ひを召して、「我②さるべきにやありけむ、この男の家ゆかしくて、率て行けと言ひしかば、率て来たり。いみじくここありよくおぼゆ。この男*罪しれうぜられば、*我はいかであれと。これも［A］に、*この国に跡を垂るべき B宿世こそありけめ。はや帰りて、公にこのよしを［ア］」と［イ］られければ、「いふかひなし。その男を罪しても、今はこの*宮をとりかへし、都にかへし奉るべきにもあらず。*竹芝の男に、生けらむ世のかぎり、武蔵の国を預けとらせて、*公事もなさせじ」との③*宣旨《せんじ》下りにけり。

**練習問題へのアプローチ**

皇女様と衛士の出会いからともに暮らすまでを「さるべき」と言っている。どういうことだろうか。

**出典**

『更級《さらしな》日記』

十一世紀中ごろに成立した日記。作者は菅原孝標女《すがわらのたかすえのむすめ》。この一節は、幼い作者が都に上る途中で耳にしたお話である。

**注**

*武蔵の国＝現在の東京都と埼玉県・神奈川県にあたる地域（p149参照）。東国である。

*衛士＝諸国から交代で集められ、宮中の警護にあたった兵士。

*ひさご＝瓢箪《ひょうたん》。

*皇女＝帝の娘。後出の「宮」も同

問1　傍線部①・②について、
i　「さるべきにやありけむ」を現代語に訳せ。
ii　傍線部①・②は、それぞれどのような出来事について言っているのかを簡潔に説明せよ。

問2　空欄Aに入る語句を、次の中から一つ選べ。
①　現世　②　来世　③　前の世　④　功徳　⑤　因果応報

問3　傍線部Bと同じ意味の語を、次の中から一つ選べ。
①　功徳　②　輪廻　③　現世　④　因縁　⑤　来世

問4　空欄ア・イに入れるのに適切な語をそれぞれ選び、ふさわしい活用形にせよ。
給ふ　仰す　奏す　侍り

問5　傍線部③のような「宣旨」が下った理由を説明せよ。

解答は170〜171ページ

じ。
＊公使ひ＝天皇のお使い。
＊罪しれうぜられば＝罪を問われひどい目にあわせられるならば。
＊我はいかであれと＝私はどうやって生きろと言うのか。
＊この国に跡を垂るべき＝この国に住み着くはずの。
＊宮＝皇女を指す。
＊竹芝の男＝衛士をこう呼んだ。
＊公事もなさせじ＝租税や労役なども負担させないでおこう。
＊宣旨＝天皇の命令。

# 輪廻と宿世

**カオル** 今でも「この世でいいことをすると、生まれ変わった次の世では幸せに暮らせる」と言ったりしますが、本当でしょうか。

**先生** さあどうかなあ。それは、仏教的な考え方に基づいているんだよ。仏教では、生きているものはすべて生まれ変わると考え、これを「**輪廻**（りんね）」という。次のように「生」が続いているとされた。

○**前世**　○**前《さき》の世**　○**先の世**　…この世に生まれる前の世。
○**現世**　○**今の世**　…現在生きているこの世。
○**来世**　○**後世《ごせ》**　○**後の世**　…死後生まれ変わる世。

**カオル** 人生は、一つ前の「世」によって運命が定められているというわけですね。

**先生** そうだよ。これを「**因果応報《いんがおうほう》**」という。そうした運命のことを、

○**契り**　○**宿世**（すくせ）　○**宿縁**（しゅくえん）　○**因縁**（いんねん）

などというね。

**カオル** 古文では「**さるべき**」という言葉がよく出てきますが、これも運命に関係があるのですか。

**先生** そう、いいところに目をつけたね。「さるべき」は動詞「然《さ》り」の連体形に当然の意味の助動詞「べし」の連体形がついたもので、次の三つの意味がある。

a＝適当な・ふさわしい
b＝りっぱな・相当な
c＝そうなるはずの・そうなる運命の・そうなるはずの因縁の

cの意味で使われるのが、今話しているものだよ。現世のことはすべて前世からの運命として決められているという仏教的な考えを踏まえた表現で、次のように使われる。

- ✓ **さるべきにや**　＝そうなるはず（であろう・であったのだろう）か
- ✓ **さるべきにやあらむ**　＝そうなるはずであろうか
- ✓ **さるべきにやありけむ**　＝そうなるはずであったのだろうか

思いもよらないこと、唐突な出来事が次に述べられる場合に用いられる慣用用法でもあるんだよ。

**カオル**　なるほど。覚えておくと読み取りに役立ちそうですね。

先生　前世からの因縁や、「さるべき」について、二つの場面を紹介しよう。

**さきの世にも御契りやふかかりけむ。世になく清らなる玉のをのこみこさへ生まれ給ひぬ。**
〈前世からの因縁が深かったのだろうか、まことに美しい玉のような男の皇子までが生まれなさった。〉

『源氏物語』「桐壺」の光源氏誕生の場面である。桐壺更衣が帝に寵愛され、子どもまで生まれたのは、前世からの因縁だったというのである。

**さるべきにやおはしけむ、右大臣**（＝菅原道真）、**大宰権帥《だざいのごんのそち》になしたてまつりて、流され給ふ。**
〈そうなるはずの因縁でいらっしゃったのだろうか、右大臣は、大宰権帥になし申し上げて、流されなさる。〉

『大鏡』の、右大臣の菅原道真が権力争いに敗れて左遷される場面である。このような場合も、「前世からの因縁」という表現を用いるのである。

# 解答・解説・現代語訳

問題は166～167ページ

**解答**

問1　i　そうなるはずの因縁であったのだろうか
　　ii　①＝衛士が皇女を武蔵の国へ連れていくこと。
　　　②＝皇女が衛士と武蔵の国で暮らすこと。
問2　③
問3　④
問4　ア＝奏せよ　イ＝仰せ
問5　皇女は衛士と武蔵の国で暮らすことを決心しているので、都へ帰らせることはできないと思ったから。

**解説**

問1
i＝「さるべき」はp168～169参照。「にやありけむ」は、〈断定の助動詞＋疑問の係助詞＋動詞＋過去推量の助動詞〉で、〈であったのだろうか〉となる。
ii＝普通ならありえない出来事が次に続く場合に用いられる慣用用法である。①では、帝の娘である皇女を、宮中を警護する衛士が郷里まで連れていくことを指す。②では、武蔵の国に着いた皇女が、衛士の家をたいそう気に入り、住み着く決心をしたことを指す。

問2・問3
ここは、〈自分がこの世に生まれるA前の世・前世で、現在生きているこの世・現世では武蔵の国に住み着き子孫を残すB運命・因縁と決まっていた〉という仏教的発想である。

問4
ここは、皇女が使いに、〈帝にこうア申し上げよとイおっしゃっていた〉ところである。ア＝〈(帝に)言う〉は「奏す」で、その命令形を入れる。イ＝「言ふ」の尊敬語を入れる。助動詞「らる(↑られ)」の前なので、活用は未然形である。

問5
直前のやり取りからわかるように、皇女の決心が固く、都に帰らせることはできないと帝は考え、皇女の東国での暮らしが少しでもよくなるようにとはからったのである。

## 現代語訳

（皇女は）「私を連れていって（ひさごを）見せよ。
「我率て行きて見せよ。
こう言うのはそれなりのわけがある」とおっしゃったので、
さ言ふやうあり」と仰せられければ、
（衛士は）おそれ多く恐ろしいと思ったけれども、
かしこく恐ろしと思ひけれど、
そうなるはずの因縁であったのだろうか、
さるべきにやありけむ、
（皇女を）背負い申し上げて（東国へ）下るが、
負ひ奉りて下るに、
七日七晩かけて、武蔵の国に行き着いた。
七日七夜といふに、武蔵の国に行き着きにけり。
朝廷から使いが下って追ったが、（使いは）三ヶ月かかって
公より使ひ下りて追ふに、三月といふに
武蔵の国に行き着いて、この男を捜したところ、
武蔵の国に行き着きて、この男をたづぬるに、
この皇女は、天皇のお使いをお呼びになって、
この皇女、公使ひを召して、
「私はそうなるはずの因縁であったのだろうか、この男の家が見たくて、
「我さるべきにやありけむ、この男の家ゆかしくて、
連れていけと言ったので、（男が私を）連れてきた。
率て行けと言ひしかば、率て来たり。
たいそうここは住みよく思われる。この男が
いみじくここありよくおぼゆ。この男
罪を問われひどい目にあわせられるならば、私はどうやって生きろと言うのか。
罪しれうぜられれば、我はいかであれと。

これも前世で、
これも前の世に、
この国に住み着くはずの運命であったのだろう。
この国に跡を垂るべき宿世こそありけめ。
早く帰って、帝にこの事情を申し上げよ」
はや帰りて、公にこのよしを奏せよ」
とおっしゃったので、「どうしようもない。
と仰せられければ、「いふかひなし。
その男を罰しても、今となってはこの宮（＝皇女）を取り返して、
その男を罪しても、今はこの宮をとりかへし、
都に帰し申し上げることができるわけでもない。
都にかへし奉るべきにもあらず。
竹芝の男に、生きている限りは、
竹芝の男に、生けらむ世のかぎり、
武蔵の国を預け与えて、租税や労役などもさせないでおこう」
武蔵の国を預けとらせて、公事もなさせじ」
という帝の命令が下ったのだった。
との宣旨下りにけり。

第5章

# ④ 中宮、出産後にみまかる

training

## 練習問題

（標準）　次は、『栄花物語』の一節で、「宮」（＝中宮定子）の出産と死去の場面である。

かかる程に十二月になりぬ。宮の①御心地悩ましうおぼされて、今日や今日やと②待ちおぼさるるに、今年はいみじう＊慎ませ給ふべき御年にさへあれば、いかにいかにと悩ましげに＊この殿ばら見奉らせ給ふに、いとど苦しげにおはします。＊さるべき＊a祓・＊b御誦経など隙《ひま》なし。やむごとなきc験ある僧など召し集めて、ののしりあひたり。御 d などいとかしがましういふ程に、十五日の夜になりぬ。＊内にも聞こし召してければ、いかにいかにとある御使ひしきりなり。かかるほどに御子産まれ給へり。③女におはしますをくちをしけれど、さはれ、平らかにおはしますを勝ることなく思ひて、今は＊後の御事になりぬ。額をつき騒ぎ、御④湯など参らするにきこしめし入るるやうにもあらねば、皆人あわて惑ふをかしこき事にする程に、いと久しうなりぬれば、「なほいといとおぼつかなし。＊御殿油《おほとなぶら》近う持て来」とて、＊帥殿《そちどの》御顔を見奉り給ふに、＊むげになき御けしきなり。

**練習問題へのアプローチ**

ここは、「宮」が亡くなる場面であるが、古文らしい特殊な用語が頻出するので要注意である。

**出典**

『栄花物語』
p14参照。

**注**

＊慎ませ給ふべき御年＝（災難があるということで）たいそう慎まなければならないことになっていらっしゃる厄年《やくどし》。

＊この殿ばら＝中宮定子の兄弟たち。

＊さるべき＝ここは〈格別な〉の意味。

＊祓＝神に祈って身体に付着した罪・穢《けが》れを清め、災いを取り除くこと。また、そのための行事。

問1 傍線部①の意味を記せ。

問2 傍線部②は、何を待っているのかを記せ。

問3 傍線部a「祓」、b「御誦経」の読みを現代仮名遣いで記せ。

問4 傍線部cの読み（現代仮名遣い）と意味を記せ。

問5 空欄dには、病気や不幸を引き起こすと考えられた悪霊を指して呼ばれる言葉が入る。三文字の言葉を入れよ。

問6 傍線部③は、どういうことを言っているのかを説明せよ。

問7 傍線部④の意味として最もふさわしいものを、次の中から一つ選べ。

**ア** 灯り　**イ** 薬　**ウ** 食事　**エ** 経

解答は176～177ページ

＊御誦経＝僧の読経。ここは災いを追い払うためのもの。
＊内＝天皇。ここは一条天皇。
＊後の御事＝後産。出産後の処置を指していう。
＊御殿油＝灯火。
＊帥殿＝中宮の兄の藤原伊周。
＊むげになき御けしき＝亡くなっているご様子。

lecture

# テーマ講義

## 病気と葬儀

先生　ここは人が亡くなる場面を扱っている。様子は読みとれたかな。

カオル　あまり耳慣れない言葉が多く出てくるのですが…。お医者さんは呼ばなかったのですか。

先生　病気の原因の多くは**「物の怪**（もののけ）**」**と信じられていた。人間に取りついて病気を起こしたり、不幸にしたりする〈悪霊〉のことだね。
『源氏物語』の夕顔は、なにがしの院に棲《す》むとされた物の怪に取り殺されるし、葵《あおい》の上は六条御息所《みやすんどころ》の生き霊に憑《つ》かれて死ぬ。『大鏡』によると、政争に敗れた人が「子々孫々にまで祟ってやる」と言い残して憤死し、死んでからも取りつくという話がある。

カオル　それに立ち向かい、「物の怪」を追い払うのが**「加持祈禱**（かじきとう〈かぢきたう〉）**」**ですね。

先生　そう。関連用語の読みと意味を覚えておきたいね。

✓ **祓**（はらえ〈はらへ〉）＝神に祈って罪やけがれを清め、災いを取り除くお祓い。

✓ **御誦経**（みずきょう〈みずきやう〉）＝僧の読経一般のこともいうが、「物の怪」を追い払うための誦経を指す場合が多い。

これらを行うために、修行者や陰陽師、高徳の僧が呼ばれた。霊験あらたかな者たちが集められたのである。

✓ **調伏**（ちょうぶく〈てうぶく〉）＝物の怪を退散させること。

✓ **験**（しるし）＝お祈りに対する効き目。**「霊験」**ともいう。

✓ **験者**（げんざ）＝加持を行って治療する修行者。

カオル　古文らしい特殊な用語ですね。

**先生**　ついでに、「死」を表す表現を挙げておくよ。次の言葉はすべて〈死ぬ〉ことをいう。

**○失す**（うす）　**○隠る**　**○みまかる**　**○むなしくなる**
**○はかなくなる**　**○いたづらになる**

次の表現も挙げておこう。

**○さらぬ別れ**＝死別〈避けられない別れ〉の意

**カオル**　亡くなった後はどうするのですか？

**先生**　平安時代の貴族は、火葬されるのが普通だった。「**野辺送り**（のべおくり）」といって、亡骸を火葬場で荼毘《だび》にふす。火葬は夜に行われ、煙となって空に昇り雲と一つになっていくあわれさに人々は涙したのである。火葬場としては、「**鳥辺山**（とりべやま）」「**化野**（あだしの）」がよく知られている。

**こんな話も！**

子どもの野辺送りには、母親は参加しないのが通例で、煙となって空に昇り雲と一つになっていく様子を、遠くから見送り涙した。そうした描写は古文にはよく出てくる。

ただ、『源氏物語』で桐壺更衣が亡くなったとき、桐壺更衣の母は、周りの者が作法通りの葬儀をと諫めるものの、「同じ煙となって消えてしまいたい」と、葬送の女房の車に乗り、火葬場まで行ったという。むしろこれは例外と言えよう。

## answer 解答・解説・現代語訳

**解答**

問1　ご気分が悪く（ご体調が悪く）
問2　（中宮定子の）出産
問3　a＝はらえ　b＝みずきょう
問4　読み＝しるし
意味＝お祈りに対する効き目・霊験
問5　物の怪
問6　男の子なら将来天皇になれるだろうに、女の子ではそれもかなわないが、無事に生まれたことをこのうえないと言っている。
問7　イ

**解説**

問1
「心地」には〈気持ち・考え・気分の悪いこと〉の意があるが、「悩まし」は〈気分や体調が悪い〉ことをいう。

問2
体調のよくなることを待っているわけではない。待っているのは「中宮定子の出産」である。後に「かかるほどに御子産まれ給へり」とある。

問3
古文で使われる語句の読みをしっかり覚えておこう。p174参照。

問4
「験」は「しるし」と読む。意味は〈お祈りに対する効き目・霊験〉。慣用的に「験ある僧」（＝霊験あらたかな僧）のように言う。

問5
人間に乗り移って危害を加えたり、病気にしたり、時には取り殺したりする。この悪霊を「物の怪」と呼んでいた。

問6
男の子なら次の天皇になれる可能性があるのに、女の子ではそれがかなわないことを「くちをし」（＝残念だ）としている。それでも無事に生まれたことを「勝ることなし」（＝このうえない）としている。

問7
昔の薬は、薬草を煎じたもので「薬湯」というが、単

問題は172〜173ページ

に「湯」ともいう。「湯など参らする」は〈お薬などを差し上げる〉の意味となる。

## 現代語訳

こうしている間に十二月になった。宮（＝中宮定子）はご気分が悪く
かかる程に十二月になりぬ。宮の御心地悩ましう
お思いになって、（ご出産は）今日か今日かと待ちお思いになっているが、
おぼされて、今日や今日やと待ちおぼさるるに、
今年はたいそう慎まなければならないことになっていらっしゃる厄年でもあるので、
今年はいみじう慎ませ給ふべき御年にさへあれば、
どうかどうかと心配そうに
いかにいかにと悩ましげに
この殿たちは（中宮の様子を）見申し上げなさっているが、
この殿ばら見奉らせ給ふに、
（中宮は）ますます苦しそうでいらっしゃる。
いとど苦しげにおはします。
格別なお祓いや御誦経などが絶え間なく行われる。
さるべき祓・御誦経など隙なし。
尊い霊験あらたかな僧などを召し集めて、
やむごとなき験ある僧など召し集めて、
大声をあげて祈禱をする。御物の怪などがたいそうやかましく
ののしりあひたり。御物の怪などいとかしがましう
騒ぎ立てているうちに、十五日の夜になった。
いふ程に、十五日の夜になりぬ。

天皇もお聞きになったので、（出産の様子は）どうかどうかという
内にも聞こし召してければ、いかにいかにとある
お使いがしきりにやって来る。そうこうするうちに御子が産まれなさった。
御使ひしきりなり。かかるほどに御子産まれ給へり。
女の子でいらっしゃるのは残念であるけれども、何はともあれ、
女におはしますをくちをしけれど、さはれ、
無事にお生まれになったのをこのうえないと思って、
平らかにおはしますを勝ることなく思ひて、
今は後産の御事になった。額をついて大騒ぎで（仏に祈り）、
今は後の御事になりぬ。額をつき騒ぎ、
お薬などを差し上げるけれどもお飲みになる様子でもないので、
御湯など参らするにきこしめし入るるやうにもあらねば、
人はみなあわてまどうことばかりをするうちに、
皆人あわて惑ふをかしこき事にする程に、
たいそう長く時が経ったので、「やはりたいそう気がかりだ。
いと久しうなりぬれば、「なほいといとおぼつかなし。
灯火を近くに持ってこい」と言って、帥殿が（中宮の）お顔を見申し上げなさると、
御殿油近う持て来」とて、帥殿御顔を見奉り給ふに、
お亡くなりになっているご様子である。
むげになき御けしきなり。

第5章

# ⑤ 亡き人を、このように弔う

training

## 練習問題

**1** （やや難） 次は『蜻蛉日記』の一節で、作者の母は、山寺で静養していたが、秋の初めのころ亡くなった。その後の事情を述べた場面である。

はかなながら秋冬も過ごしつ。*ひとつ所には、せうと一人、叔母とおぼしき人ぞ住む。それを親のごと思ひてあれど、なほ①昔を恋ひつつ泣き明かしてあるに、年返りて春夏も過ぎぬれば、いまは②果てのことすとて、こたびばかりは、かのありし山寺にてぞする。ありしことども思ひ出づるに、いとどいみじうあはれにかなし。*あるべき事ども終りて帰る。やがて[A]脱ぐに、③鈍色のものども、扇まで、*祓《はらへ》などす。

**2** （やや難） 次は、『古今和歌集』に収載された、僧正遍昭《そうじょうへんじょう》の歌と*詞書《ことばがき》である。

*深草帝の御時に、蔵人頭にて、夜昼なれつかうまつりけるを、*諒闇《らうあん》になりにければ、さらに世にもまじらずして、比叡の山にのぼりて④頭おろしてけり。その*またの年、みな人御[A]脱ぎて、あるは冠《かうぶり》賜《たま》はりなど、よろこびけるを聞きて、詠める。

⑤みな人は花の衣になりぬなり苔《こけ》の袂《たもと》よかわきだにせよ

**練習問題へのアプローチ**

亡き人を弔う『蜻蛉日記』の作者と僧正遍昭の様子が書かれている。二人の思いはどのようだったか。

**出典**

**1** 『蜻蛉日記』 p52参照。ここは、母の一周忌のころの出来事を記した場面である。

**2** 『古今和歌集』 平安初期の勅撰和歌集。この歌は哀傷歌の一首。作者は僧正遍昭。

**注**

**1**

＊ひとつ所に＝作者が住む同じ邸内に。

＊あるべき事ども＝作法通りの法事の儀式。

＊祓＝けがれや罪に触れたときに、

問1　傍線部①の意味を記せ。また、具体的には何を指すかを説明せよ。

問2　傍線部②の意味を記せ。話の流れに即して考えること。

問3　空欄Aに漢字一文字の語を入れよ。二ヶ所に同じ語が入る。

問4　傍線部③の読み（現代仮名遣い）と意味を記せ。なお、「ものども」とあるのは、着ている着物だけでなく、几帳《きちょう》などの調度品などに至るまで、色を改めたことを言う。

問5　傍線部④「頭おろして」の意味を記せ。

問6　傍線部⑤の和歌について、

i　上の句の「花の衣」は二重の意味を表すと考えられる。二つの意味を示せ。

ii　下の句の「苔の袂」の意味を示せ。

iii　この歌の作者僧正遍昭の心情を、和歌の内容に則して説明せよ。

解答は182〜183ページ

神に祈って身を清めること（p174参照）。ここでは、喪中の色であった物を、普段の色に直すことを指す。

2
＊詞書＝詠まれた事情を書いたもの。
＊深草帝＝仁明天皇。在位は八三三〜八五〇年。
＊諒闇＝天皇がその父母の死にあたり喪に服する期間。ここは、天皇が崩御になって、国中が喪に服している期間を指す。
＊またの年＝翌年。

# 服喪

**カオル** 「**野辺送り**（のべおくり）」（p175参照）の後、親族や上司を失った人たちは普通の生活に戻るのですか？



**先生** **死者を弔うために、一定の期間慎んで謹慎生活を送る**という習慣があった。遠くに出かけたり、歌舞音曲にふけったりすることを避け、普段と違った色合いの服装（喪服）を着て過ごした。これを

○**服喪**（ふくも）　○**喪**（も）**に服する**　○**服**（ぶく）

といった。

喪服の色は、死者との関係の深さによって、色の濃淡が違い、黒から薄い灰色まであった。色合いとしては、僧衣と同じものであった。よく出てくる名前は次のようである。

- **墨染め**…墨で染めたような黒い色。
- **鈍色**（にびいろ）…濃いねずみ色。

**カオル** その「服喪」の期間は決まっていたのですか。

**先生** 天皇・実父母・夫が亡くなったときは一年、養父母は五ヶ月、妻子や兄弟姉妹は三ヶ月などと細かい決まりがあったようだが、そんなのは覚えなくていい。ただ、次の二つは知っていてほしいな。一つ目は、死後四十九日が終わる日で、これを「**七七日**（なななぬか）」「**四十九日**」といい、法要を行う。人は亡くなった後も、四十九日間は、極楽や地獄に行ったり、生まれ変わったりせず、あの世とこの世をさまようとされ、この期間を

○**中陰**（ちゅういん）　○**中有**（ちゅうう）

といった。
もう一つは「**一周忌**」。問題文1の『蜻蛉日記』の作者の場合は、季節の推移から、服喪が「一年」であったことがはっきりわかるね。

**カオル**　たしかに、「秋冬も過ごしつ」「年返りて春夏も過ぎぬれば」と書かれていますね。
ところで、問題文2の僧正遍昭は、この後どうしたのですか？

**先生**　帝の死とともに出家して、一生を喪に服した、つまり僧として過ごしたのだよ。

**カオル**　一生を喪に服す…！　私にはとても無理ですね。

**先生**　喪に服すようなお話は、古文ではよく見られるよ。

**こんな話も！**

堀河天皇に仕えていた讃岐《さぬきの》典侍《すけ》という女官がいた。彼女は天皇のお気に入りで、天皇が病気になってからは、ひたすら看病に専念した。しかし、天皇が亡くなり、一年間の喪に服していたが、次の天皇（鳥羽天皇）のお世話をする役目を仰せつかり、「喪明けの期間を待たず、喪服を脱げ」という仰せが下った。亡き天皇のために喪に服していたい彼女は、つらくやりきれない気持ちになったという。『讃岐典侍日記』の一節である。

answer

# 解答・解説・現代語訳

問題は178～179ページ

**解答**

問1　故人・亡くなった母

問2　一周忌（の法要）

問3　服

問4　読み＝にびいろ　意味＝濃いねずみ色で、喪服の色として用いられる。

問5　出家して

問6　i＝喪服でない着物・華やかな着物

ii＝僧の着物の袂

iii＝人々はみんな喪服を脱いで華やかな着物に戻ったそうだが、私は僧衣のままで悲しみの気持ちは変わらず涙を流している。せめて涙が乾いてくれたらいいのにという心情。

**解説**

問1

「昔」には〈過去・故人・前世〉の意味があるが、ここは〈故人・死んだ人〉で、亡くなった母を指す。

問2

死者を弔うために、残された人々は、一定の期間慎んで過ごす。その期間には、四十九日と一年があったが、ここは、季節の推移の描写からしても、一年である。それを「一周忌」という。「こと」は死者の冥福を祈る法要である。

問3

死者を弔うために着る着物を「服」「喪服」という。二ヶ所とも「服脱ぐ（脱ぎ）」となる。

問4

「喪服」の色で、よく出てくるのが「鈍色（にびいろ）」である。p180参照。

問5

「出家」である。この場合、「頭」は「かしら」と読むことに注意。p41参照。

問6

i＝喪服でなくなった着物の意味と、華やかな色の着物の意味をあわせ持たせる。

ii＝僧の着物の袂をいう。「苔の衣」も僧や隠者の衣を表す。

iii＝和歌の訳は「現代語訳」を見てもらおう。喪服を脱ぎ華やいだ雰囲気になっている世間に対し、「もうみんな先帝のことを忘れたのかい？　私はそんな気持ちにはなれない」という思いを詠んでいる。喪に服するため、出家して僧となった身であるが、その僧衣も悲しみの涙で濡れている。せめて僧衣が乾くのならいいのにと詠んでいるのである。

## 現代語訳

**1**

はかない心地のままに秋冬も過ごした。
**はかなながら秋冬も過ごしつ。**

（作者が住む）同じ邸内には、兄一人、　叔母にあたる人が住んでいる。
**ひとつ所には、せうと一人、叔母とおぼしき人ぞ住む。**

その叔母を親のように思っているけれども、
**それを親のごと思ひてあれど、**

やはり亡くなった母を恋しく思いながら泣き明かしているうちに、
**なほ昔を恋ひつつ泣き明かしてあるに、**

年が改まって春夏も過ぎたので、
**年返りて春夏も過ぎぬれば、**

今は一周忌（の法要）をすることになって、今回は、
**いまは果てのことすとて、こたびばかりは、**

例のあのかつての山寺で行う。
**かのありし山寺にてぞする。**

生前のことをあれこれ思い出すにつけ、
**ありしことども思ひ出づるに、**

いよいよこの上なくしみじみと悲しい。
**いとどいみじうあはれにかなし。**

作法通りの法事の儀式も終わって（自邸に）帰る。すぐに喪服を脱ぐが、
**あるべき事ども終りて帰る。やがて服脱ぐに、**

濃い鼠色の物も、　扇まで、　お祓いなどをする。
**鈍色のものども、扇まで、祓などす。**

**2**

（僧正遍昭は）深草帝の御代に、蔵人頭として、
**深草帝の御時に、蔵人頭にて、**

夜も昼も親しくお仕え申し上げていたが、　帝が亡くなったので、
**夜昼なれつかうまつりけるを、諒闇になりにければ、**

まったく世間とのつきあいを断ち、
**さらに世にもまじらずして、**

比叡山に登って出家してしまった。　その翌年、
**比叡の山にのぼりて頭おろしてけり。そのまたの年、**

人はみんな喪服を脱いで、　ある者は位階が昇進したりして、
**みな人御服脱ぎて、あるは冠賜はりなど、**

喜んでいるのを聞いて、　詠んだ歌。
**よろこびけるを聞きて、詠める。**

人々はみんな華やかな着物に戻ったそうだ。
**みな人は花の衣になりぬなり**

（私は僧衣のままであるが）僧衣の袂の涙よ、　せめて乾きだけでもしてくれ。
**苔の袂よかわきだにせよ**

column

# 怖くても不吉に立ち向かう

「月の大将の星をおかす」という占いを天文博士が申し出た。大将に凶の機運があり、身を慎むべきだというのである。大将には左右二名がいたが、小野宮《おののみや》右大将は神社やお寺にお祈りをさせ、身を慎んだ。しかし、枇杷《びわ》左大将は何もしない。いつもこうしたときにお祈りを担当するはずの東大寺の法蔵僧都が問い合わせると、「私までがお祈りして身を慎んだら、右大将のためによくない。右大将は若く有能であり、長くおおやけに仕えるにふさわしい人である。それに対して私は…」と言う。

右大将のために自分は犠牲になってもいいからお祈りも慎みもしないという左大将の言葉に、それは百万の祈禱にもまさると僧都は感激した。左大将は七十歳まで生き、大臣になったという。

下野厚行《しもつけのあつゆき》という者がいた。お隣の男が亡くなりお悔やみに行くと、その子が、「親の亡骸を家の門から出そうと思うが、陰陽道の忌みの方角にあたっている」と困っていた。厚行は、「私の家との境界の垣根を壊して、私の家の門から出しなさい」と応じた。どんな凶事が降りかかるやもしれぬと周りの人たちが反対するにもかかわらず、自らの考えを押し通した。世の人は厚行をすばらしいとほめ、子孫も長寿で、繁栄したという。

どちらも、『宇治拾遺物語』に載る話である。不吉な占いを無視した行動をとったが、自らに凶事は起こらなかったというお話である。

和歌編

# 第6章

# 和歌は修辞の理解から 基本編

和歌が理解しづらいのは、特有の「修辞」によることが多い。「枕詞」「掛詞」「序詞」「縁語」などだ。テーマ講義と練習問題によって基本を身につけてほしい。

第6章

# ① 枕詞

training

## 練習問題

**問1** (基本) 次の和歌の空欄に入るのにふさわしい枕詞を書け。

① 〔　　　〕神代も聞かず竜田川からくれなゐに水くくるとは

② 〔　　　〕光のどけき春の日に静心なく花の散るらむ

③ 春過ぎて夏来にけらし〔　　　〕衣ほすてふ天の香具山

④ 〔　　　〕垂水《たるみ》の上のさわらびの萌え出づる春になりにけるかも

**問2** (基本) 次の各歌に含まれる枕詞がかかっている語を指摘せよ。

① あらたまの年の三年を待ちわびてただ今宵こそ新枕《にひまくら》すれ

② あをによし奈良の都は咲く花のにほふがごとく今盛りなり

③ 春日野はけふはな焼きそ若草の夫《つま》もこもれり我もこもれり

④ 家にあれば笥《け》に盛る飯《いひ》を草枕旅にしあれば椎《しひ》の葉に盛る

**練習問題へのアプローチ**

まずは基本問題で、代表的な枕詞をおさえよう。問3の和歌は、共通テストの試行調査でも出題されたよ。

**出典**

「小倉百人一首」に選ばれた和歌は、(百○)として示している(○はその歌の歌番号)。

**問1**

① 『古今和歌集』(在原業平《ありわらのなりひら》・百17)

② 『古今和歌集』(紀友則・百33)

③ 『新古今和歌集』(持統天皇・百02)

④ 『万葉集』(志貴皇子)

**問2**

① 『伊勢物語』

② 『万葉集』(小野老)

③ 『古今和歌集』(よみ人しらず)

④ 『万葉集』(有間皇子)

問3（やや難） 次の和歌は、出家したときに、剃髪した髪とともに母親のもとに送った歌である。

**たらちねは*かかれ*とてしもむばたまのわが黒髪を撫《な》でずや*ありけむ**

① 枕詞が一つ使われている。抜き出し、かかっている語を指摘せよ。

② 全体を口語訳せよ。

解答は190～191ページ

問3 『後撰和歌集』（僧正遍照）

注

問3

*かかれ＝このようであれ。

*とてしも＝と思って。

*ありけむ＝あったであろう。

第1章 第2章 第3章 第4章 第5章 第6章 ① 第7章

lecture

## テーマ講義

# 枕詞

先生

和歌編は、**枕詞**（まくらことば）から始めるよ。以下の点をおさえておこう。

**① ある言葉を導くために置かれる。**
**② 固定した五音の言葉である。**
**③ 口語訳はしない。**

カオル

五音というのがわかりやすいですね。具体的には、どんなものがありますか。

先生

ぜひ覚えたい頻出の枕詞を挙げておこう。（　）内はかかる語である。

- ◯**あかねさす**（日・昼・紫・君）
- ◯**あしひきの**（山・峰・尾の上）
- ◯**あまざかる**（鄙《ひな》）
- ◯**あをによし**（奈良）
- ◯**うつせみの**（世《よ》・命・人）
- ◯**からころも**（着る・裁つ・袖）
- ◯**さざなみの**（大津・志賀）
- ◯**しろたへの**（衣・袖・袂《たもと》・雪）
- ◯**たらちねの**（母・親）
- ◯**ぬばたまの・むばたまの**（黒・夜・夢）
- ◯**やくもたつ**（出雲）
- ◯**あきつしま**（大和《やまと》）
- ◯**あづさゆみ**（引く・張る・射る・音）
- ◯**あらたまの**（年・月・春）
- ◯**いはばしる**（垂水・滝）
- ◯**かむかぜの**（伊勢）
- ◯**くさまくら**（旅・結ぶ）
- ◯**しきしまの**（大和《やまと》）
- ◯**たまのをの**（絶ゆ・乱る）
- ◯**ちはやぶる**（神・社《やしろ》）
- ◯**ひさかたの**（天《あま》・天《あめ》・空・光・月・雲）
- ◯**わかくさの**（妻・夫《つま》・新《にひ》）

カオル

たくさんありますね。どうやって覚えたらいいかなあ。

先生

枕詞には、なぜその語にかかるかわからないものが多い。語源までは特に知らなくてもいいが、暗記の助けになることもあるので、少し紹介しておこう。

○**あづさゆみ**……「弓」からの連想で、「弓を引く」「弦を張る」「矢を射る」となる。矢を射たら「音」も鳴ろう。これなら納得できる。

○**くさまくら**……草を枕に野宿することから「旅」を導く。

**カオル**

このあたりはつながりがわかりやすいですね。

先生

続けていくよ。

○**ちはやぶる**……動詞「ちはやぶ」の連体形で、〈勢いが激しい〉意であることから、「神」にかかる。

○**ひさかたの**……〈日が射す方〉という意味だったのではないかという説がある。

○**たらちねの**……乳房が垂れた、乳の満ち足りている女性のことで「母」を導くという説がある。私もずっとそう信じてきたが、どうも俗説らしい。

○**あしひきの**……泥に足を取られながら山に登った、痛めた足を引きずりながら山へ登ったという説がもっともらしい。「足を引きたる城の山」、つまりは山裾を長く引いた形状の山を示すという本居宣長の説もある。

answer

# 解答・解説・現代語訳

**解答**

問1 ①＝ちはやぶる　②＝ひさかたの　③＝しろたへの　④＝いはばしる

問2 ①＝年　④＝奈良　③＝夫　④＝旅

問3 ①＝むばたまの・「黒」にかかっている
②＝母は、「このようであれ」と思って、私の黒髪を撫ではしなかっただろうになあ。

**解説・現代語訳**

問1

①「ちはやぶる→神」、②「ひさかたの→光」、③「しろたへの→衣」、④「いはばしる→垂水」はいずれも頻出の枕詞である。③の「しろたへの」は枕詞なので、訳さなくていいが、〈夏の白い衣〉というイメージが含まれている。④の「垂水」は〈滝〉のこと。

〔訳〕①遠い神代の昔もこんなことは聞いたことがない。竜田川で水を美しい紅色に絞り染めするということは。
②光がのんびりとしている春の日なのに、どうして静かな心がなく、桜の花が散っているのだろう。
③春が過ぎて夏がやって来たらしい。（夏の）着物を干すという天の香具山には白い着物が干してあるよ。
④滝のほとりの早蕨が、芽を出す春になったことだなあ。

問題は186～187ページ

問2

①「あらたまの→年」、②「あをによし→奈良」も頻出。③「若草の→夫《つま》」、④「草枕→旅」であるが、枕詞が歌の途中にあるので見つけにくい。

③の「春日野」は奈良の春日山の裾野を指す。春に草がよく芽吹くよう、枯れ草を焼く野焼きが行われる。

〔訳〕①三年もの間（あなたを）待っていたが待つのに堪えきれなくなって、まさに今夜に（他の人と）初めて枕を交わすことになったのです。
②奈良の都は咲く花が美しく照り映えているように今真っ盛りであるよ。
③春日野を今日は焼かないでください。あの人も隠れているのです、私も隠れているのです。
④家にいると食器に盛る飯を、旅先にいるので椎の葉

に盛ることだよ。

問3

この歌には「枕詞」と推測できる「たらちねは」と「むばたまの」とがある。「むばたまの」は「黒」にかかる枕詞だが、「たらちねは」は枕詞ではない。ここの「たらちね」は名詞で〈母〉、「は」は助詞である。

口語訳の際には、「たらちねは」は訳し、「むばたまの」は訳さないで、次のようになる。

〈訳〉 母は、このようであれと思って、私の黒髪を撫《な》ではしなかっただろうになあ。

作者が「剃髪した髪とともに母親のもとに送った歌」とあるから、〈母は〉と主語を明示することによって、〈母〉の、作者が幼かったころへの思いと、今の悲しみを表しているのである。

第6章

# ②掛詞

training

## 練習問題

問1（基本）次の和歌から掛詞を抜き出し、何と何とが掛けられているか、例にならって説明せよ。

例「まつ」に「松」と「待つ」が掛けられている。

① 山里は冬ぞさびしさまさりける人目も草もかれぬと思へば

② わが背子が衣はる雨ふるごとに野辺の緑ぞいろまさりける

③ わびぬれば今はた同じ難波《なには》なるみをつくしても逢はむとぞ思ふ

④ 花さそふ嵐の庭の雪ならでふりゆくものはわが身なりけり

⑤ これやこの行くも帰るも別れては知るも知らぬも逢坂の関

問2（標準）次の和歌には掛詞が二組用いられている。抜き出して説明せよ。

---

練習問題へのアプローチ

掛詞は、まずはよく使われるものを覚えておこう。初めて見る和歌でも察しがつく確率が上がるよ。

出典

問1

①『古今和歌集』（源宗于・百28）

②『古今和歌集』（紀貫之）

③『後撰和歌集』（元良親王・百20）

④『新勅撰和歌集』（藤原公経・百96）

⑤『後撰和歌集』（蝉丸・百10）

問2『古今和歌集』（よみ人知らず）

問3『竹取物語』

問4『とりかへばや物語』

**人知れぬ思ひを常にするがなる富士の山こそ我が身なりけれ**

問3（やや難）次の和歌は、『竹取物語』の終わりに近い部分で、天皇が、月の世界に帰ったかぐや姫を思って悲しみにくれる思いを詠んだものである。掛詞を抜き出し、説明せよ。

**逢ふこともなみだに浮かぶ我が身には死なぬ薬も何にかはせむ**

問4（やや難）次は、『とりかへばや物語』の一節で、吉野に父を残して、娘が都に出発する際の思いを述べたものである。

**あふことをいつともしらぬわかれぢはいづべきかたもなくなくぞゆくと、袖を顔に押し当てて、出でやり給はず。**

この和歌には掛詞が用いられているが、その掛詞を含む句を、次のうちから一つ選べ。

① あふことを　② いつともしらぬ　③ わかれぢは
④ いづべきかたも　⑤ なくなくぞゆく

解答は198～200ページ

lecture

## テーマ講義

# 掛詞　その1

先生　まず「掛詞《かけことば》」の基本をまとめておこう。

**①同音異義語を利用して、一つのことばに同音の二つの意味を掛ける和歌の修辞である。**
**②ひらがなで書かれることが多いので、二つの漢字をあてるとどうなるかを考えるとよい。**

カオル　和歌の中のひらがなに注目ですね！

先生　とはいえ、それだけではわからない問題が出されることも多い。掛詞には、次の三つの型があることを覚えておくといいよ。

**▼1　「月もあかしの浦に」型**

「月も明かし（＝明るい）」と続いてきた文の流れがいったん途切れて、「あかし」のもう一つの意味である地名「明石」となり「明石の浦（＝海岸）」で改めて文脈が始まる。訳は〈月も明るい、（その）明石の海岸に〉となる。

**▼2　「月も人もすむ」型**

「月も澄む」と「人も住む」の意味が並列的にならんでいる。訳は〈月も澄み、人も住む〉となる。

**▼3　「思ひにむせぶ」型**

「思ひ」の中に、もう一つの語「火」が存在する表現である。訳は〈火にむせぶように、（つらい）思いにむせび泣く〉のようになる。

**カオル**　「思ひ」の中に「火」があるとは、知らないと絶対気づかないですね。

**先生**　掛詞には、必ず覚えておくべき、ほぼ固定したものがある。その主なものを挙げる。

○**あかし**＝明かし・明石
○**あふひ**＝葵・逢ふ日
○**いく**＝行く・生く
○**うき**＝浮き・憂き
○**おく**＝置く・起く
○**かりね**＝仮寝・刈り根
○**きく**＝菊・聞く
○**すむ**＝澄む・住む
○**ながめ**＝長雨・眺め
○**はる**＝春・張る
○**ふる**＝降る・経る・振る・古る
○**みる**＝海松（＝海藻）・見る
○**よ**＝夜・節・世・代

○**あき**＝秋・飽き
○**あま**＝尼・海女・天
○**いる**＝射る・入る
○**うら**＝浦・裏・心（＝「うら」と読む）
○**かた**＝潟・難（し）
○**かる**＝枯る・離る
○**しか**＝鹿・然《し》か
○**たび**＝旅・度
○**なみ**＝波・無《な》み（＝〈ないので〉の意味）
○**ふみ**＝文・踏み
○**まつ**＝松・待つ
○**みをつくし**＝澪標（＝水路標識）・身を尽くし

lecture

テーマ講義

# 掛詞　その2

先生

ここでは、ちょっと難しい掛詞を取り上げる。

## ▼1　掛詞二連発

**例**　**立ち別れいなばの山の峰に生《お》ふるまつとし聞かば今帰り来む**　（在原行平・百16）

〈別れて因幡の国へ去ったとしても、因幡の山の峰に生えている松という名のように、あなたが待っていると聞いたならば、すぐに帰ってこよう。〉

▼「往《い》なば」と「因幡《いなば》」、「待つ」と「松」の二組の掛詞が用いられている。ちなみに、「因幡の国の山」以外に「稲葉（山）」とする説もある。掛詞二連発の歌は多くあり、p201にいくつか例を挙げておいた。

## ▼2　濁点の有無は無視

**例**　**いとふ身はつれなきものを憂きことをあらしに散れる木の葉なりけり**　（『堤中納言物語』）

〈俗世を嫌う私は何ごともなく平気で生きているのに、つらいこともないだろうに嵐に散っている木の葉であるなあ。〉

▼ここは「あらじ」と「嵐」が掛詞。「あらし」と書いてあるが、「あらじ」とみなす難度の高いもの。ちなみに、この「じ」は打消推量の助動詞である。こんなのもあるのだと知っておこう。

## ▼3　語の一部が掛詞

**例**　**白雪のまだふるさとの春日野にいざうちはらひ若菜摘みてん**　（大中臣能宣）

〈白雪がまだ降る古い都の春日野で、さあ雪を打ち払って若菜を摘もう。〉

▼「(白雪がまだ)降る」と「ふるさと(=古い都)」の語の一部「古」が掛詞となっている。語の一部だけが掛詞として機能するものに要注意である。次のようなものが頻出である。

- **「思ひ」「恋ひ」**―「ひ」と「火」
- **「白《しら》波」「白《しら》雪」**―「しら」と「知ら」
- **「涙《なみだ》」**―「なみ」と「無み(=ないので)」
- **「逢坂《あふさか》」「扇《あふぎ》」「近江《あふみ》」**―「あふ」と「逢ふ」

**カオル**　そんな部分的な重なりも掛詞になるんですね。信じられない！

**先生**　そのほか、地名が掛詞になりやすいことも、ぜひ知っておこう。

○**明石《あかし》―明かし**　○**逢坂《あふさか》―逢(ふ)**
○**宇佐《うさ》―憂さ**　○**住吉《すみよし》―住み吉《よ》し**
○**生野《いくの》―行く(の)**

思いもよらない、その場面だけで掛詞となる名前・地名もある。第7章の問題では、ここで挙げなかった地名も使われているよ。

answer

# 解答・解説・現代語訳

問題は192〜193ページ

## 解答

問1 ①＝「かれ」に「離れ」と「枯れ」が掛けられている。
②＝「はる」に「張る」と「春」が掛けられている。
③＝「みをつくし」に「澪標」と「身を尽くし」が掛けられている。
④＝「ふり」に「降り」と「古り」が掛けられている。
⑤＝「逢坂」に関所の名前「逢坂」と「逢（ふ）」が掛けられている。

問2 「思ひ」には「（思）ひ」と「火」が、「する」には「（思ひを）する」と「駿河」の「駿」が掛けられている。

問3 「なみ」に「無み（＝ないので）」と「涙」の一部「なみ（だ）」が掛けられている。

問4 ⑤

## 解説・現代語訳

問1

①＝「離れ（離る）」は〈遠ざかる、途絶える〉の意。以下の訳で、掛詞の部分には傍線を付けている。

〈訳〉山里は冬は寂しさがまさることだ。人の訪れも途絶え、草も枯れてしまうと思うと。

②＝「衣はる（張る）」は〈着物を洗い張りする〉の意。平仮名表記の「ふる」は掛詞になることが多いが、ここは〈（春雨が）降る〉の意味のみである。

〈訳〉私の夫の着物を洗い張りする（春が来て）、その春の雨が降るごとに、野辺の緑が色深くなっていくよ。

③＝「澪標」は船の進行の目印に立てられた杭のこと。「身を尽くし」は〈我が身を捨てて〉の意。

〈訳〉どうしてよいか困ったので、今となっては同じことだ。難波にある澪標という言葉のように、我が身を捨ててでもいいから逢いたいと思う。

④＝桜の花が嵐で雪のように舞い散る様を詠んだものであるが、さらに我が身が雪ではないが「古《ふ》り」だと表現し、掛詞とした歌である。

〈訳〉桜の花を誘って散らす嵐が吹く庭の、降りゆく花の雪ではなくて、古りゆく（＝年老いていく）のは、この我が身なのだ。

⑤＝「逢坂」と「逢ふ」は頻出である。表記が漢字でも平仮名でもきちんと見抜きたい。

〈訳〉これがあの、これから旅立つ人も帰る人も、知っている人も知らない人も、（別れてはまた）逢うという、逢坂の関なのですよ。

**問2**

「思ひ」は〈恋い慕う思い・愛すること〉、「するが」は富士の山がある地名の「駿河《するが》」である点を踏まえて、直訳すると次のようになる。

▼人に知られない恋い慕う思いをいつもする……
▼駿河の国にある富士の山は我が身であるなあ。

前半と後半をつなぐことになる「するが」は、「思ひを常にする」と「するが（駿河）」が掛詞になっていることを見抜きたい。ちょとしたセンスが必要だが、そう難しくはないだろう。

もう一つの掛詞は、「（恋い慕う）思ひ」の「火」を常に燃やしている我が身の様子を、富士の山から吹き出す火にたとえたのである。ここでは「思ひ」の「ひ」と「火」が掛詞になっている。こちらは、語の一部だけが掛詞として機能するものだが、頻出である。覚えておくべきものであろう。

〈訳〉私は人に知られない思いを常にするのだが、思いの火を常に燃やしている駿河の富士山こそ我が身なのです。

**問3**

ポイントは「なみ」である。形容詞「無《な》し」の語幹に接尾語の「み」がついたもので、よく使われる。〈ないので〉の意味である。

▼形容詞の語幹＋み＝～ので

上からの続きぐあいは〈かぐや姫に逢うこともないので〉となる。「なみだに浮かぶ」の「涙」はたやすく思いつくだろう。

〈訳〉かぐや姫に逢うこともないので、涙に浮かぶ我が身にとっては、不死の薬も何になろうか、いや何にもならない。

**問4**

最初から言葉に即して訳していこう。

▼あふことをいつともしらぬ＝（再び）（父に）逢うのがいつともわからない

▼わかれぢは＝別れていく道は
▼いづべきかたもなく＝出ていくべき方向もなく・どちらへ出ていくべきかもわからずに
▼ゆく＝出かけていくことだ・出発することだ

父との別れを詠んだわかりやすい歌で、一見したところ掛詞がなさそうだが、目の付けどころは二つある。

**▼1　「なく」ではなく「なくなく」とあるのはどうしてだろう。**

**▼2　表面的な訳ではなく、このときの娘の心情を考えてみよう。**

直後の「袖を顔に押し当てて」がポイントとなる。悲しみゆえに涙が流れることをいう。その「泣く」が和歌の最後に詠み込まれていると考えたい。〈泣きながら出発することだ〉と最後に付け加えれば、掛詞が成立する。場面を踏まえた掛詞ということになろう。

**〈訳〉**（再び）（父に）逢うのがいつともわからない別れていく道は、どちらへ出ていくべきかもわからずに、涙に濡れながら出発することだ。

column

## 掛詞が二つ含まれている和歌

ここでは、掛詞が二つ含まれている和歌を紹介しておく。多くを見慣れて見つけられるようになってほしい。

**○大江山いく野の道の遠ければまだふみも見ず天の橋立**　（小式部内侍《こしきぶのないし》・百60）

〈訳〉大江山を越えていく、生野への道が都からは遠いので、まだ母のいる天橋立を踏んで見たこともなく、母からの手紙も見ていない。

〈掛詞〉「行く」と「生《いく》（野《の》）」、「踏み」と「文《ふみ》」。

結構有名な歌だよ。

**○尋ぬべき人もなぎさの住《すみ》の江《え》にたれまつ風の絶えず吹くらん**　（『住吉《すみよし》物語』）

〈訳〉尋ねて来るはずの人もいない、この渚の住の江で、誰を待って松風は絶えず吹いているのだろうか。

〈掛詞〉「無《な》き」と「渚の〈なぎ〉」、「待つ」と「松」。

濁点を考慮しない上に、「渚」の一部が掛詞という「なき」はちょっと難しいだろう。

**○あき風にあふたのみこそ悲しけれわが身むなしくなりぬと思へば**　（小野小町《おののこまち》）

〈訳〉冷たい秋風に出会った田の実《み》（＝稲の穂）が成らずに悲しい。私も頼みにしていたあの人に飽きられ、わが身がむなしくなって悲しいと思うので。

〈掛詞〉「秋」と「飽き」は頻出だが、「田の実」と「頼み」は見つけにくい。語呂合わせみたいだがこんなのもよくある。

第6章

# ③ 序詞

training

## 練習問題

問1（基本） 次の和歌から序詞を抜き出し、ア「比喩による序詞」、イ「同音反復による序詞」、ウ「掛詞による序詞」のどれかを記号で記せ。

① 秋の野に乱れて咲ける花の色のちくさに物を思ふころかな

② 住《すみ》の江《え》の岸による波よるさへや夢の通ひ路人目避《よ》くらむ

③ 春日野《かすがの》の雪間を分けて生ひいでくる草のはつかに見えしきみはも

④ 難波江《なにはえ》の葦のかりねのひとよゆゑ身をつくしてや恋ひわたるべき

問2（標準） 次の和歌について、序詞を抜き出し、どの部分を導いているかを説明せよ。

① 浅茅生《あさちふ》の小野の篠原しのぶれどあまりてなどか人の恋しき

② みかきもり衛士《ゑじ》のたく火の夜は燃え昼は消えつつものをこそ思へ

---

**練習問題へのアプローチ**

序詞は、枕詞とは違って長さがまちまちで、見つけにくい場合が多い。意味の分かれ目に注目して探してみよう。

**出典**

**問1**
① 『古今和歌集』（紀貫之）
② 『古今和歌集』（藤原敏行・百18）
③ 『古今和歌集』（壬生忠岑）
④ 『千載和歌集』（皇嘉門院別当・百88）

**問2**
① 『後撰和歌集』（源等・百39）
② 『詞花和歌集』（大中臣能宣・百49）

**問3**
① 『拾遺和歌集』（柿本人麻呂・百03）
② 『新勅撰和歌集』（藤原定家・百97）
この問題で扱った和歌は、すべて勅

問3（やや難）次の和歌には、「序詞」と、もう一種の修辞が用いられている。それぞれについて説明せよ。

① あしひきの山鳥の尾のしだり尾のながながし夜をひとりかも寝む

② 来ぬ人をまつほの浦の夕なぎに焼くや藻塩《もしほ》の身もこがれつつ

解答は206～207ページ

撰和歌集に載っている。いわばお墨付きである。

『古今和歌集』は最初の勅撰和歌集で、これを含む最初の八つの勅撰和歌集を「八代集」という。歌集名と成立の順番は覚えておこう。

1、古今和歌集
2、後撰和歌集
3、拾遺和歌集
4、後拾遺和歌集
5、金葉和歌集
6、詞花和歌集
7、千載和歌集
8、新古今和歌集

lecture

テーマ講義

# 序詞

先生　まず、**序詞**（じょことば）とはこんなものというのを示しておこう。

**① ある語句を導き出すために使われる、主題とは関係のない飾りの言葉。**
**② 音数は普通七音以上である。（五音の枕詞と違うところ）**
**③ 固定した表現ではなく作者の独創によって自由に作り出される。**

カオル　自由に作り出されるとなると、枕詞よりも複雑ですね。実際、どんなふうに詠まれているのでしょうか。

先生　序詞には三種類あるよ。種類ごとに詳しく見てみよう。

**▼1　比喩による序詞……意味的な関連によって、次の語を導く。**

**例**　吉野川岩波高く行く水の早くぞ人を思ひそめてし　（紀貫之）

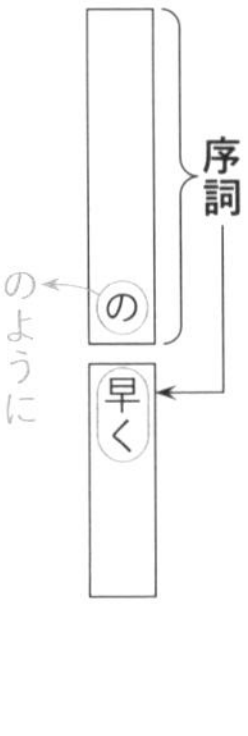


前半は〈吉野川の岩に寄せる波が高く（岩を越えて流れて）行く水〉、後半は〈早くも人を恋し始めたことだ〉である。その二つの部分をつないでいるのが「の」。吉野川の水の流れの早さと、人を恋しく思い始めた早さが意味的に関連している。「吉野川岩波高く行く水の」を「比喩による序詞」という。「の」を〈～の**ように**〉と訳す。

カオル　〈～のように〉と訳すから、比喩なんですね！

先生　そうだね。では、次だ。

**▼2　同音反復による序詞……同じ音の繰り返しで、次の語を導く。**

**例**　**みかの原わきて流るるいづみ川**いつ見きとてか恋しかるらむ　（藤原兼輔・百27）

前半は〈みかの原（地名）を湧き出て流れるいづみ（泉）川〉の訳となるが、後半は唐突に〈いつ逢ったというのでこんなに恋しいのだろうか〉と続く。何ともつながりが悪いと気づくセンスが必要。「**みかの原わきて流るるいづみ川**」は、同音を含む「いつ見」を導く序詞なのである。つなぎにあたる部分を〈**～ではないが**〉と訳し、〈みかの原を湧き出て流れているいづみ川ではないが、いつ逢ったというのでこんなに恋しいのだろうか〉となる。

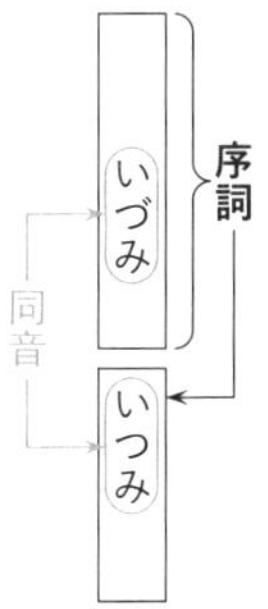


**カオル**　つなぎの訳がポイントになりそうですね。

先生　では三つ目にいくよ。

**▼3　掛詞による序詞……導き出される部分が掛詞になっている。**

**例**　**風吹けば沖つ白波**たつた山夜半《よは》にや君がひとり越ゆらむ　（よみ人しらず）

歌の最初は〈風が吹くと沖の白波が立つ〉だが、その後が「た山」では意味をなさない。後半は、〈龍田山《たつたやま》（地名）を夜中に君が一人で今ごろ越えているのだろう〉となる。つまり、「たつ」の部分は、〈（白波が）立つ〉と〈龍（田山）〉の掛詞となっている。こんなのを「掛詞による序詞」という。同音の反復を掛詞で圧縮したと考えるといい。

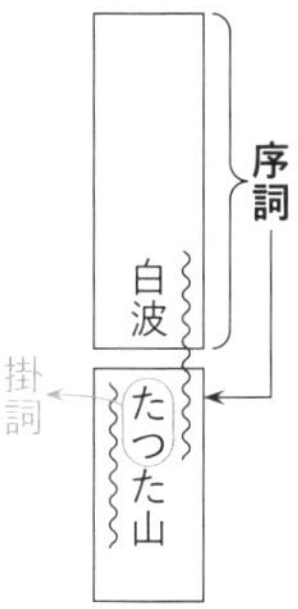

answer

# 解答・解説・現代語訳

問題は202～203ページ

## 解答

問1 ①＝秋の野に乱れて咲ける花の色の・ア
②＝住の江の岸による波・イ
③＝春日野の雪間を分けて生ひいでくる草の・ア
④＝難波江の葦の・ウ

問2 ①序詞＝浅茅生の小野の篠原　導く部分＝しの
②序詞＝みかきもり衛士のたく火の　導く部分＝夜は燃え昼は消えつつ

問3 ①＝「あしひきの」は「山」にかかる枕詞。「あしひきの山鳥の尾のしだり尾の」は「ながながし」を導く序詞。
②＝「まつ」は、「待つ」と「松」の掛詞。「まつほの浦の夕なぎに焼くや藻塩の」が「こがれ」を導く序詞。

## 解説・現代語訳

問1

①＝「花の色の」は〈花の色のように〉という意味だから、比喩によって直後を導く序詞となる。「花」の修飾部分となっている「秋の野に乱れて咲ける」も序詞に含める。

〔訳〕秋の野に乱れて咲いている花の色のように、あれこれ恋い乱れるこのごろだよ。

②＝「よる」という同音の語があるので、同音反復の序詞となる。漢字で表せば「寄る波」「夜さへ」となる。

〔訳〕住の江の岸に寄る波の「よる」ではないが、夜でも夢の通い路を通って逢えないのは、あの人が夢の中でも人目を避けているからであろうか。

③＝「草の」の「の」は〈のように〉となって、比喩による序詞となる。

〔訳〕春日野の雪の間を分けて芽ばえ育ってくる草のようにちょっと姿を見せたあなたですよ。

④＝「かりね」は「刈り根（刈り取った根）」と「仮寝（仮の契り）」の掛詞。〈難波の入り江に生える葦の→刈り根〉と〈仮の契りの→一夜〉が掛詞でつながっている。このようなとき、「難波江の葦の」の部分を序詞とおさえ、掛詞による序詞とする。

〔訳〕難波江に生える葦の刈り取った根の一節のように、

仮寝の短い一夜のために、わが身をかけて恋い続けなければならないのでしょうか。

問2

①＝「篠原」は細い竹の生えている原で、「しのはら」と読む。直後の「しの（ぶ）」と同音となっているので同音反復の序詞である。

〈訳〉丈の低い茅の生えている小野の篠原の「しの」という言葉のように、私は思い忍んでいるけれども、どうにもこらえきれず、どうしてあなたがこんなに恋しいのだろうか。

②＝「…たく火の」は〈…たく火のように〉の意味となって、比喩によって直後を導く序詞となる。導く部分が長いので、やっかいである。

〈訳〉皇居の門を警護する兵士がたく火のように、夜は燃え昼は消えながらずっと物思いにふけっているよ。

問3

①＝「あしひきの」は「山」にかかる枕詞。「あしひきの山鳥の尾のしだり尾の」は「ながながし」を導く序詞の中に枕詞が入っている構造である。「しだり尾の」の「の」は比喩を表す。修辞を含む和歌を訳すときには、以下の原則がある。

▼枕詞は原則訳さない。

▼比喩を表す序詞は丁寧に訳の中に入れる。

〈訳〉山鳥の尾の垂れ下がった尾のように長い長い夜を、私はひとりで寝ることになるのだろうか。

②＝「まつ」は、「（来ぬ人を）待つ」と「松（帆の浦）」の掛詞。「松帆の浦」は淡路島北端の海岸をいう。「まつほの浦の夕なぎに焼くや藻塩の」が序詞である。序詞の中に掛詞を含み複雑な構造となっている。

〈訳〉来ない恋人を待って、松帆の海岸の夕凪時に焼いている藻塩のように、わが身も恋い焦がれていることだ。

第6章

# ④ 縁語

training

## 練習問題

**問1**（基本）次の各歌について、傍線部の縁語を抜き出せ。〔　〕に抜き出す数を示してある。

① 白雪の世にふる甲斐はなけれども思ひ消えなむことぞかなしき〔2〕

② 鈴鹿山うき世をよそにふり捨てていかになりゆくわが身なるらん〔2〕

**問2**（標準）次の和歌から「縁語」の関係にある語を抜き出せ。〔　〕に抜き出す数を示してある。

① 長からむ心も知らず黒髪の乱れてけさはものをこそ思へ〔3〕

② 袖ひちてむすびし水のこほれるを春立つけふの風やとくらむ〔3〕

③ こだにかくあくがれ出でば*薫物《たきもの》のひとりやいとど思ひこがれむ〔5〕

---

**練習問題へのアプローチ**

縁語とは、文字通り〈縁のある語〉を和歌に詠み込む修辞である。ここでは頻出の縁語に挑戦しよう。

**出典**
**問1** ①『住吉物語』
②『新古今和歌集』（西行法師）
**問2** ①『千載和歌集』（待賢門院堀河・百80）
②『古今和歌集』（紀貫之）
③『堤中納言物語』
**問3**『伊勢物語』

**注**
**問2** ③

**問3**（標準）　次の和歌は、『伊勢物語』の一節にあり、主人公が妻を都に残し、三河の国まで旅してきた場面で、「かきつばた」を詠んだ歌である。

**から衣きつつなれにしつましあればはるばるきぬる旅をしぞ思ふ**

本筋の意味をおさえれば、〈慣れ親しんだ妻が都にいるので、遠くまでやって来た旅をしみじみと思うことだ〉という意味となる。この和歌の修辞について説明した文の空欄を埋めよ。f〜lは漢字を用いて記すこと。

○から衣＝「き（着）」にかかる［a］である。
○から衣きつつ＝「なれ」を導く［b］である。
○この「なれ」は、［c］の意味の「萎れ」と［d］の意の「馴れ」の意味を持ち、［e］となっている。
○他にも［e］が三組ある。
　つま＝「［f］」と「褄（＝着物の裾のあたり）」
　はるばる＝「［g］」と「張る張る」
　き＝「来」と「［h］」
○この和歌の縁語は、着物関連でつながっており、次のように説明できる。
「［i］」「［j］」「［k］」「［l］」は「から衣」の縁語となる。
○この歌の各句の最初の文字を拾うと「か・き・つ・は（ば）・た」となる。このような表現技法を［m］という。

解答は212〜213ページ

＊薫物＝いくつかの香木を混ぜ合わせて、練って固めたもの。これに火をつけてくすべて、よい香りを漂わせる。

lecture

# テーマ講義

## 縁語

**カオル**　和歌修辞、今回は「**縁語**（えんご）」ですね。

**先生**　縁語とは、一首の中に、関連の深い語群を意識的に配する和歌の修辞。連想でつながる語群をいう。言葉の連想のおもしろさや、複雑なイメージを生み出す。**多くは、「掛詞」や「序詞」と関連している。**
縁語の例を一つ挙げておこう。後醍醐天皇が戦いに敗れて笠置《かさぎ》山から敗走するときの歌である。

**さして行く笠置の山を出でしよりあめが下には隠れ家もなし**　（『太平記』）

本筋の文脈は、〈目指して行った笠置山を（戦いに敗れたために）出たときから、この天下（＝世の中）には私は身を隠す所もないことだ〉であるが、「**さし**」は〈笠置山を目指す〉と〈笠を差す〉、「**あめ**」は〈天（下）〉と〈雨〉の掛詞となっている。
このようなとき、中心のテーマではない「さし（＝笠を差す）」「あめ（＝雨）」が「笠」の縁語となる。

**カオル**　なるほど。裏のテーマという感じで、奥が深いですね。

**先生**　それでは、知っておきたい縁語を挙げておこう。「葦―節」「糸―縒る」などは現代ではなじみが薄いだろうから、注意しておいてほしい。

○**葦**《あし》……節（よ）・節（ふし）・根
○**衣**……着る・馴《な》（萎）る・褄（つま）・張る・裁つ・裏
○**波**……立つ・寄る・返る・岸・浜・浦・渚・海・川
○**川**……岸・深い
○**弓**……張る・引く・射る・反る

○鈴……振る・鳴る
○袖……結ぶ・解く・断つ・涙
○露……消ゆ・置く・結ぶ・葉
○霧……晴る・立つ・空
○笠……天・雨・差《さ》す
○糸……縒《よ》る・乱る・綻《ほころ》ぶ・張る・貫く
○浦……海松《みる》（＝海藻）・海人《あま》（＝漁師）
○薫物《たきもの》……火・火取り（＝香炉）・こがる
○玉の緒《を》……絶ゆ・ながらふ・弱る
○火……燃ゆ・消ゆ・焦がる

# 解答・解説・現代語訳

問題は208〜209ページ

**解答**

問1 ①＝ふる・消え ②＝ふり・なり

問2 ①＝髪・長から・乱れ
②＝袖・むすび・とく
③＝薫物・籠（こ）・火取り（ひとり）・火（ひ）・焦がれ（こがれ）

問3 a＝枕詞 b＝序詞
c＝着ているうちに糊気がなくなり身になじむ
d＝慣れ親しむ e＝掛詞 f＝妻 g＝遙々
h＝着 i＝着 j＝萎れ k＝褄
l＝張る張る（i〜lは順不同） m＝折句

**解説・現代語訳**

問1

①＝「ふる（降る）」「消え」が「白雪」の縁語となる。「ふる」は〈降る〉と〈経る〉の掛詞にもなっている。以下の訳では縁語に傍線を付けて示す。

〈訳〉白雪が世に降る、いやこの世に経る（＝生きる）甲斐もないが、恋しく思いながら消えて（＝死んで）しまうことが悲しいよ。

②＝「ふり（振り）」「なり（鳴り）」が「鈴」の縁語となる。

〈訳〉今、鈴鹿山を越え、憂き世を思い切って振り捨てて、これからどうなっていく私なのだろうか。

問2

①＝「髪」「長から（長し）」「乱れ」が縁語関係となる。

〈訳〉末長く変わらないであろうあなたの心もわからず、黒髪が乱れてけさは物思いをすることだ。

②＝立春に、春の到来の喜びを詠んだ歌である。「袖」は「結ぶ」「解く」「断つ」「涙」の縁語となる。

〈訳〉（昨年の夏）袖を濡らしてすくった川の水が（冬の間）凍っていたのを、立春の今日の風が溶かしているのだろう。

③＝「薫物《たきもの》」とは、香木をくすべ、よい香りを漂わせたもので、「火取り」という香炉の上に「籠《こ》（伏籠）」を置き、そこに着物をかぶせてその香りを染み込ませた。したがって「籠（「こだに」の「こ」）」「火《ひ》取《と》り」が「薫物」の縁語となる。さらに、火をつけてくすべることから、

「火（「思ひ」の「ひ」）」「焦《こ》がれ」も縁語である。

〔訳〕 子どもまでもがこうしてあなたのあとを追ってさまよい出てしまったら、残された私は、薫物の火取りではないが、一人でいっそうあなたを恋い焦がれることだろう。

**問3**

a＝覚えておきたい枕詞。「からころも」が五音であることもヒント。

b～e＝「着つつ萎れにし」と「馴れにし妻」が掛詞であることをつかむ。「萎れ」は、着物を長く着ているうちに糊気がとれて柔らかくなり身になじむこと、「馴れ」は、慣れ親しむことをいう。「から衣きつつ」は、導き出される部分（「なれ」）が掛詞になっている序詞である（p205参照）。

f～h＝本筋の意味の部分は、「妻」「遥々《はるばる》（＝遠くまで）」「来」、着物関連の方は、「褄」「張る張る（＝着物を洗い張りして糊を付ける）」「着」となる。「褄」は、着物の裾の左右両端の部分または着物の襟を指す。

i～l＝掛詞のうち、着物関連のものを抜き出す。

m＝「折句（おりく）」は「隠題（かくしだい）」の一種である（p216参照）。

着物関連の意味も踏まえた口語訳を示しておこう。

〔訳〕 着ているうちに身になじんだ唐衣のように、長年慣れ親しんだ妻が（都に）いるので、はるばる来てしまった旅（のわびしさ）を、着物を洗い張りして糊を付けて着るようにしみじみと思うことだ。

第6章

# ⑤和歌の世界いろいろ

lecture

テーマ講義

## 歌枕・本歌取り・引き歌・連歌など

先生

和歌には、第6章の①～④で取り上げた修辞以外にも、いろいろな約束ごとがある。あまり細かいことまで覚える必要はないが、入試で頻出の内容もある。以下の項目はおさえておいてほしい。

**歌枕**（うたまくら）　古来、和歌に多く詠まれてきた地名・名所。あるイメージを連想させる働きをもっていた。

例　○逢坂山《あふさかやま》・逢坂《あふさか》の関《せき》……京と近江の境にある。「逢ふ」との連想で使われた。
○松帆《まつほ》の浦……淡路島の海岸。「待つ」との連想で使われた。
○筑波嶺《つくばね》……茨城県西部の山。「恋」を連想させる。
○飛鳥川《あすかがは》……奈良県南部。人の世の変わりやすさをたとえる。
○勿来《なこそ》の関《せき》……東国の関所。〈来るな〉（←「な来《こ》そ」）と関連して使われた。

**本歌取り**（ほんかどり）　有名な古歌（本歌という）の一部を取り入れて、あらたな趣向の歌とする技法。

例　（**本歌**）み吉野の山の白雪つもるらしふるさと寒くなりまさるなり　（『古今和歌集』坂上是則）
（**本歌取りの歌**）み吉野の山の秋風さ夜ふけてふるさと寒く衣打つなり　（『新古今和歌集』藤原雅経・百94）

本歌の冬の世界を秋に移し、白雪という視覚イメージから秋風と砧《きぬた》の音という聴覚イメージにかえている。古歌の一部を取り入れながらあらたな趣向の歌にしているのである。

**引き歌**（ひきうた）　**古歌の一部を引用**して、そのもとの歌の意味内容を暗示すること。

引き歌を理解するためには、多くの古歌を知っていることが前提で、その歌を知らないため意味するところが理解できなかった、といった話も多い。　→練習問題は第7章④

カオル　わかる人だけがおもしろさがわかる、という世界ですね。

先生　引き歌は、共通テストでも出されているから注意してほしい。さて、次にいこう。

**連歌**（れんが）・**付け句**（つけく）　和歌を詠むに際して、「上の句（＝五・七・五）」と「下の句（＝七・七）」を**別の人が作って和歌を完成させる**詠み方のこと。

先に下の句を示して、あとで上の句を付けることもある。　→練習問題は第7章⑥

**返し**（かえし）　和歌を贈られたり、詠み掛けられたりしたときに**返事として送る**「**返歌**」のこと。

和歌を贈られたり、詠み掛けられたりしたら、その返事にあたる和歌を返すのが平安貴族にとっては常識であった。この「返歌」のことを「返し」という。　→練習問題は第7章⑧

**歌合**（うたあわせ）　**和歌の優劣を競う遊び**。

歌人たちが「左方」「右方」の二組に分かれ、一勝負ごとに各組から一人の歌人が出て、与えられた同

じ題で二人が和歌を詠む形式で進められる。　↓練習問題は第7章③

**題詠**（だいえい）　与えられた「題」にしたがって和歌を詠むこと。

そのときの詠み手の心情をいかに表現するかということより、いかに「題」に合っている歌を詠むかが大切であった。　↓練習問題は第7章③

**代詠**（だいえい）　当人に代わって和歌を詠むこと。

男の恋文に対して、親や兄弟あるいは「女房」などが、本人に代わって返事を作ることがよくあった。また、主人に代わって和歌の上手な家来が詠むこともあった。　↓練習問題は第7章⑤

カオル　代わりに詠むなんて、責任重大ですね。

先生　姫君や主人の気持ちになりきって、見事な歌を詠んでいたようだ。さて、あと二つ。

**隠し題**（かくしだい）　和歌の中に物の名を隠して詠み込む遊び。

例　**から衣きつつなれにしつましあればはるばるきぬる旅**（たび）**をしぞ思ふ**　（『伊勢物語』）

歌の「五・七・五・七・七」の各句の最初の文字が「かきつはた」となっている。このようなのを「**折句**（おりく）」という。　↓この和歌のその他の修辞は第6章④参照。

**浅みどりかひある春にあひぬればかすみならねどたちのぼりけり**

ここでは、歌の文脈とは直接かかわらない「鳥飼」という地名が詠み込まれている。このようなのを「**物名**（もののな）」という。

**歌徳**（かとく）　和歌を上手に詠むと良いことがあると考えられていたこと。

とくに、神仏に和歌を奉納して良いことがあるとするケースが多い。　↓練習問題は第7章⑤・⑦

和歌編

# 第7章

# 和歌は文章との関連を

## 応用編

和歌の理解には、正しい口語訳が大切だが、それだけではダメ。その和歌が文章の中でどんな位置づけにあるのか、直前の内容とどのように関連しているのかを丁寧におさえていこう。

第7章

# ①「みの」には二つの意味が

training

## 練習問題

（標準）次の文章は、江戸時代中期の逸話集『常山紀談』の一節である。

太田左衛門大夫持資《もちすけ》は上杉宣政《のりまさ》の*長臣なり。鷹狩りに出て雨に逢ひ、ある小屋に入りて蓑《みの》を借らんといふに、若き女の何とも物をば言はずして、山吹の花一枝折りて出しければ、「花を求むるにあらず」とて a怒りて帰りしに、これを聞きし人の、「それは、

b七重八重《ななへやへ》花は咲けども山吹のみの一つだになきぞ悲しき

といふ*古歌のこころなるべし」といふ。持資驚きてそれより歌に*志を寄せけり。

宣政*下総《しもふさ》の庁南に軍を出す時、山涯の海辺を通るに、「山の上より*弩《おほゆみ》を射《い》懸《か》けられんや、また潮満ちたらんや計り難し」とて危ぶみける。折ふし*夜半の事なり。持資、「いざわれ見来らん」とて馬を馳《は》せ出だし、やがて帰りて、「潮は干たり」といふ。「いかにして知りたるや」と問ふに、

c遠くなり近く*鳴海《なるみ》の浜千鳥《はまちどり》鳴く音に潮のみちひをぞ知る

とよめる歌あり。d千鳥の声遠く聞こえつ」と言ひけり。

**練習問題へのアプローチ**

持資が蓑を借りたいと言ったのに、女は山吹の花を差し出した。「山吹」の歌の掛詞はどこにある？

**出典**

『常山紀談』

江戸時代中期に成立した逸話集。作者は岡山の儒学者・湯浅常山。

**注**

＊長臣＝主だった家来。

＊古歌のこころなるべし＝古歌の趣向を踏まえているのだろう。

＊志＝思い。

＊下総の庁南＝「下総」は東国の旧国名（p149参照）、「庁南」はそこの地名。

＊弩＝矢の一種。

＊夜半＝夜中。

問1　傍線部aは、誰が、なぜ怒ったのか、本文に即して説明せよ。

問2　傍線部bについて、

i　この歌には掛詞が用いられている。例にならって説明せよ。

例　「まつ」が掛詞で、「松」と「待つ」を掛けている。

ii　この歌には、「若き女」のどんな気持ちが込められているか、古歌の内容を踏まえて説明せよ。

問3　傍線部cの歌には掛詞が用いられている。何と何が掛けられているかを説明せよ。

問4　傍線部dは、どういうことを言っているのか、次の中から一つ選べ。

ア　千鳥の声が遠くで聞こえるので、潮が満ちていることがわかる。

イ　千鳥が遠くで鳴いているので、潮が引いていることがわかる。

ウ　千鳥の声が遠くで聞こえるので、潮の満ち引きの様子がわからない。

エ　千鳥が遠くで鳴いているので、間もなく潮が満ちてくることがわかる。

解答は220～222ページ

＊鳴海＝「鳴海潟」のこと。名古屋市緑区鳴海町の西方にあった海浜の古称。

answer

# 解答・解説・現代語訳

問題は218〜219ページ

**解答**

問1　持資が、蓑を借りたいと言ったのに、若い女は何も言わずに山吹の一枝を差し出したから。

問2　i＝「みの」が掛詞で、「蓑」と「実の」を掛けている。

ii＝（山吹は）七重八重に花は咲くけれども山吹の実が一つもないように、私には蓑が一つもないので、貸せなくて申し訳ないという気持ち。

問3　「（近く）なる」と「鳴海」の「鳴」が掛けられている。

問4　イ

**解説**

問1　直前の内容を丁寧におさえる。

○持資は、鷹狩に出て雨に遭い、ある小屋に入って蓑を借りたいと言った。

○その家の若い女は何も言わないで、山吹の花を一枝折って差し出した。

○持資は、花をほしいと言っているのではないと怒った。

女の意図（問2参照）がわからない持資は、無視された、あるいは馬鹿にされたと思ったのである。

問2　i＝即座に見つかればOKなのだが、思いつかないのなら、

○持資が借りたいと言ったのが「蓑《みの》」

○若い女が差し出したのが「山吹の花一枝」

○若い女が踏まえた古歌は「山吹のみの一つ」

と並べて、「みの」が同音であることを踏まえて推測する。「みの一つ」は「実の一つ」となる。

ii＝古歌の直訳は、〈（山吹は）七重八重に花は咲くけれども、山吹の実が一つもないのは悲しい〉となる。ただ、注に「若き女」はこの古歌の趣向を踏まえていると説明されているから、この場面にあうように後半を訳してみよう。もちろんiで説明した掛詞をもとに考えることになる。

▼（私には）蓑が一つもないのは悲しい

このように解釈すると、「若き女の」の気持ちは、

▼（あなたが）お願いしておられる蓑を貸せなくて悲しい、

申し訳ない
ということになる。

問3　とりあえず口語訳をしてみよう。意味的にうまくつながらない箇所がある。

▼遠くなったり、近く……鳴海潟の浜千鳥の鳴く声で潮の満ち引きがわかることだ。

そう、この意味がつながらない部分は〈遠くなり近くなり（なる）〉と理解すれば文脈がつながる。ここは、「（近く）なる」と「鳴海」の「鳴《なる》」が掛けられている掛詞である。地名の一部が掛詞となっているのである。

問4　浜千鳥（浜辺にいる千鳥）は潮が満ちてくれば陸に近い方で鳴き、潮が引くと陸から遠くで鳴くという歌をもとに、今は、浜千鳥の鳴く声が遠くで聞こえているので、潮が引いているということを言っている。イが正解。
歌をもとにして現状認識をしたものである。

---

**現代語訳**

太田左衛門大夫持資は上杉宣政の長臣なり。
（太田左衛門大夫持資は上杉宣政の主だった家来である。）

鷹狩りに出て雨に逢ひ、ある小屋に入りて
（鷹狩に出て雨に遭い、ある小屋に入って）

蓑を借らんといふに、若き女の何とも物をば言はずして、
（蓑を借りたいと言うと、（その家の）若い女は何とものを言わないで、）

山吹の花一枝折りて出しければ、
（山吹の花を一枝折って差し出したので、）

「花を求むるにあらず」とて怒りて帰りしに、
（「花を求めているのではない」と言って怒って帰ったところ、）

これを聞きし人の、「それは、
（これを聞いた人が、「それは、）

七重八重花は咲けども山吹の
（（山吹は）七重八重に花は咲くけれども山吹の）

みの一つだになきぞ悲しき
（実が一つもないように、蓑が一つさえもないのは悲しいことだよ。）

といふ古歌のこころなるべし」といふ。
（という古歌の趣向を踏まえているのだろう」と言う。）

持資驚きてそれより歌に志を寄せけり。
（持資は驚いてそれから歌に思いを寄せた。）

宣政下総の庁南に軍を出す時、山涯の海辺を通るに、
（宣政が下総の国の庁南に軍を出すとき、山沿いの海辺を通る際に、）

「山の上より弩を射懸けられんや、
（「山の上から弓を射かけられないだろうか、）

また潮満ちたらんや計り難し」とて危ぶみける。
（また潮が満ちていないだろうか予想しがたい」と言って不安に思っていた。）

ちょうど夜中のことである。持資は、「さあ私が見て来ましょう」

折ふし夜半の事なり。持資、「いざわれ見来らん」

と言って馬を走らせ、すぐに帰って来て、「潮は引いている」

とて馬を馳せ出だし、やがて帰りて、「潮は干たり」

と言う。「どうしてわかったのか」と尋ねると、

といふ。「いかにして知りたるや」と問ふに、

遠くなったり、近くなったりする鳴海潟の浜千鳥は

遠くなり近く鳴海の浜千鳥

その鳴く声で潮の満ち引きが知れることだ。

鳴く音に潮のみちひをぞ知る

と詠んだ歌がある。

とよめる歌あり。

（今は）千鳥の声が遠く聞こえた（ので、潮が引いている）」と言った。

千鳥の声遠く聞こえつ」と言ひけり。

column

# 地名・人名は掛詞の宝庫

掛詞には、地名・人名に関係したものが多い。

○作者は、鎌倉へ下向する旅の途中で「大井川」を渡る。『十六夜《いざよひ》日記』の一節。

**思ひ出づる都のことはおほゐ川いく瀬の石の数も及ばじ**〈思い出す都のことは多くて、大井川のいくつもある川瀬の石の数（の多さ）も及ばないくらいだ。〉

ここは、形容詞「多（おほ）し」の語幹「多」と地名「大井（おほゐ）川」の「大」の掛詞である。

○紀貫之が「蟻通しの神」の前を馬に乗ったまま通ったところ、神が怒った。貫之は「星もなく暗くて」とおわびの歌を詠んだ。

**かき曇りあやめも知らぬ大空にありとほしをば思ふべきやは**〈一面に曇って何も見えず大空に星があるとは思いもしなかったのです。〉

ここは、「有りと星（＝星が有り）」と神の名前「蟻通し」を掛けたもの。「神がいらっしゃるとは思いもしなかったので」と謝ったのだが、相手の神の名前を詠み込んだところがミソである。

○『平家物語』の一節。平忠盛《ただもり》が恋人の女房の部屋から帰るとき、月を描いた扇を忘れていった。仲間の女房は「月の出所《でどころ》は？」とからかった。

**雲居よりただもりきたる月なればおぼろげにては言はじとぞ思ふ**〈大空からただ漏れてきた月なので、いや宮中から忠盛が来ていたので、並大抵のことでは出所を言わないつもりだ。〉

ここは、「（月の光が）ただ漏り」と人名の「忠盛」を掛けたものである。

第7章

# ②「安積山…」には和歌修辞が

training

## 練習問題

（標準）次は、『大和《やまと》物語』の一節で、大納言に仕えていた*内舎人《うどねり》が、大納言の娘を垣間《かいま》見《み》した場面である。

顔かたち、いとうつくしげなるを見て、よろづのことおぼえず、心にかかりて、夜昼いとわびしく、病になりておぼえければ、「せちに*聞こえさすべきことなむある」とa言ひわたりければ、「あやし、なにごとぞ」と言ひて出でたりけるを、bさる心まうけして、*ゆくりもなくかき抱きて、馬に乗せて、陸奥《みち》の国へ、夜ともいはず、昼ともいはず、逃げていにけり。*安積《あさか》の郡、安積山といふ所に庵をつくりて、この女を据ゑて、里に出て物などはもとめて来つつ食はせて、年月を経てあり経けり。この男往ぬれば、ただひとり物も食はで山中にゐたれば、かぎりなくわびしかりけり。かかるほどに*はらみにけり。

この男、物もとめに出でにけるままに、三四日来ざりければ、c待ちわびて立ち出でて*山の井に行きて*影を見れば、dわがありしかたちにもあらず、あやしきやうになりにけり。鏡もなければ、顔のなりたらむやうも知らでありけるに、にはかに見れば、いとおそろしげなりけるを、いとはづかしと思ひけり。

練習問題へのアプローチ

大納言の娘は内舎人と安積山の麓に住んでいた。男のことを思って女が詠んだ歌には、和歌修辞が含まれている。

**出典**

『大和物語』

平安前期に成立した歌物語。作者は未詳。多くの実在人物が登場し、前半は宇多天皇周辺の人物の話が中心である。後半は伝説として語り継がれている話が多い。

**注**

＊内舎人＝身分の高い人物の警護のための役人。

＊聞こえさすべきこと＝申し上げたいこと。

＊ゆくりもなく＝突然。

さて詠みたりける、

安積山影さへ見ゆる山の井の浅くは人を思ふものかは

と詠みて、木に書きつけて、庵に来て死にけり。

問1　傍線部a「言ひわたりければ」、c「待ちわびて」の主語を記せ。

問2　傍線部b「さる心まうけ」とはどういうことか、簡潔に説明せよ。

問3　傍線部dは、どのようであったのか、簡潔に説明せよ。

問4　次は、文中の和歌修辞について説明したものである。各空欄に、和歌中の適切な部分を抜き出して入れよ。

○「[ア]」の部分は、「[イ]」を導く序詞である。

○「[ウ]」の部分の「[エ]」に注目すれば、「比喩による序詞」となるが、「[オ]」と「[カ]」に注目すれば、「同音反復による序詞」と理解できる。

問5　文中の和歌の下の句の「浅くは人を思ふものかは」について、

i　語句に即して口語訳せよ。

ii　女の心情を、十字以内で説明せよ。「という思い」に続く形で示せ。

解答は226～228ページ

＊安積の郡＝今の福島県南部の旧国名。「安積山」はそこにあった山を指す。

＊はらみにけり＝妊娠した。

＊山の井＝山中の清水が湧き出るところ。

＊影＝姿。

answer

# 解答・解説・現代語訳

問題は224～225ページ

**解答**

問1　a＝内舎人　c＝大納言の娘
問2　大納言の娘を連れ去ること。
問3　たいそう美しい容貌。
問4　ア＝安積山影さへ見ゆる山の井の　イ＝浅く　ウ＝（山の）井の　エ＝の　オ＝安積　カ＝浅く
問5　i＝浅くは人を思っているか、いや思っていない。　ii＝男を深く愛している（という思い）

**解説**

問1　a＝直前の言葉は〈ぜひとも申し上げたいことがある〉で、大納言の娘を部屋から誘い出すために内舎人が言ったのである。
c＝〈この男は、物を求めて出かけたまま、三、四日も帰ってこなかったので〉に続くものであるから、「待ちわび（＝待ち途方に暮れ）」の主語は大納言の娘である。

問2　直後の部分をまとめる。ポイントは「連れて逃げた」である。身分の低い男が、高貴な女性をさらうように連れ去るというのは、古文ではよくあるストーリーである。

問3　「ありし」は〈かつての、昔の〉の意。問題文の最初の「顔かたち、いとうつくしげなる」をもとに答える。

問4　「山の井」は、注にも示したように、山中の清水が湧き出て水がたまったところで、いわゆる「井戸」のように深いものではない。「山の井」は浅いことから、「浅し」を導き出すために用いられることがある。ここもその用法と理解できる。序詞はひとまとまりの意味を持ったものなので、「安積山影さへ見ゆる山の井の」の上の句全体が序詞ということになる。訳は〈安積山の姿までもが映って見える山の井のように〉で、「（山の）井の」の「の」は、〈のように〉となり、比喩による序詞となる。
ただ、この部分は、「安積山」の「安積《あさか》」と「浅く」の「浅《あさ》」に注目すれば、「同音反復の序詞」ということになる。
このように、二種の理解ができるが、両方とも正しい。例外的とも言えるが、そんなに珍しくはない。

**問5**　i＝ここでは、「ものかは」に注意したい。〈～か、いやそうではない〉の反語の意味を表す。語句に即して訳せという設問なので、「浅くは人を思っているか、いや浅くは思っていない」が正解となる。

ii＝ただ、iのような訳では、和歌を詠んだ女の思いが正確には表せていない。注目すべきポイントを挙げておこう。

▼思ふ＝古語の「思ふ」は、〈好きだと思う、愛している〉の意で用いられることが多い。ここも、大納言の娘が、「人」すなわち「男」（＝内舎人）を愛していることを言う。無理やり連れてこられたのではあるが、男と暮らすうちに離れがたい気持ちになったのだろう。

▼浅く＋反語＝〈浅くは思っていない〉はぜひ〈深く愛している〉とおさえたい。

直前の、娘が自分のひどい顔に恥ずかしいと思うという場面をおさえるなら、〈顔はひどい様子であるが、あなたを愛する思いは深いのです〉という思いを詠んだことになる。

---

**現代語訳**

（女の）容貌が、たいそう美しい様子であるのを（内舎人が）見て、
**顔かたち、いとうつくしげなるを見て、**
他のことは考えることもできず、恋しく思われて、
**よろづのことおぼえず、心にかかりて、**
夜昼たいそう切なく、病気になりそうに思われたので、
**夜昼いとわびしく、病になりておぼえければ、**
「ぜひとも申し上げたいことがある」
**「せちに聞こえさすべきことなむある」**
と言い続けたところ、（女が）「変ですね、何事ですか」
**と言ひわたりければ、「あやし、なにごとぞ」**
と言って（縁先に）出てきたところ、（内舎人は）そういう心準備をしていて、
**と言ひて出でたりけるを、さる心まうけして、**
突然抱きかかえて、馬に乗せて、陸奥の国へ、
**ゆくりもなくかき抱きて、馬に乗せて、陸奥の国へ、**
夜も昼も休みなく、逃げていった。
**夜ともいはず、昼ともいはず、逃げていにけり。**
安積の郡の、安積山という所に小さな住まいを作って、
**安積の郡、安積山といふ所に庵をつくりて、**
この女を住まわせて、里に出て物などを求めて来ては
**この女を据ゑて、里に出て物などはもとめて来つつ**
食べさせて、年月を過ごし暮らしていた。この男が出かけると、
**食はせて、年月を経てあり経けり。この男往ぬれば、**
ただ一人ものも食べないで山の中にいたので、
**ただひとり物も食はで山中にゐたれば、**
この上なく心細かった。
**かぎりなくわびしかりけり。**

こうしているうちに妊娠してしまった。
かかるほどにはらみにけり。

この男は、物を求めて出かけたまま
この男、物もとめに出でにけるままに、

三、四日も帰ってこなかったので、待ち途方に暮れて（外に）出て山の井の所に
三四日来ざりければ、待ちわびて立ち出でて山の井に

行って（自分の）姿を見ると、自分の以前の容貌ではなく、
行きて影を見れば、わがありしかたちにもあらず、

ひどいありさまになってしまっていた。鏡もないので、
あやしきやうになりにけり。鏡もなければ、

顔がどのようになっていたかも知らないでいたが、
顔のなりたらむやうも知らでありけるに、

不意に見ると、たいそう恐ろしそうな様子であったのを、
にはかに見れば、いとおそろしげなりけるを、

たいそう恥ずかしいと思った。そうして（女が）詠んだ歌は、
いとはづかしと思ひけり。さて詠みたりける、

安積山の姿までもが映って見える山の井のように、
安積山影さへ見ゆる山の井の

浅くは人を恋しく思っているであろうか、いや深く愛しているのです。
浅くは人を思ふものかは

と詠んで、木に書きつけて、住まいに戻って来て死んだ。
と詠みて、木に書きつけて、庵に来て死にけり。

column

## こんな面倒な序詞もあるのだ

**みちのくのしのぶもぢずりたれゆゑに**
**乱れそめにしわれならなくに**

（源融・百14）

まず、意味を考えてみよう。「みちのくのしのぶもぢずり」は〈陸奥の国の信夫《しのぶ》地方で産出した乱れ模様に摺《す》りそめた布〉、「たれゆゑに」は〈誰のせいで〜したのか〉、「われならなくに」は〈私のせいではなく、あなたのせいなのだよ〉であり、全体では、〈陸奥の信夫産の乱れ模様のように、誰のせいで私の心が乱れ始めたのか。私のせいではなくあなたのせいなのですよ〉となる。

和歌修辞としては、「みちのくのしのぶもぢずり」は、乱れ模様であることから、「乱れ」を導く序詞とされている。序詞は、p204〜205で解説したように「比喩による序詞」、「同音反復による序詞」、「掛詞による序詞」の三種があり、ここは、「比喩による序詞」と考えられるが、比喩の序詞の目印となっている「の（＝のように）」が使われていない例外的なケースである。

また、この序詞は、直後の「たれゆゑに」を飛ばして「乱れ」を導いている点でも、見つけにくい。

これらの修辞は、幾分例外的なものを含み、難しいが、この歌は『伊勢物語』一段に出てくる有名なもので、入試問題でも出題されることが多いので、取り上げて解説しておいた。

## 第7章 ③「初恋」という題で詠んだ

training

### 練習問題

（標準） 次の文章は、『沙石集』の一節である。

天徳の御歌合《うたあはせ》の時、*兼盛《かねもり》、*忠見《ただみ》、*左右に*つがひてけり。初恋といふ題をたまはりて、忠見秀歌詠みいだしたりと思ひて、①兼盛もいかでこれほどの歌よむべきとぞ思ひける。

②恋すてふ我が名はまだき立ちにけり人知れずこそ思ひそめしか

さて、すでに*御前に*講じて、判ぜられけるに、兼盛が歌に、

③つつめども色に出でにけり我が恋はものや思ふと人のとふまで

ともに秀名歌なりければ、*判者《はんじや》、判じ煩ひて*天気をうかがひたまひけるに、御門、兼盛が歌を微音に両三返御詠ありけり。よつて天気左にありとて、兼盛勝ちにけり。忠見心憂く覚えて、胸ふさがりて、それより不食の病つきて、たのみなきよし聞こえて、兼盛とぶらひければ、「別の病にあらず。御歌合の時、秀名歌よみ出でて覚えはべりしに、殿の『ものや思ふと人のとふまで』にあはと思ひて、あさましく覚えしより、胸ふさがりて、かく重りはべり」と、つひに身まかりにけり。執心《しふしん》こそよしなけれども、道を執する習ひ、げにもと覚えて哀れにはべるなり。ともに名歌にて、*拾遺に入りてはべるにや。

**練習問題へのアプローチ**

兼盛と忠見は、同じ「題」で和歌を詠んだ。歌合の左右対決である。負けた忠見がどうなったかを読みとろう。

**出典**

『沙石集』
鎌倉時代成立の説話集。作者は無住。仏教の教えをわかりやすく説く仏教説話を中心とするが、和歌にまつわる説話も多く含まれる。

**注**

*兼盛＝平兼盛。三十六歌仙の一人。
*忠見＝壬生《みぶ》忠見。三十六歌仙の一人。忠岑《ただみね》（p244参照）の子。
*左右＝歌合の右方、左方をいう。
*つがひてけり＝対戦相手となった。
*御前＝天皇の前。

問1 次の空欄に語句を入れ、解説文を完成させよ。
「歌合」は、歌人たちが「左方」「右方」に分かれて、和歌の優劣を競う遊びである。与えられた同じ［ア］で和歌を詠む形式で進められた。そして、［イ］が「左勝ち」「右勝ち」「［ウ］」のように判定した。

問2 傍線部①を口語訳せよ。「思ひける」の主語を補うこと。

問3 傍線部②の和歌を口語訳せよ。

問4 傍線部③の「つつめども」は、「小倉百人一首」では別の語句になっている。思い出して記せ。

問5 次のうち、本文の内容に合致するものを一つ選べ。
ア 天皇の意向によって、左方の兼盛の歌が勝ちと決められた。
イ 忠見は、ゆっくり考えてみると兼盛の歌がいいと気づいた。
ウ 忠見は、病気見舞いに来た兼盛にあれこれと恨み言を言った。
エ 筆者は、物事に執着しすぎるのはよくないと忠見を非難した。
オ 筆者は、忠見・兼盛の歌には優劣を付けられないと批評した。

解答は232～234ページ

＊講じて＝歌を詠み上げて。
＊判者＝歌合で、勝負を判定する人。ここは藤原実頼。
＊天気＝天皇の意向。
＊拾遺＝『拾遺和歌集』のこと。

answer

# 解答・解説・現代語訳

問題は230～231ページ

## 解答

問1 ア＝題　イ＝判者　ウ＝持

問2 兼盛もどうしてこれほどの歌を詠むことができようか、いや詠めないだろうと忠見は思った。

問3 恋をしているという私のうわさが早くも立ってしまった。人に知られないように（ひそかにあの人を）思い始め（たばかりだっ）たのに。

問4 しのぶれど

問5 ア

## 解説

問1 「歌合《うたあわせ》」について、ぜひ知っておきたいことばをまとめておく。

▼題詠《だいえい》＝与えられた「題」で和歌を詠む形式を「題詠」という。ちなみに、このとき二人に与えられた題は、「初恋」であった。

▼判者《はんじゃ》＝歌の優劣を判定する審判の役目をする。多くは、歌人として著名な人が務めた。

▼左勝ち・右勝ち・持《じ》＝判者の判定のことだが、「持」は引き分けのこと。

問2 前後の内容と、ポイントとなる語句に注目しよう。

○歌合で、兼盛と忠見は対戦相手となった。
○忠見は、すばらしい歌が詠めたと思った。
○そこで、兼盛はどのようかと考えた。

注意すべき語句は、「いかで」と「べき」である。

▼いかで＝訳は〈どうして〉であるが、疑問と反語の働きがある。疑問なら〈兼盛はどうしてこれほどの秀歌を詠めるか？〉、反語なら〈兼盛はどうしてこれほどの秀歌を詠めるか、いや詠めない〉となる。ここは、反語である。

▼べき＝「べし（→べき）」の意味は、可能。自分の詠んだ歌に自信があった忠見は、〈兼盛はこれほどの歌は詠めない〉と考えたのである。

最後に、「思ひける」の主語は忠見となる。

問3 ポイントとなる語句をおさえていこう。

▼てふ＝〈という〉の意。

▼名＝〈評判・うわさ〉の意。
▼まだき＝〈早くも・もう〉の意。
▼こそ〜しか＝係り結びであるが、内容的にみて「しか」で文が終わらず、上の句「恋すてふ……にけり」に続くので、倒置となっている。したがってここは逆接用法で〈〜のに〉の意となる。

若干のことばを補ってもいいだろう。

**問4**　「小倉百人一首」では、初句が「しのぶれど」となっている。〈心のうちにこらえてきたけれども〉の訳となる。本文とは離れた知識であるが、「小倉百人一首」の作者・和歌の一節等について問われることも多い。

**問5**　口語訳にそって後半の内容を確かめよう。正解はアである。イは「ゆっくり考えてみると」、ウは「恨み言を言った」が間違い。エは「よくない」と決めつけるのは不可だし、「忠見を非難した」も間違い。オの「優劣を付けられない」は本文で言われていない。

## 現代語訳

天徳の御歌合（＝天皇主催の歌合）のとき、（平）兼盛と、（壬生）忠見が、
天徳の御歌合の時、兼盛、忠見、
左右の対戦相手となった。「初恋」という題をいただいて、忠見は
左右につがひてけり。初恋といふ題をたまはりて、忠見
優れた歌を詠み出したと思い、兼盛もどうしてこれほどの
秀歌詠みいだしたりと思ひて、兼盛もいかでこれほどの
歌を詠むことができようか、いや詠めないだろうと（忠見は）思った。
歌よむべきとぞ思ひける。

恋をしているという私のうわさが早くも立ってしまった。
恋すてふ我が名はまだき立ちにけり
人に知られないようにひそかにあの人を思い始めたばかりだったのに。
人知れずこそ思ひそめしか

そこで、今にも天皇の前で詠み上げて、
さて、すでに御前に講じて、
判定なさるというときに、兼盛が詠んだ歌に（次のようにあった）
判ぜられけるに、兼盛が歌に、

人に知られないようにとつつみ隠していたが、顔色に現れてしまった。
つつめども色に出でにけり
私の恋心は。（恋の）物思いをしているのかと人が聞くほどに。
我が恋はものや思ふと人のとふまで

ともに優れた名歌であったので、判者は、
ともに秀名歌なりければ、判者、
判定に困って天皇の意向をうかがいなさったところ、天皇は、
判じ煩ひて天気をうかがひたまひけるに、御門、
兼盛の歌を微かな声で二、三回繰り返しお詠みになった。
兼盛が歌を微音に両三返御詠ありけり。

そこで天皇の意向は左（の歌）にあると（判者は思いなさって）、
よつて天気左にありとて、
兼盛が勝ってしまった。　忠見は（負けたことを）つらく思って、
兼盛勝ちにけり。忠見心憂く覚えて、
（無念さに）胸がふさがり、それ以後食欲不振の病気になり、
胸ふさがりて、それより不食の病つきて、
もう助かる見込みがないことを聞いて、兼盛が見舞ったところ、
たのみなきよし聞こえて、兼盛とぶらひければ、
（忠見が）「ほかの病気ではありません。御歌合のとき、
「別の病にあらず。御歌合の時、
（私が）優れた名歌を詠み出したと思っていましたときに、
秀名歌よみ出でて覚えはべりしに、
（兼盛）殿の『ものや思ふと人のとふまで』の歌にあっと思って、
殿の『ものや思ふと人のとふまで』にあはと思ひて、
思いもよらず驚いたことだと思われたときから、胸がふさがって、
あさましく覚えしより、胸ふさがりて、
このように（病気が）重くなっています」と言って、とうとう死んでしまった。
かく重りはべり」と、つひに身まかりにけり。
（物事に）執着するのはつまらないけれども、（歌の）道に精根を傾ける姿勢は、
執心こそよしなけれども、道を執する習ひ、
まことに（すばらしい）と思われてしみじみと感動します。
げにもと覚えて哀れにはべるなり。
両方ともに優れた歌であって、『拾遺和歌集』に入集しているとかいうことです。
ともに名歌にて、拾遺に入りてはべるにや。

column

# 「百人一首」には元歌と違うものが

練習問題（p230）の「つつめども」の歌は、「小倉百人一首」に採録されたものとちょっと違っていた。他にも違うものがあるので紹介しよう。

まずは、持統天皇の歌。

A　**春過ぎて夏来たるらし白妙《しろたへ》の衣ほしたり天の香具山《かぐやま》**（『万葉集』より）

B　**春過ぎて夏来にけらし白妙の衣ほすてふ天の香具山**（「小倉百人一首」2番より）

Aは〈香具山に白い着物が干してあるよ、夏が来るらしい〉と実際に目にした風景を素直に詠んだのに対して、Bは〈白い着物を干すと言われている香具山に、夏が来たようだ〉と伝聞の表現をとることで、余情を大切にする詠みぶりである。

次は、山部赤人《やまべのあかひと》の歌。

C　**田子の浦ゆうち出でて見れば真白にぞ富士の高嶺に雪は降りける**（『万葉集』より）

D　**田子の浦にうち出でて見れば白妙の富士の高嶺に雪は降りつつ**（「小倉百人一首」4番より）

Cは〈富士山の高い峰に雪が降ったよ〉と詠嘆の「けり」を用いて、直接的実感的に詠んでいるが、Dは〈富士の高い峰に雪が降り続いている〉と山頂の光景を想像して詠んだものとなる。

A・Cは、実景を力強く歌い出す万葉調であり、B・Dは、優雅で余韻を追求した『新古今和歌集』の特徴がみられる。いうまでもなく、「小倉百人一首」が選ばれたのは新古今調の時代である。

第7章

# ④ あの歌を踏まえて理解せよ

training

## 練習問題

（やや難）　次の文章は、『今物語』の一節である。

下毛野《しもつけの》武正《たけまさ》といひける*随身の、*関白殿の*北の対の後ろを、まことに a ゆゆしげに通りけるに、*局《つぼね》の雑仕、「あなゆゆし。b *はとふく秋とこそ思ひ参らすれ。」と言ひたりければ、「*追捕《ついふ》され。」と言ひてけり。女、心憂げにてかくれにけり。*随身所にて、秦兼弘《はたかねひろ》といふ随身にあひて、「北の対の女《め》の童《わらは》べに、さんざんに*のられたりつる。」と言ひければ、「いかやうにのられつるぞ。」と問はれて、「はとふく秋とこそ思へ。」と言ふに、兼弘は、c かやうの事、心得たるものにて、「くちをしき事のたまひけるかな。*府生殿《ふしやうどの》を思ひかけて、言ひけるにこそ。

深山《みやま》出《い》でてはとふく秋の夕暮れはしばしと人を d 言はぬばかりぞ

といふ歌の心なるべし。しばしとまりたまへと言ひけるにこそ。*無下に色なく、いかにのりたまひけるぞ。」と言ひければ、「いでいで、さては e 色なほして参らせむ。」とて、ありつる局の*下口《しもぐち》に行きて、「*物うけたまはらむ。」武正、はとふく秋ぞ、*ようよう。」と言ひたてりける、f いとをかしかりけり。

---

**練習問題へのアプローチ**

女は、かっこいいと思った男に「はとふく秋」と声をかけたが、男は激怒。二人のすれ違いのお話である。

**出典**

『今物語』
鎌倉時代に成立した説話集。編者は藤原信実との説がある。和歌に関する伝承・説話を多数収める。
なお、本問の設問は、共通テストの前身であるセンター試験のさらに前身であった共通一次試験（一九八二年度追試験）のものである。

**注**

＊随身＝貴人の警護をする従者。
＊関白殿＝ここは、藤原忠通（一〇九七〜一一六四年）のこと。
＊北の対＝寝殿造の北側の建物。多

問1 傍線部ａの解釈として適当なものを一つ選べ。
ア 非常にみすぼらしい様子で
イ 威儀を正した立派な様子で
ウ 見るからにうとましい様子で
エ さも深刻そうな様子をして
オ 質素な落ち着いた様子で

問2 傍線部ｂとあるが、局の雑仕はどのようなことを言おうとしたのか。適当なものを一つ選べ。
ア しばらくの間でも足をとめて下さい。お話ししたいと思います。
イ その身なりは、あなたにはまったく似合わないと思います。
ウ 美しいお着物ですね。どこのお方か知りたいと思います。
エ 秋の山を思い出させるような、うらさびしいお方と思います。
オ 高い身分の方とお見受けします。お付き合い願いたいと思います。
カ このなぞがお分かりでしたら、しかるべきお答えをいただきたいと思います。

問3 傍線部ｃ「かやうの事」とあるが、具体的にはどのようなことをさすか。次の中から適当なものを一つ選べ。
ア 男女間の心の機微

く正妻が住むが、家族や使用人も住んでいた（p28～29参照）。
＊局の雑仕＝小部屋に住む、雑用をする女。
＊はとふく＝猟師が、両手を合わせて鳩に似た声を吹き鳴らすこと。
＊追捕され＝「追捕」は悪人を捕らえる意だが、ここでは〈こいつめ、ゆるさんぞ〉くらいの意味だと考えられる。
＊随身所＝随身たちの詰め所。
＊のられたりつる＝ののしられてしまった。
＊府生＝六衛府や検非違使庁の下役の意だが、ここでは「武正」を指す。
＊無下に色なく＝ひどく無風流に。
＊下口＝後方の出入り口。
＊物うけたまはらむ＝ごめんください。
＊ようよう＝おーい、おーい。

イ　その場その場の機知
ウ　和歌などの文学的素養
エ　世間の常識
オ　なぞ解きの技術

問4　傍線部d「言はぬばかりぞ」の解釈として、適当なものを一つ選べ。
ア　言わないほどだ
イ　言わないだけだ
ウ　言ってしまうほどだ
エ　言ってしまうだけだ
オ　強く言ってのけるほどだ
カ　強く言ってのけるだけだ

問5　傍線部e「色なほして参らせむ」の解釈として、適当なものを一つ選べ。
ア　服装をかえて出なおして来よう
イ　元気を取りもどして行って来よう
ウ　怒りをおさえて贈り物でもして来よう
エ　改めて風情のある答えをして来よう
オ　表情を改めて対面して来よう

問6　傍線部f「いとをかしかりけり」とあるが、筆者はなぜ「をかし」と言ったのか。次の中から適当なものを一つ選べ。

ア　みずからの非を悟ってすぐに態度を改めた武正の気持ちにすがすがしさを感じたから。

イ　相手との適切な応対もできず、単純な受け答えしかできない武正に滑《こっ》稽《けい》さを感じたから。

ウ　武正と女とのやりとりの中に、いかにも王朝的なおおらかさを感じたから。

エ　古歌を踏まえて問いかけた女に奥ゆかしさを感じ、賛美したかったから。

オ　女の問いかけを即座に解した兼弘の風流さに並み並みならぬものを感じたから。

カ　たまたま行き会っただけの武正に声をかけるような女の浮わついた気持ちにおかしさを感じたから。

解答は240～243ページ

answer

# 解答・解説・現代語訳

問題は236～239ページ

**解答**

問1　イ
問2　ア
問3　ウ
問4　イ
問5　エ
問6　イ

**解説**

問1　武正という随身が、あるお屋敷の前を【ゆゆしげに】通ったところ、部屋の中にいた雑用をする女が、「あ【ゆゆし】」と声を掛けた。「ゆゆし」には〈不吉だ・すばらしい・はなはだしい〉の意味があり、次の二種の流れが想定できる。

▼1　武正がひどい格好だったので、女が「まあひどい」と罵倒した。

▼2　武正がすばらしい格好だったので、「まあかっこいい」と声を掛けた。

このやりとりによって、武正は腹をたて、女は情けなさそうに部屋に隠れたと続くのだが、女の言った「はとふく秋」（問2で問われる）が意味不明のままでは、1と2のどちらなのかを確定しづらい。ここは、慌てずにもう少し先まで読み進めよう。解説が前後するが、問3・問4を先に考える。

問3　秦兼弘という随身は〈このようなことを、心得ている者であって〉とあり、その後、兼弘の「はとふく秋」の歌に関連した説明が続く。〈和歌に詳しい〉ということから正解はウとなる。他の選択肢は、この場面にあう具体的な内容となっていない。

問4　「言は／ぬ／ばかり／ぞ」と単語に区切れる。「ぬ」は、未然形「言は」に付いているので、打消の意味。「ばかり」には〈①ほど、②だけ〉の意味があるが、これは直後の部分を踏まえて考える。兼弘によれば、この歌は「しばしとまりたまへと言ひけるにこそ」（＝ちょっとお立ち寄りくださいと言ったのである）の意味だという。したがって、アの「しばしお立ち寄りくださいと言わないほどだ」ではなく、イの「しばしお立ち寄りくださいと言わないだけだ」が正しい。〈言わないだけで、心の中ではそう思っている〉と補うと理解しやすいだろう。

問2　秦兼弘という随身が登場し、女の言った「はとふく秋」について解説してくれる。これは、ある歌の一節だという。まずは、その和歌の意味を考えよう。

▼深山出でて＝夏の間猟をしていた猟師が深い山を出て里に帰ってきて。

▼はとふく秋の夕暮れは＝鳩笛を吹く秋の夕暮れは。秋のもの悲しさが感じられ、人恋しいといったイメージを伴う表現である。この押さえはやや難。

▼しばしと＝ちょっと。人を誘いかけることばで、〈しばしお立ち寄りを・ちょっと寄っていかない？〉といった誘いの感じである。

▼人を言はぬばかりぞ＝右の問4の解説参照。

秦兼弘によれば、女は、既成の和歌の一部「はとふく秋」だけを武正に示して、その和歌の中心のテーマにあたる「しばしお立ち寄りください」の気持ちを伝えようとしたというのである。よって答えはアとなる。

問1　ここまで見てくると、問1で問われていた武正の様子は、▼2の〈すばらしくかっこいい〉でないと話の流れがつながらない。正解はイとなる。かっこいい男をナンパしようと思った女は、ちょっといいところを見せようとしたのだ。自分が知るそんなに多くもない和歌のレパートリーの中から、これならいけると判断した「はとふく秋」を使ったのである。

このように、ある古歌の一部を引用することでその古歌全体の主題・ニュアンスを暗示的に示す技法を、「**引き歌**」という。

問5　ただ、このような和歌を使ったコミュニケーションは、受け取った相手が、その和歌を知っていないと成立しない。「はとふく秋」と言われた武正は、〈あんたの顔は、鳩笛を吹いているような、顔のふくれた不細工な男〉と罵倒されたとでも思ったのだろう。だから「こいつめ、ゆるさんぞ」と言ったのである。武正は和歌のことを知らないが、バカではない。秦さんの謎解きを聞いてすぐに、傍線部eのように考えた。「色」は〈風流心〉、「参らせ」は謙譲の補助動詞、「む」は意志の助動詞で、直訳すれば〈風流心を改め申し上げよう〉となる。選択肢のエが正解である。

そして、「さあさあ、それでは」と女の所に戻り「おーい、おーい」と呼びかける。「そのナンパOK、ゆっくり立ち寄らせてくれ」といった感じである。しかし女はゆるさない。そりゃそうだろう。「何を今さら、あんたってバカじゃないの」というのが女の気持ちであろう。

**問6** こうした武正の言動を、筆者は「いとをかしかりけり」と切って捨てる。この「をかし」は〈滑稽である〉の意味である。アの「すがすがしさ」、ウの「王朝的なおおらかさ」はまったくあわない。和歌に代表される「王朝文化」を理解しない粗野な者たちに対して、筆者はいかに冷たいか。正解はイである。また、エ・カは女に対する評価、オは兼弘に対する評価であり、傍線部の説明にはならない。

---

**現代語訳**

下毛野武正といった随身が、関白のお屋敷の北の対の建物の
**下毛野武正といひける随身の、関白殿の北の対の**
後ろを、実に威儀を正した立派な様子で通ったときに、
**後ろを、まことにゆゆしげに通りけるに、**
小部屋に住む雑用をする女が、「まあすばらしい。
**局の雑仕、「あなゆゆし。**
『はとふく秋』と思い申し上げます」と言ったところ、
**はとふく秋とこそ思ひ参らすれ。」と言ひたりければ、**
（武正は）「こいつめ、ゆるさんぞ」と言ってしまった。
**「追捕され。」と言ひてけり。**
（すると）女は、情けなさそうに（中に）隠れてしまった。
**女、心憂げにてかくれにけり。**
随身の詰め所で、秦兼弘という随身に向かって、
**随身所にて、秦兼弘といふ随身にあひて、**
（武正が）「北の対の女の雑仕にひどくののしられてしまった」
**「北の対の女の童べに、さんざんにのられたりつる。」**
と言ったところ、（兼弘に）「どのようにののしられたのか」
**と言ひければ、「いかやうにのられつるぞ。」**
と尋ねられて、（武正は）「はとふく秋と思う（とののしられた）」と言うと、
**と問はれて、「はとふく秋とこそ思へ。」と言ふに、**
兼弘は、このようなこと（＝和歌などの文学的素養）を心得ている者であって、
**兼弘は、かやうの事、心得たるものにて、**
「残念なことをおっしゃったことだなあ。
**「くちをしき事のたまひけるかな。**
（それは女が）あなたに思いをかけて、（そう）言ったのだよ。
**府生殿を思ひかけて、言ひけるにこそ。**

(猟師が)深い山を出て鳩笛を吹く秋の夕暮れは(人恋しいころで)

深山出でてはとふく秋の夕暮れは

ちょっとお立ち寄りくださいと人に言わないだけで、心の中ではそう思っていたのだよ。

しばしと人を言はぬばかりぞ

という歌の意味を込めたのであろう。(女は)『ちょっとお立ち寄りください』と

といふ歌の心なるべし。しばしとまりたまへと

言ったのであるよ。ひどく無風流に、

言ひけるにこそ。無下に色なく、

どうしてののしりなさったのか」と(兼弘が)言ったところで、

いかにのりたまひけるぞ。」と言ひければ、

(武正は)「さあさあ、それでは風流心を改め申し上げよう」と言って、

「いでいで、さては色なほして参らせむ。」とて、

さきほどの女の部屋の後方の出入り口に行って、「ごめんください。

ありつる局の下口に行きて、「物うけたまはらむ。

武正は、『はとふく秋』ですぞ、おーい、おーい」

武正、はとふく秋ぞ、ようよう。」

と大声で言ったのは、実に滑稽なことだったよ。

と言ひたてりける、いとをかしかりけり。

第7章

# ⑤ 場面にぴったりな挨拶の歌

training

## 練習問題

（やや難） 次の文章は、『大和物語』の一節である。

泉大将、*故左のおほいどのにまうで給へりけり。ほかにて酒など a まゐり、酔ひて、夜いたくふけて、b ゆくりもなくものし給へり。大臣おどろき給ひて、「①いづくにものし給へるたよりにかあらむ」など聞こえ給ひて、御格子あげさわぐに、*壬生忠岑《みぶのただみね》、御供にあり。*御階《みはし》のもとに、*松ともしながらひざまづきて、*御消息《せうそこ》申す。

「*かささぎのわたせる橋の霜の上を夜半《よは》にふみわけことさらにこそ

となむ c のたまふ」と d 申す。*あるじの大臣、②いとあはれにをかしとおぼして、その夜、夜ひと夜、大御酒まゐり、遊び給ひて、大将も物かづき、忠岑も禄たまはりなどしけり。

**練習問題へのアプローチ**

泉大将は、酔って夜更けに連絡もなく左大臣邸を訪れた。左大臣のお怒りを静めたのは、和歌であった。

**出典**

『大和物語』

p224参照。

**注**

*故左のおほいどの＝今は亡き左大臣、あるいはその邸宅のこと。ここは後者と理解する。

*壬生忠岑＝平安前期の歌人。『古今和歌集』の撰者の一人。

*御階＝階段。

*松＝たいまつ。

*御消息＝ご挨拶。

*かささぎのわたせる橋＝かささぎという鳥が、七夕の夜、牽牛・織

問1　傍線部a・bの意味を記せ。

問2　傍線部①について、

i　口語訳せよ。

ii　大臣のどのような気持ちを表しているか、場面に即して答えよ。

問3　傍線部c・dの主語にあたるものを、次の中からそれぞれ選べ。

ア　泉大将　　イ　故左のおほいどの　　ウ　壬生忠岑

問4　傍線部②について、左大臣が「あはれにをかし」と思った理由を説明している次の各文の空欄を埋めよ。アは和歌から五字以内で、ウは本文から十字以内で抜き出して示せ。また、イは十字以内とする。

i　「かささぎの」の歌の中の「【　ア　】」の語によって、左大臣の不機嫌さが晴れたから。

ii　【　イ　】を「天上の橋・宮中の階段」に喩えた修辞がみごとだと思ったから。

iii　主人に代わって忠岑がその場面にふさわしい歌をみごとに詠んだことをすばらしいと思ったから。だから、「【　ウ　】」となったのである。

解答は246～248ページ

女の二星が逢えるように天の川にかける橋のこと。天上の橋ということから、転じて、宮中や身分の高い貴族の邸宅の階段を指す。

＊あるじの大臣＝左大臣を指す。

answer

# 解答・解説・現代語訳

## 解答

問1　a＝お飲みになり〈召し上がり〉
b＝突然

問2　i＝どこへいらっしゃったついでであろうか
ii＝泉大将が他の所で酒を飲んで酔い、夜が更けてから突然訪問してきたことに対する不機嫌な気持ち。

問3　c＝ア　d＝ウ

問4　ア＝ことさらに
イ＝左大臣の邸宅の階段
ウ＝忠岑も禄たまはり

## 解説

問1　a＝「まゐり」は「まゐる」の連用形。〈①参上する、②差し上げる、③して差し上げる、④召し上がる・お飲みになる〉等の意味があるが、ここは④の意。尊敬語で、主語は泉大将である。
b＝「ゆくりもなく」は、形容詞「ゆくりなし」の連用形「ゆくりなく」の途中に「も」が入り込んだもの。〈突然だ・思いがけない〉の意味である。

問2　傍線部①の直前の内容は次のようである。
○泉大将は左大臣邸を訪れた。
○他の所で酒を飲み酔って、夜が更けてからの突然の訪問であった。
○左大臣は不意の訪問に慌てた。

i＝口語訳の際に、注意したいのは次の三箇所である。
▼ものし＝動詞「ものす」の連用形で、ここでは〈行く〉の意味だが、それに尊敬の補助動詞が付いている。
▼たより＝〈①頼れるもの、②縁故、③手段、④ついで〉等の意味があるが、ここは〈ついで〉の意味である。
▼にかあらむ＝断定の助動詞「なり」の連用形＋係助詞「か」＋動詞「あり」の未然形＋推量の助動詞「む」で、〈であろうか〉の訳となる。

ii＝普通、来訪者に対して、「どこへ行ってきたついでか？」と声をかけることはしないはず。ここは、泉大将が左大臣邸に来る前にどこかで酒を飲んできたらしく、既に酔っていた上に、突然夜遅く来たことに対する、左大

問題は244〜245ページ

臣の不快で不機嫌な気持ちを表したものだと理解したい。

問3　まず直前の壬生忠岑の言動をおさえよう。

○歌人として知られた壬生忠岑が、泉大将の御供としてそこにいた。

○《忠岑は》階段の下で、たいまつを持ちひざまずいていた。

○《忠岑は》左大臣にご挨拶を申し上げた。

〈ご挨拶〉は「」でくくられた「かささぎの…となむのたまふ」の部分で、dの主語は「壬生忠岑」となる。

また、「かささぎの…」の歌を「のたまふ」(＝おっしゃる)と言っているので、「のたまふ」の主語は忠岑自身ではなく、別の身分が高い人が言ったものと理解できる。したがってcの主語は「泉大将」となる。

ここで、「**代詠**(だいえい)」に触れておこう。詩歌を別の人に代わって詠むことをいうが(p216参照)、作り手は自分自身の思いではなく、その歌の詠み手とされる人物の思いを詠むことになる。身分の高い人に代わって、家来などが詠むことが多い。壬生忠岑は歌人として名が知られていた人物なので、このようなときのために供に連れていたと推測されよう。

問4　左大臣が「かささぎの」の歌に感激したのはどうしてかを考えていこう。

i＝問2でまとめたように、泉大将が〈酔って、夜遅く、突然〉訪問してきたことに対して、左大臣は「どこへ行ってきたついでか」と不機嫌さを露わにする。その機嫌を直させるのに効果的なのは、「決してついでに来たわけではありません、わざわざ参上したのです」という言葉であろう。和歌の中で用いられている〈わざと、あらたまってそうする〉の意味を持つ「ことさらに」の語がそれにあたる。形容動詞「ことさらなり」の連用形である。

その場を取りなしたり、その場の雰囲気を見事にすくい取って和歌に詠んだりする対応を、〈**当意即妙**〉というが、この歌はそういった典型であろう。

ii＝注を参照のこと。「かささぎのわたせる橋」は〈天の川にかける天上の橋〉のことであるが、それが〈宮中の階段〉から〈身分の高い貴族の邸宅の階段〉をも指すようになった。ここは左大臣の邸宅の階段に喩えた修辞である。かなりご機嫌取りといった感もあるが、言われた左大臣は悪い気はしなかったのであろう。

ⅲ＝問3の「代詠」の説明を参照のこと。和歌の内容・飾り付けの表現とともに、主人の代わりに詠んだ忠岑のふるまいに心を引かれたのである。直後に酒宴が開かれたが、大将だけでなく「忠岑も禄たまはり（＝忠岑もほうびをいただき）」となっているのは、そうした事情を踏まえたものである。これは、すぐれた和歌を詠むことで良いことが起こるという、歌徳（p216参照）を示す話である。

**現代語訳**

泉大将が、故左大臣の邸宅に参上なさった。
泉大将、故左のおほいどのにまうで給へりけり。
（泉大将は）他の所で酒など召し上がり、酔って、夜がたいそうふけて、
ほかにて酒などまゐり、酔ひて、夜いたくふけて、
突然参上なさった。 左大臣は驚きなさって、
ゆくりもなくものし給へり。大臣おどろき給ひて、
「どこへいらっしゃったついでであろうか」
「いづくにものし給へるたよりにかあらむ」
などと申し上げなさって、 御格子を大騒ぎで上げると、
など聞こえ給ひて、御格子あげさわぐに、

---

壬生忠岑が、（泉大将の）お供として（そこに）いた。階段の下で、
壬生忠岑、御供にあり。御階のもとに、
たいまつをともしながらひざまずいて、 ご挨拶を申し上げる。
松ともしながらひざまづきて、御消息申す。
「左大臣殿の邸宅の階段に置いた霜の上を、
「かささぎのわたせる橋の霜の上を
夜中に踏みわけてわざわざ参上したのです（決してどこかへ行ったついでに
来たのではありません）。
夜半にふみわけことさらにこそ
と（泉大将が）おっしゃっています」と（忠岑は）申し上げる。
となむのたまふ」と申す。
主人の左大臣は、たいそう心にしみて趣深いとお思いになって、その夜、
あるじの大臣、いとあはれにをかしとおぼして、その夜、
一晩中、お酒を召し上がり、 管弦の遊びをなさって、
夜ひと夜、大御酒まゐり、遊び給ひて、
大将もほうびをいただき、 忠岑もほうびをいただきなどした。
大将も物かづき、忠岑も禄たまはりなどしけり。

## 場にあった和歌をすばやく詠む

一条天皇の中宮彰子に仕えていた伊勢大輔《いせのたいふ》が、奈良から宮中に献上された八重桜を受け取る大役を仰せつかった。それは、受け取るにふさわしい和歌を詠むということである。先輩格の紫式部にこの役目を譲られたという事情や、彰子の父親の道長が催促をするといったプレッシャーの中で、すばやく詠んだのが次の歌である。

**いにしへの奈良の都の八重桜けふ九重ににほひぬるかな**〈昔の奈良の都の八重桜が、今日は平安の都の宮中で美しく咲きほこっていることよ。〉 （百61）

「いにしへ」と「けふ」が照応し、「八重」と「九重」が数の連鎖をなす。また、八重桜の美しさを通して、一条天皇の御代の繁栄を言祝《ことほ》いだ内容の歌となっている。彰子をはじめとする人々が賞賛したのは言うまでもない。

他方こちらは、小式部内侍《こしきぶのないし》。母の和泉式部が丹後に下った留守中に京で歌合《うたあわせ》があり、小式部が詠み手に選ばれた。藤原定頼が「歌はどうですか、もう丹後の母の所に使いは送りましたか」と、母に代作してもらうはずと決めつけて部屋の中の彼女に意地悪を言った。これに応じたのが次の歌。

**大江山いく野の道の遠ければまだふみも見ず天の橋立** （百60。訳はp201参照）

みごとな歌であるが、定頼が通り過ぎようとするとき、簾から身を乗り出し袖をとらえてすばやく詠みかけた点がすばらしいとされる。この臨機応変さに定頼はほうほうの体で逃げ帰ったという。

第7章

# ⑥ おしゃれでみごとな切り返し

## training 練習問題

（やや難）次の文章は、『大和物語』の一節である。

*深草の帝と申しける御時、*良少将といふ人、*いみじき時にてありけり。いと色好みになむありける。忍びてときどきあひける女、同じ*内にありけり。「今宵かならずあはむ」と契りたる夜ありけり。女いたう化粧して待つに、*音もせず。目をさまして「a夜や更けぬらむ」と思ふほどに、*時申す音のしければ、聞くに、「b丑三つ」と申しけるを聞きて、男のもとに、ふといひやりける。

c人心うしみつ今は頼まじよ

といひやりけるに、おどろきて、

d夢に見ゆやとねぞすぎにける

とぞつけてやりける。しばしと思ひて、うちやすみけるほどに、寝過ぎにたるになむありける。

問1　傍線部aを現代語訳せよ。

問2　傍線部b「丑三つ」とはいつごろを指すのか、次の中から一つ選べ。

**練習問題へのアプローチ**

良少将と女は今夜逢う約束をしたのに、少将はやって来ない。女は「うしみつ」を含む和歌の上の句を送った。

**出典**
『大和物語』p224参照。

**注**
*深草の帝＝仁明天皇（p179参照）。
*良少将＝良岑宗貞《よしみねのむねさだ》。出家して僧《そう》正遍照《じょうへんじょう》と称した。
*いみじき時＝時流に乗って栄えているとき。
*内＝宮中。
*音もせず＝連絡もない。
*時申す音＝宮中で夜、当番の役人が時刻を告げ知らせる声。帝に奏

ア　午後十一時〜十一時半ごろ。
イ　午前一時半〜二時ごろ。
ウ　午前二時〜二時半ごろ。
エ　午前三時半〜四時ごろ。

問3　傍線部cについて、
i　「うしみつ」は、時刻を指す意味以外の解釈をすることができる。どのようになるかを説明せよ。なお、形容詞「うし」には、〈①つらい・②いやだ・③薄情だ〉の意味がある。
ii　傍線部全体を口語訳せよ。

問4　傍線部dについて、
i　掛詞が用いられている。例にならって説明せよ。
例　「まつ」は「待つ」と「松」の掛詞。
ii　傍線部全体を口語訳せよ。

問5　この場面では、女の「人心…」に対して、男が「夢に見ゆや…」と返事をしている。このような和歌の詠み方を何というか。

解答は252〜254ページ

上するという意味で「申す」を使って表した。

## 解答・解説・現代語訳

answer

問題は250〜251ページ

**解答**

問1　夜が更けてしまっているのだろうか。

問2　ウ

問3　i＝薄情だとわかった。

ii＝あなたの心が薄情だとわかった、丑三つ時の今は、あなたを頼みにしないつもりだ。

問4　i＝「ね」は「寝」と「子」の掛詞。

ii＝夢の中にあなたが姿を見せるかと思って寝ていたところ、寝過ぎて、子の刻が過ぎてしまった。

問5　連歌〈付け句〉

**解説**

問1　「更けぬらむ」の「らむ」は、現在推量の助動詞で〈今ごろ〜しているだろう〉の訳となる。また、「らむ」は終止形接続の助動詞なので、直前の「ぬ」は完了の助動詞の終止形となる。「や」は疑問の係助詞。以上をあわせて、〈(今ごろは)夜が更けてしまっているのだろうか〉である。女は良少将と今夜逢う約束をして待っていたが、いっこうに少将は来ない、もう夜が更けてしまっているだろうかと考えたのである。

問2　古時刻の説明は、p86〜87を参照のこと。「丑《うし》の刻」は午前一時〜三時を指すが、さらにそれを「丑の一刻」「丑の二刻」「丑の三刻」「丑の四刻」のように四つに分けた。したがって「丑の三刻」は午前二時〜二時半を指す。宵でもなく、夜明けでもないちょうど真夜中を表すのに使われた。「丑三《うしみ》つ時」のように呼ぶ。ここでは、役人の声を聞いて、ちょうど今は真夜中だと気づいたというのである。

問3　i＝「うしみつ」について、「丑三つ」以外の意味を考えてみよう。場面と単語の区切り方に注意したい。この歌は、約束したのに男がやって来ないという状況を女が詠んだ歌なので、「うし」の意味は理解できよう。ちなみに、この「人心」は〈あなたの心(＝男の心)〉である。

▼うし……形容詞「うし(憂し)」は、ヒントとして挙げられている三つの意味のうち③があてはまる。〈約束していたのに薄情だ〉という気持ちを表す。

次の「みつ」がやや難だが、〈動詞＋助動詞〉と区切るとよいだろう。

▼み……動詞「みる」の連用形。〈みる・わかる〉の意味となる。

▼つ……完了の助動詞の終止形。

以上あわせて、「人心うしみつ」は〈あなたの心が薄情だとわかった〉となる。ちなみに、「うしみつ」は、「丑三つ」と「憂し見つ」の掛詞となっている。

ii＝「頼む（←頼ま）」は〈あてにする・頼りにする〉、「じ」は打消意志の助動詞で〈〜ないつもりだ〉となる。「今は頼まじよ」の訳は、〈今は、あなたのことを頼みにしないつもりだ〉である。

直前の部分とあわせて、〈…薄情だとわかった、丑三つ時の今は…〉のように続けるとよい。

問4　こちらは、男が詠んだ下の句の部分である。直訳すれば、〈夢の中に（あなたが）現れるか（＝姿を見せるか）と思って（寝ていたところ）、寝過ぎてしまった〉となるが、これでは単なる言い訳で何もおもしろくない。〈おしゃれな切り返し〉があると最高なのだが。

i＝そう、女が詠み込んだ「丑三つ」を踏まえて、男は、今は「丑」の一つ前の「子《ね》の刻」が過ぎてしまったと詠み込んだのである。「子・丑・寅・卯…」を知っていればおしゃれな対応だとわかるはずだと思う。ここは「ね」に「寝」と「子」が掛けられているのである。

ii＝掛詞は二回訳すというのが鉄則なので、〈…寝過ぎて、子の刻が過ぎてしまった〉のように丁寧に繰り返しておさえたい。

問5　女が詠んだ上の句に、男が下の句を付けたのである。連歌あるいは付け句という。

**現代語訳**

深草の帝と申し上げた（帝の）御治世は、良少将という人が、
**深草の帝と申しける御時、良少将といふ人、**
たいそう時流に乗って栄えているときであった。
**いみじき時にてありけり。**
（良少将は）たいそう色好みであった。
**いと色好みになむありける。**
人目を忍んで時々逢っていた女が、　同じ宮中にいた。
**忍びてときどきあひける女、同じ内にありけり。**

「今夜必ず逢おう」と約束していた夜があった。
「今宵かならずあはむ」と契りたる夜ありけり。
女はたいそう念入りに化粧して待っていたが、（良少将からは）連絡もない。
女いたう化粧して待つに、音もせず。
（女は）目を覚まして「（今は）夜が更けてしまっているのだろうか」
目をさまして「夜や更けぬらむ」
と思っているときに、時刻を告げ知らせる（宮中の役人の）声がしたので、
と思ふほどに、時申す音のしければ、
聞くと、「丑三つ」と申したのを聞いて、
聞くに、「丑三つ」と申しけるを聞きて、
男のもとに、すぐに（歌の一節を）言い送った。
男のもとに、ふといひやりける。

あなたの心が薄情だとわかった丑三つ時の今はもうあなたのことを頼みにしないつもりだ。

人心うしみつ今は頼まじよ

と言い送ったところ、（男は）目を覚まして、
といひやりたりけるに、おどろきて、

夢の中にあなたが姿を見せるかと思って（寝ていたところ、）寝過ぎて、子の刻が過ぎてしまった。

夢に見ゆやとねぞすぎにける

と（下の句を）付けて送った。（男は）ほんのしばらくと思って、
とぞつけてやりける。しばしと思ひて、
ちょっと休んでいた間に、寝過ごしてしまっていたのだった。
うちやすみけるほどに、寝過ぎにたるになむありける。

column

## 家来の一人がうまい付け句を

『今物語』に載せられている和歌のエピソードを紹介しよう。

後白河院が、日吉《ひよし》神社に御幸《ごこう》なさって、一晩泊まり、翌日お帰りになったのだが、その日は雨が降った。院に仕えていたある上達部《かんだちめ》が、次のように詠んだ。

**きのふ日よしと思ひしものを**

これに付けよと院が命じたところ、家来の一人が次のように付けた。

**けふはみな雨ふるさとへかへるかな**

この場合は、下の句にあたる「七・七」が先で、後で「五・七・五」を付けたケースだが、これも「付け句」である。ここでも、掛詞が有効に使われている。

▼「日よし」は、日吉神社の「日吉」と、〈よい天気だ〉の意味の「日良し」を掛けた。

▼「ふる」は、〈雨が降る〉の「降る」と、〈都〉を指す「古里」の「古」を掛けた。

ちなみに歌全体の訳は、次のようになる。

〈昨日、良い天気だと思っていたのに、今日は皆、雨が降る中を、都に帰ることだなあ。〉

第7章

# ⑦「いはしみづ」に仕掛けが

training

## 練習問題

（難） 次の文章は、『古今著聞集』の一節である。

中ごろ、aなまめきたる女房ありけり。*世の中たえだえしかりけるが、b見目かたち愛敬《あいぎやう》づきたりけるむすめをなん持たりけり。十七八ばかりなりければ、これをいかにもしてc目やすきさまならせんと思ひける。かなしさのあまりに、*八幡《はちまん》へむすめともに泣く泣く参りて、夜もすがら御前にて、「わが身は*今はいかにても候ひなむ。このむすめを心やすきさまにて見せさせ給へ」と数珠《ずず》をすりてうち泣きうち泣き申しけるに、このむすめ、参り着くより、母の膝を枕にして起きも上がらず寝たりければ、暁がたになりて母申すやう、「いかばかり思ひたちて、かなはぬ心にかちより参りつるに、かやうに、夜もすがら神もあはれとおぼしめすばかり申し給ふべきに、思ふことなげに寝給へるうたてさよ」とdくどきければ、むすめおどろきて、「かなはぬ心地に苦しくて」と言ひて、

e身の憂さをなかなかなにと石清水《いはしみづ》思ふ心はくみて知るらん

とよみたりければ、母も恥づかしくなりて、ものも言はずして*下向《げかう》するほどに、*七条朱雀《すざく》の辺にて、世の中にときめき給ふ*雲客《うんかく》、*桂より遊びて帰り給

### 練習問題へのアプローチ

母に伴われて石清水八幡宮に参籠した娘、神にお願いもせず寝てしまった。そして詠んだのはこんな歌だった。

**出典**

『古今著聞集』

鎌倉時代成立の説話集。編者は橘成季。政道・文学・管弦・草木など、三十のテーマで構成されている。

**注**

*世の中たえだえしかりけるが＝生活が貧しかったが。

*八幡＝京都の西南方にある石清水八幡宮。祭られる八幡神は菩薩《ぼさつ》が現れたものとされ、「八幡大菩薩」と呼ばれた。

*今はいかにても候ひなむ＝もうど

ふが、このむすめをとりて車に乗せて、やがて北の方にして*始終いみじかりけり。f大菩薩この歌を納受ありけるにや。

問1　傍線部a・bを現代語訳せよ。

問2　傍線部cは、女房のどのような願いを言っていると推測できるか。本文全体の内容を踏まえて説明せよ。

問3　傍線部d「くどきければ」の「くどく」は〈繰り返し言う〉の意味だが、その内容の中心はどういうことか、三十五字以内で説明せよ。

問4　傍線部eの和歌について、

i　掛詞が使われている。指摘して説明せよ。

ii　本文の内容を踏まえて、現代語訳せよ。

問5　傍線部fは、この文章の書き手が付した感想である。書き手はこの話をどのようにとらえているのか、漢字二文字で答えよ。

解答は258～260ページ

うなってもかまいません。

*下向＝社寺に参詣して帰ること。

*七条朱雀＝京都市街地の南西部。

*雲客＝殿上人のこと（p142参照）。

*桂＝京都の西方にある行楽地。

*始終いみじかりけり＝生涯大切にした。

## answer 解答・解説・現代語訳

問題は256～257ページ

**解答**

問1 a＝優美である　b＝容貌がかわいらしかったりっぱな男と結婚させて、よい生活を送らせたいという願い。

問2 石清水の神へのお願いを口にもせずに寝ていることが嘆かわしいということ。

問3 i＝「石清水」の「石清」に「言はじ」が掛けられている。

問4 ii＝我が身のつらさをかえってこれこれだと言わないでおこう。石清水の神は、私の思っている気持ちを汲み取って今ごろわかっているだろう。

問5 歌徳

**解説**

問1 a＝動詞「なまめく」は〈上品だ・優美だ〉の意。それに助動詞「たり」がついたもの。この「女房」は母親を指す。b＝「見目かたち」は〈顔立ち・容貌〉、「愛敬づく」は〈かわいらしい〉の意。こちらは「むすめ」のことを指す。

問2 直訳なら〈見た感じがよい状態にさせたい〉だが、ここは〈よい生活を送らせたい〉ということである。さらに、娘の年齢が当時としては結婚適齢期を過ぎた頃であること、この文章のハッピーエンドの内容と関係させて考えれば、〈りっぱな男との結婚〉という要素を書き込みたい。

問3 傍線部直前の母の言葉を整理しよう。石清水の神が気の毒に思うくらい懸命にお祈りすべきなのに、お願いを口にもせず娘が寝ていることについて言っている。娘が我が身のつらさをこれこれだと石清水の神に言わないで寝ていることを嘆かわしいと言っているのである。「お願いを口にもせず」は、次の和歌の内容と関連する。

問4 まずは、語句に即して直訳してみよう。

▼身の憂さを＝(我が)身のつらさを。

▼なかなかなにと＝「なかなか」は形容動詞「なかなかなり」の語幹で、〈中途半端だ・かえってしない方がましだ〉の意。「なにと」は〈何々だと・これこれだと〉。あ

わせて〈かえってこれこれだとしない方がましだ〉となる。ただ、〈何をしない〉のかを考える必要がある。

▼石清水思ふ心はくみて知るらん＝「くみて知る」は〈汲み取って知る〉、「らん」は現在推量の助動詞で〈今ごろ～しているだろう〉の意味となる。また、「思ふ」の主語は「むすめ（＝私）」である。あわせて、〈石清水の神は、（私の）思っている気持ちを、今ごろ汲み取って知っているだろう〉となる。

直訳はできたものの、上の句と下の句のつながりが悪い。ここは、問3で説明したように、〈むすめがお願いを口にしない、これこれだと言わないでいる〉という場面であるから、〈言わない〉がキーワードとなっているらしいと推測する。そう、直後の「いはし」の部分の「し」を「じ」と置き換えて、〈動詞「言ふ」の未然形の「言は」〉＋〈打消意志の助動詞「じ」の終止形〉と考えてみるといい。意味は、〈かえってこれこれだと言わないでおこう〉となり、うまくつながる。

ここには、面倒な掛詞の次の四つの要素が関わっていることを確認しよう。

①地名・社寺等の名前が掛詞になっている。

②ひらがな部分に二つの漢字をあてて掛詞とするが、既に片方が漢字で示されている。

③語の一部だけが掛詞となっている。

④濁点の有無は無視して考える。

なんと、この掛詞には、右の四つの要素がすべて含まれ、「石清水（いはしみづ）」の「石清」と「言はし（いはし）」が掛けられていることになる。

掛詞が含まれている和歌の現代語訳では、掛詞に相当する箇所を二回訳すのが鉄則である。ここでは次のように訳すことになる。

……これこれだと言わないでおこう。
　石清水の神は、私の思っている気
　持ちを汲み取って……

問5　和歌を上手に詠むと良いことがあると考えられていた。これを「歌徳」という。とくに、神仏に歌を奉納して良いことがあるとするケースが多い。傍線部ｆは〈（石清水八幡の）大菩薩がこの（娘の）和歌を受け入れたのであろうか〉の意味で、りっぱな男との結婚という願いが叶ったのであるから、良いことがあったことになる。

## 現代語訳

そんなに遠くない昔、優美である女房がいた。
中ごろ、なまめきたる女房ありけり。
(その女房は)生活が貧しかったが、容貌が
世の中たえだえしかりけるが、見目かたち
かわいらしかった娘を持っていた。
愛敬づきたりけるむすめをなん持たりける。
(娘は)十七、八歳ぐらいであったので、(女房は)この娘を何とかして
十七八ばかりなりければ、これをいかにもして
見苦しくないような状態にさせたいと思った。
目やすきさまならせんと思ひける。
(その娘への)かわいさのあまりに、石清水八幡宮へ娘と一緒に
かなしさのあまりに、八幡へむすめともに
泣きながら参詣して、一晩中神の前で、
泣く泣く参りて、夜もすがら御前にて、
「私はもうどうなってもかまいません。
「わが身は今はいかにても候ひなむ。
この娘を安心な状態にして見せてください」
このむすめを心やすきさまにて見せさせ給へ」
と数珠をすりあわせて泣きながら申し上げたが、
と数珠をすりてうち泣きうち泣き申しけるに、
この娘は、(石清水に)参り着くとすぐに、母の膝を枕にして
このむすめ、参り着くより、母の膝を枕にして
起き上がりもせず寝ていたので、
起きも上がらず寝たりければ、
暁ごろになって母が申すことには、「どれほどか固い決心をして、
暁がたになりて母申すやう、「いかばかり思ひたちて、

叶わないと思いながらも徒歩で参詣したのだから、このように、
かなはぬ心にかちより参りつるに、かやうに、
一晩中神も気の毒だとお思いになるくらい
夜もすがら神もあはれとおぼしめすばかり
(神にお願いを)申し上げなさるべきなのに、
申し給ふべきに、
何の悩みもなさそうに寝ていらっしゃることの嘆かわしさよ」
思ふことなげに寝給へるうたてさよ」
と繰り返し言ったところ、娘は目を覚まして、
とくどきければ、むすめおどろきて、
「どうにもならない気持ちでつらくて」と言って、
「かなはぬ心地に苦しくて」と言ひて、
(我が身の)つらさをかえってこれこれだと言わないでおこう。石清水の神は、
　身の憂さをなかなかなにと石清水
(私の)思っている気持ちを汲み取って今ごろわかっているだろう。
　思ふ心はくみて知るらん
と詠んだので、母もきまり悪くなって、
とよみたりければ、母も恥づかしくなりて、
何も言わないで(石清水から)帰るときに、
ものも言はずして下向するほどに、
七条朱雀のあたりで、世の中で時流に乗って栄えていらっしゃる殿上人で、
七条朱雀の辺にて、世の中にときめき給ふ雲客、
桂から遊んでお帰りになる人が、この娘を(一目で心引かれて)奪い取るようにして
桂より遊びて帰り給ふが、このむすめをとりて
車に乗せて、そのまま北の方にして生涯大切にした。
車に乗せて、やがて北の方にして始終いみじかりけり。
(石清水八幡の)大菩薩がこの(娘の)和歌を受け入れたのであろうか。
大菩薩この歌を納受ありけるにや。

column

# 和歌にはこんな力があって

和歌には、特別なパワーが秘められていて、和歌を上手に詠むと良いことがあると考えられていた。これを「歌徳《かとく》」「和歌の威徳」という。有名なお話を紹介しよう。

○男が新しい女の所に通うようになった。夜に、河内《かわち》の国まで出かけていく男をそっと見送りつつ、今ごろ龍田山《たつたやま》を越えているあなたが心配だという歌を詠んだ。男は歌をめでて、もとからの女をいとしいと思い、河内には行かなくなった。

○赤染衛門《あかぞめえもん》が、「重病になった息子をわが命に代えて助けてほしい」という趣旨の和歌を住吉《すみよし》の神に奉納したところ、神はその歌に感動し、息子も自分も助かった。

○帝の寵愛する松が急に枯れたとき、小式部内侍《こしきぶのないし》に和歌を詠ませたところ、松が歌に感激したのだろうか、もとのごとく元気になった。小式部は「内侍」に取りたてられた。

○大隅守《おおすみのかみ》が職務怠慢の郡司を笞《むち》うちの刑にしようとしたが、郡司がその場にふさわしい掛詞の入った歌を詠んだ。守は感激し、郡司はその歌のおかげで罪を許された。

そういった和歌の効能について、紀貫之は『古今和歌集』の「仮名序」で、「**力をも入れずして天地を動かし、目に見えぬ鬼神をもあはれと思はせ、男女の仲をも和らげ、猛き武人のこころをも慰むるは、歌なり**」と言っている。まさに〈和歌のパワー〉である。

# 第7章 ⑧「あき」ならこれがお約束

training
## 練習問題

（難）次の文章は、『平中《へいちゅう》物語』の一節で、男（＝「この男」）がふと通りかかった家の女（＝「この女」）と歌のやりとりをする場面である。

さて、この男、その年の秋、*西の京極、九条のほどに行きけり。そのあたりに、a築地など崩れたるが、さすがにb蔀など上げて、簾かけ渡してある人の家あり。簾のもとに、女どもあまた見えければ、この男、①ただにも過ぎで、「などかその庭は*心すごげに荒れたる」など*言ひ入れたれば、「誰ぞ。②かう言ふは」など問ひければ、「*なほ、道行く人ぞ」と言ひ入る。築地の崩れより*見出だして、この女、

A　人のあきに庭さへあれて道もなくよもぎ茂れる宿とやは見ぬ

と書きて出だしけれど、もの書くべき具、さらになかりければ、ただ*口移しに、男、

B　誰が□にあひて荒れたる宿ならむ我だに庭の草は生《おほ》さじ

と言ひて、そこに、久しく馬に乗りながら立てらむことの＊しらしらしければ、帰りて、それをはじめにて、*ものなど言ひやりける。

**練習問題へのアプローチ**

通りすがりの男が「もの寂しく荒れた庭だね」と女に声をかけた。女は和歌を書いて送り、男がそれに答えた。

**出典**

『平中物語』
平安前期成立の歌物語。作者は未詳。平貞文《たいらのさだふん》と女性たちとの恋愛を描く。在原業平《ありわらのなりひら》をモデルとしたとされる『伊勢物語』に比べて、滑稽味のある話が多い。

**注**

＊西の京極、九条のほど＝京の南東のはずれにあたる。
＊心すごげに＝もの寂しい様子に。
＊言ひ入れたれば＝（家の中に向かって）ことばをかけたところ。

問1　傍線部a・bの読みを、現代仮名遣いで記せ。
問2　傍線部①は、どういうことを言っているのかを記せ。
問3　傍線部②の指す内容を具体的に記せ。
問4　Aの歌について、
i　この歌の中から掛詞を抜き出し、例にならって説明せよ。
例　「まつ」は「待つ」と「松」の掛詞。
ii　この歌には、「風景・自然」と「人事・心情」が詠まれている。両方がわかるように口語訳せよ。
問5　Bの歌について、
i　空欄部分に、ふさわしい語を入れよ。
ii　傍線部「庭の草は生さじ」にはどのような意味が込められているか、次の中から一つ選べ。
ア　足繁くここに通うでしょう
イ　花が咲くのが楽しみでしょう
ウ　人のうわさにはならないでしょう
エ　情けのない人間だと思うでしょう

解答は264〜266ページ

＊なほ＝ただ。
＊見出だして＝外をのぞいて。
＊口移し＝口伝え。
＊しらしらしければ＝興ざめなので。
＊ものなど言ひやりける＝手紙のやりとりなどをした。

## 解答・解説・現代語訳

問題は262〜263ページ

**解答**

問1　a＝ついじ　b＝しとみ

問2　声も掛けずに通り過ぎることはしないで。

問3　どうしてこちらの庭はもの寂しい様子に荒れているのかということ。

（別解　こちらの庭がもの寂しい様子に荒れているのは、男が通ってこないからかということ。）

問4　i＝「あき」は「飽き」と「秋」の掛詞。

ii＝人が飽きて、秋になってそのうえ庭までもが荒れて人の通る道もないほどよもぎが茂っている家だと見ないか、いやそう見るでしょう。

問5　i＝あき　ii＝ア

**解説**

問1　a＝建物を囲う土塀。b＝格子の裏に板を張ったもの。p110〜111参照。

問2　「この男」が行きあったお屋敷は、土塀が崩れて荒れかかっているが、簾のすき間から女たちが大勢見えたので、男は興味を持った。「ただに」は〈普通に・何もしないで〉の意味で、ここは〈声も掛けないで〉〈おもしろいことも言わないで〉となる。「過ぎで」の「で」は、〈〜ないで〉の意味である。

問3　「かう」は、直前の男のことば「などかその庭は心すごげに荒れたる」を指す。「心すごげに」は、形容動詞「心すごげなり」の連用形で、〈もの寂しい・気味が悪い〉の意味を持つ。

解答は、直訳に近いものを示しておいたが、後の場面の和歌のやりとりをもとにすれば、別解のようになる。ただ、ここまでおさえるのは「難」。後の問4・問5に答えたうえで、再度別解を見て理解を深めてほしい。

問4　i＝掛詞の中には、よく出てくる慣用的なものがある。古文に慣れた諸君なら、

▼季節は「秋」、女が男に「飽き」られて、寂しく暮らしている。

というおきまりの場面が思い浮かぶのではないかな。

ここも、「人のあき〈飽き〉」「あき〈秋〉に庭さへ荒れて」となっている。詳しくは、次のiiで解説する。

ii＝表現に即して見ていこう。

▼人のあきに＝「人の秋」では意味が通らない。「人が飽き」とおさえて、「人事・心情」の内容ととらえる。〈男が女に飽きて〉の意味である。

▼あきに庭さへあれて＝これは「自然・風景」の内容で、〈秋になって庭が荒れて〉となる。「さへ」は〈そのうえ～までも〉の意味で、「人」に加えて「庭」も荒れたというニュアンスを含む。

▼道もなく＝「自然・風景」の内容であるが、「道」は〈人の通う道〉となる。

▼宿とやは見ぬ＝「宿」は〈家〉の意味。「やは」は反語の働きをしている。「や」と係り結びになっている「ぬ」は連体形で、打消の助動詞となる。以上をあわせて、〈家と見ないか、いや、家と見る〉となる。ここは、問3で説明した男の問いかけに答えた歌なので、〈見るでしょう・わかるでしょう〉の意味あいである。

**問5**　i＝和歌の贈答では、送られた歌のキーワードを詠み込んで返事をすることが多い。ここでも、女の「人のあきに」と呼応させて、「誰があきに」と詠んだのである。Bの歌の上の句は、〈誰の飽きにあって、荒れた家なのだろう〉となる。

ii＝「我だに庭の草は生さじ」の「だに」は〈せめて～だけでも〉、「生《おほ》す（↑生さ）」は〈生えさせる〉、「じ」は打消推量の助動詞である。全体では、〈せめて私だけでも……庭の雑草は生えさせないだろう〉の意味となる。次のような対応を考えてみるとよい。

○人が飽きて通わなくなった――庭が荒れ雑草が茂っている

○せめて我だけでも足繁く通うなら―庭の雑草は生えさせないだろう

この箇所は、〈私が足繁く通うなら、こんなことにはならないでしょう〉ということである。したがって、アが正解である。恋のお遊びの歌ではあるが、男は女にラブコールを送っているのである。

## 現代語訳

そうして、この男は、その年の秋、西の京極大路の、
**さて、この男、その年の秋、西の京極、**
九条通りのあたりに行った。そのあたりに、土塀などが
**九条のほどに行きけり。そのあたりに、築地など**
崩れている家で、そうは言うものの（誰か住んでいるようで）蔀などを上げて、
**崩れたるが、さすがに蔀など上げて、**
簾を一面に掛けてある人の家がある。簾のもとに、
**簾かけ渡してある人の家あり。簾のもとに、**
（すき間から）女たちが大勢見えたので、この男は、
**女どももあまた見えければ、この男、**
何もしないで（＝声も掛けずに）通り過ぎることはしないで、
**ただにも過ぎで、**
「どうしてそちらの庭はもの寂しい様子に荒れているのか」
**「などかその庭は心すごげに荒れたる」**
など（家の中に向かって）ことばをかけたところ、
**など言ひ入れたれば、**
「誰か。そのように言うのは」などと尋ねたので、
**「誰ぞ。かう言ふは」など問ひければ、**
「ただ、通りすがりの者だよ」と（男は）ことばをかける。
**「なほ、道行く人ぞ」と言ひ入る。**
築地の崩れたところから外をのぞいて、この女は、
**築地の崩れより見出だして、この女、**
男に飽きられて、秋になって庭までもが荒れて道もないほどに
**人のあきに庭さへあれて道もなく**
よもぎが茂っている家だと見えないか、いやそう見えるでしょう。
**よもぎ茂れる宿とやは見ぬ**

と書いて送って寄こしたけれども、ものを書くことができる道具が、
**と書きて出だしけれど、もの書くべき具、**
まったくなかったので、ただ口伝えに、男は、
**さらになかりければ、ただ口移しに、男、**
誰が飽きることになって、荒れた家なのであろうか。
**誰があきにあひて荒れたる宿ならむ**
せめて私だけでも（足繁く通っていれば）庭の草は生えさせないだろう。
**我だに庭の草は生（おほ）さじ**
と言って、そこに、長く馬に乗ったまま
**と言ひて、そこに、久しく馬に乗りながら**
立っているようなのも興ざめなので、（いったん）帰って、
**立てらむことのしらしらしければ、帰りて、**
それをきっかけにして、手紙のやりとりなどをした。
**それをはじめにて、ものなど言ひやりける。**

column

# 人事と風景の二重性

練習問題の「あき」で苦労したかと思うが、和歌では、「風景（自然）」を詠む文脈と「心情（人事）」を詠む文脈の二重構造になっていることが多い。次の小野小町《おののこまち》の歌はその代表例である。

**花の色はうつりにけりないたづらにわが身世にふるながめせしまに** （百09）

「風景」を詠む〈むなしくも桜の花の色は色あせてしまったなあ、世の中に雨が降っている間に〉と、「心情」を詠む〈むなしくも私の容姿は衰えてしまったなあ、私が世に生きることの物思いをしている間に〉の二重構造となっている。ここは「降る」と「経る」、「長雨」と「眺め」の二組の掛詞が有効に使われている。

もう一つ、掛詞が関わらない和歌を紹介しよう。母に先だたれた幼い姫君が詠んだものである。『苔の衣』に見られる。

**垣ほ荒れてとふ人もなきとこなつは起き臥しごとに露ぞこぼるる**

「風景」を詠む文脈なら〈垣根が荒れて訪ねる人もないなでしこの花は、朝夕ごとに露がこぼれ落ちる〉となるが、それでは和歌らしくない。「垣ほ荒れ」を〈母が亡くなったことのたとえ〉と考え、「とこなつ」は〈なでしこ〉だから〈撫《な》でるようにかわいく思う子〉とおさえれば、〈母が亡くなって訪ねてかわいがってくれる人もない私は、朝夕ごとに涙がこぼれ落ちるように悲しいことだ〉という「心情」の文脈と想定できる。

第7章

# ⑨ 返事の歌はYESかNOか

training

## 練習問題

(難) 次の文章は、『有明の別れ』の一節である。左大臣は、今は「御息所《みやすんどころ》」(＝東宮妃)となっているかつての恋人を忘れられず、彼女の部屋にひそかに忍び入った。

(御息所のお側へ)たどり参り給へるに、御息所いと心憂く、*世をおぼしわかぬ御齢のほどにしあらねば、ふとうちおどろかれ給ふに、やがてひきかづきて床の下にすべり降り給ふを、*許さんやは。いといみじきに、*さらにせんかたなくぞ思されぬ。よろづのこと深く思ひわきまへられ給へる心の内なれば、*いといふかひなげに、あなづらはしかるべくもあらず。*あえかにらうたげなるものから、*衣の関はいとよくくくみ給へる御用意こよなきに、①いとどねたさそひて、いみじきことを恨み続け給へど、*人々いと近く臥したるけはひどもわづらはしきに、大臣もなさけなくはえ乱れたたせ給はず。

「②思ひ出でよ君も聞きけん*若草のひきたがへてしもとの契りは

③しづのをだまき、いかばかりかは」

とこぼしかけ給ふぞ、さすがに御耳にとまるにや、

「④若草のもとの契りを思ふとていかさまにかは結びかふべき」

うち泣き給へる御けはひ、いみじくなつかしげなり。

### 練習問題へのアプローチ

左大臣はかつての恋人にわが思いを詠み掛けるが、女の返事はどうだったのか。二つの和歌を丁寧におさえよう。

**出典**

『有明の別れ』

平安時代後期成立の物語。作者は未詳。男装の姫君の数奇な生涯を描いた王朝物語である。

**注**

*世をおぼしわかぬ＝男女の仲を理解なさらない。

*許さんやは＝許すだろうか、いや許しはしない。

*さらにせんかたなくぞ思されぬ＝(御息所は)まったくどうしようもなくお思いにならずにはいられな

問1　傍線部①の主語にあたるのは誰かを記せ。

問2　傍線部②の歌の解釈として最も適当なものを、次の中から一つ選べ。

ア　本来結ばれるはずの運命だったのに、約束を踏みにじったのは誰かを聞いて知っているでしょう。誰かを思い出してください。

イ　私と結ばれるはずの前世からの運命が、なぜ食い違ったのかをあなたは知っているでしょう。その理由を思い出してください。

ウ　二人は結ばれるはずだったのに、運命のいたずらで食い違いになったのを知っていたでしょう。そのことを思い出してください。

エ　二人が結ばれるという運命が、かなえられなかったのをあなたも知っていたでしょう。あのときのつらさを思い出してください。

問3　傍線部③が言おうとしていることを、「ということ」に続くように十五字以内で説明せよ。ちなみに、ここは次の和歌を踏まえた表現である。

*いにしへのしづのをだまきくりかへし昔を今になすよしもがな

問4　傍線部④の歌は、どのような思いを歌っているのかを、和歌の表現に即して説明せよ。

解答は270～272ページ

い。

*いとふかひなげに、あなづらはしかるべくもあらず＝（左大臣は）まったく見苦しい様子に、不遠慮な態度をとることはできない。

*あえかにらうたげなるものから＝いかにも弱々しくてかわいらしい様子であるけれども。

*衣の関はいとよくくくみ給へる御用意こよなきに＝着物をきちんと着て毅然となさっている（相手を受け入れない）お心構えはしっかりしているので。

*人々＝女房たち。

*若草の＝「妻（つま）・夫（つま）、新（にひ）」にかかる枕詞であるが、ここでは「もとの契り」にかかっていると考えられる。

*いにしへのしづのをだまき…＝『伊勢物語』所収の和歌。

# 解答・解説・現代語訳

answer

**解答**

問1　左大臣
問2　ウ
問3　昔に戻れたらいいのになあ（ということ）
問4　昔の縁を忘れてはいないけれども、あなたと結ばれることはできないということ。

**解説**

問1　この場面の内容をおさえよう。
○左大臣は、かつての恋人である御息所が忘れられず、部屋に忍んでいく。
○御息所は、思いを受け入れることができないことを態度で示す。
○左大臣は、無遠慮な態度はとらないが、くどくどと恨み言を言う。
傍線部①は、〈ますます恨みの心が加わって、くどくどと恨み言を言い続けなさるけれども〉の意味となり、主語は「左大臣」である。

問題は268〜269ページ

問2　そういった場面において、左大臣が詠んだのが傍線部②の和歌である。
▼思ひ出でよ＝御息所に〈思い出せ〉と言っている。
▼君も聞きけん＝「けん」は過去推量の助動詞。直訳は〈あなたも聞いただろう〉だが、〈知っていただろう・わかっていただろう〉の意味あいである。
▼ひきたがへてし＝「たがふ（←たがへ）」は、〈違う・食い違う〉の意。「て」は完了、「し」は過去の助動詞で、過去に「ひきたがへ」があったというのである。
▼もとの契り＝「もとの」は〈昔の〉、「契り」は〈前世からの運命・縁〉の意。場面を踏まえて、〈昔の二人が結ばれるはずであった運命〉とおさえる。
歌の意味は、〈思い出せ。あなたも知っていただろう、食い違ってしまった昔の（二人が結ばれるはずであった）運命を〉となり、正解はウとなる。思いを受け入れない御息所に対する左大臣の恨み言にぴったりの歌である。
問3　ここは、古歌の一節を引用して、その古歌の主題にあたるものを相手にわからせようとする手法である。まずは、設問に示されている古歌を解釈していこう。

▼いにしへのしづのをだまき＝古代の「しづ」（＝織物の名）の糸を巻くのに使った「をだまき」（＝道具の名）。「くりかへし」を導く序詞である。

▼くりかへし＝〈手繰り寄せ〉と〈(再び)くり返し〉の意を持つ掛詞である。

▼よしもがな＝「よし」は〈方法〉、「もがな」は終助詞で、〈〜があればなあ〉の意味である。

全体では、〈昔のしづ織りの糸を巻くおだまきを手繰り寄せるように、再びくり返し昔を今に戻す方法があればなあ〉となる。この場面は、左大臣が昔のことを思い出してほしいと恨み言を詠んでいる和歌に添えたことばだから、相手に示したいのは「昔を今になすよしもがな」の部分となる。〈昔に戻れたらいいのになあ〉という気持ちを表している。

**問4**　この和歌は御息所の歌で、昔のことを覚えているはずだという直前の左大臣の和歌に答えたものである。ポイントになる表現を見ておこう。

▼もとの契り＝昔の二人が結ばれるはずであった縁・運命のこと。

▼いかさまに＝副詞で〈どうして〉の意。

▼かは＝反語を表す。

▼結びかふべき＝〈左大臣との縁を改めて結ぶことができる〉の意味。

全体では、〈昔の縁を思うといっても、どうして左大臣との縁を改めて結ぶことができようか、いやできない〉の意味になる。つまり、御息所は左大臣の誘いを断ったのである。和歌の応答では、婉曲な表現をとることも多いが、ここは明快に「NO」と言ったことになる。

## 現代語訳

（左大臣が）心迷いしながら参上なさったところ、
**たどり参り給へるに、**
御息所はたいそうつらくて、男女の仲を理解なさらない
**御息所いと心憂く、世をおぼしわかぬ**
お年の程でもないので、
**御齢のほどにしあらねば、**
（左大臣が忍んできたことに）はっと気づきなさると、
**ふとうちおどろかれ給ふに、**
すぐに（着物を）引きかぶって床の下にすべり降りなさるのを、
**やがてひきかづきて床の下にすべり降り給ふを、**

（左大臣は）許すだろうか、いや許しはしない。
許さんやは。

（御息所は）とても困ったことであるので、
いといみじきに、

まったくどうしようもなくお思いにならずにはいられない。
さらにせんかたなくぞ思されぬ。

すべてのことについて自然と深く分別なさっている
よろづのこと深く思ひわきまへられ給へる

（御息所の）心の内なので、（左大臣は）まったく見苦しい様子に、
心の内なれば、いといふかひなげに、

不遠慮な態度をとることはできない。
あなづらはしかるべくもあらず。

（御息所は）いかにも弱々しくてかわいらしい様子であるけれども、
あえかにらうたげなるものから、

着物をきちんと着て毅然となさっているお心構えは
衣の関はいとよくくくみ給へる御用意

しっかりしているので、（左大臣は）ますます恨みの心が加わって、
こよなきに、いとどねたさそひて、

くどくどと恨み言を言い続けなさるけれども、
いみじきことを恨み続け給へど、

女房たちがたいそうおそば近くに寝ている様子も気がかりなので、
人々いと近く臥したるけはひどもわづらはしきに、

左大臣も無情な振る舞いに乱れ立つこともできなさらない。
大臣もなさけなくはえ乱れたたせ給はず。

「思い出せ。あなたも知っていただろう、
「思ひ出でよ君も聞きけん若草の

食い違ってしまった昔の（二人が結ばれるはずであった）運命を。
ひきたがへてしもとの契りは

『しづのをだまき』（のように昔に戻れたら）、どんなにか（よいのに）」
しづのをだまき、いかばかりかは」

と（左大臣は）涙を流しておっしゃるので、
とこぼしかけ給ふぞ、

（御息所も）そうはいうもののやはり（言葉が）お耳にとまるのであろうか、
さすがに御耳にとまるにや、

「昔の縁を思うといっても、
「若草のもとの契りを思ふとて

どうして（縁を）改めて結ぶことができましょうか、いやできません」
いかさまにかは結びかふべき」

そっと泣きなさるご様子は、とても心引かれる感じである。
うち泣き給へる御けはひ、いみじくなつかしげなり。

# さくいん

※いずれのさくいんも、配列は、現代仮名遣いでの五十音順とした。

## 項目さくいん

※現代仮名遣いの読み方で示している。
※語が登場するだけのページは示さず、語の意味が説明されているページを示している。

## ●書名さくいん

※練習問題で取り上げたものは、緑色で「1①」（＝第1章①の練習問題）のように示している。
※練習問題以外で取り上げたものは、ページ数を示している。

## ●人名（作者名）さくいん

## 和歌さくいん

※第一句を示す。第一句が同一の和歌は続きも示している。

memo

memo

memo

memo